Hans-Karl Seeger

Was **mich** ärgert, hat **mit mir** zu tun!

Gewidmet all denen, die an sich arbeiten möchten!

Zum Titelbild

In der frühen Kunst sind Gesichter ohne Ausdruck dargestellt, eher wie schlafend oder gar tot. Später wendet sich die Kunst dem Gesichtsausdruck zu.

Das Antlitz des Menschen als ausdrucksfähigster Teil seines Leibes spiegelt die Person im eigentlichen Sinn.

Eine Frau erzählte: „Als ich mich als Kind oft im Spiegel betrachtete, sagte man mir, eines Tages werde ein Affe herausschauen und mich anfeixen."

Der Spiegel ist ein Medium des Erkennens und des Wiedererkennens. Auf der spiegelnden Oberfläche treffen wir auf unser Ich. Unser Gesicht selbst ist ein Spiegel; denn sein Ausdruck verrät viel über unsere Verfassung. Freude oder Verärgerung zeigen sich am ausdrucksstärksten in unseren Augen; sie sind der Spiegel der Seele.

„Ein Spiegel, dann erkennst du Fluch und Hölle / dein Ich und alles, diese ganze Völle / von Nichts, die er dir flach entgegenhält." (Franz Werfel)

Aus dem Spiegel auf dem Cover schaut ein sich ärgernder Hans-Karl Seeger. Hinein schaut ein gelassener Hans-Karl Seeger, der den sich ärgernden darauf hinweist, die Ursache für seinen Ärger in sich selbst zu suchen.

So kann der Spiegel zum geheimen Berater werden und das negativ besetzte Sprichwort „Jemandem den Spiegel vorhalten" umwandeln in „Sich selbst den Spiegel vorhalten".

Wie in einen Spiegel können wir auch lesend in ein Buch schauen, indem wir wie beim Musizieren selbst das Instrument sind.

Vielleicht finden auch Sie sich in diesem Buch wieder.

Was mich ärgert, hat mit mir zu tun!

Dieser „Seeger-Spruch" und weitere Lebensweisheiten kommentiert von

Hans-Karl Seeger

nick emotion Medienproduktion
Nicole Dick e.K. / Billerbeck

2. Auflage 2019

Titelbild: Ärger
Foto: Joachim Albrecht / medienflotte.de
Nicht ausgewiesene Fotos und Grafiken: privat

ISBN: 978-3-943884-08-1

Druck & Verlag
nick emotion Medienproduktion Nicole Dick e.K.
Schmiedestr. 28 / 48727 Billerbeck
Tel. 02543/9304912
info@nick-emotion.de

Satz: Hans-Karl Seeger, Billerbeck

Vertrieb durch
Bücherschmiede Heike Geßmann
Schmiedestraße 14 / 48727 Billerbeck
Tel. 02543/8588

Buchhandlung der Abtei Gerleve
Gerleve 1 / 48727 Billerbeck
Tel. 02541/800130

Bestellung direkt beim Verlag oder im Buchhandel

Vorwort

Einem alten Menschen steht es im Herbst seines Lebens zu, die Ernte einzufahren, indem er auf seine langjährigen Erfahrungen zurückblickt. Es erfreut mich immer wieder sehr, wenn ich erlebe, daß meine Saat, die ich als Spiritual gesät habe, aufgegangen ist.

Am 17. Mai 2017 zum Beispiel erzählte mir ein Priester, der sich auf sein silbernes Priesterjubiläum vorbereitete, ihm helfe noch immer, was ich ihm als Student in seiner damaligen Beziehungskrise gesagt hätte: „Was mich ärgert, hat mit mir zu tun!" Eine Kursteilnehmerin sagte mir nach langjähriger Begleitung, dieser „Seeger-Spruch" sei der wichtigste in ihrem Leben. Ähnliches höre ich von vielen Menschen, die mich als Geistlichen Begleiter gewählt haben. So kam mir der Gedanke, diese und ähnliche Lebensweisheiten als Hilfe zur Selbstfindung und Selbstwerdung in einem Buch zu kommentieren.

Um dies zu verwirklichen, habe ich die Menschen, die ich begleite, gebeten, mir „Seeger-Sprüche", die sie in Erinnerung haben und die sie für ihre Lebensgestaltung als hilfreich erfahren haben, mitzuteilen.

So habe ich eine Sammlung von Lebensweisheiten zusammengestellt und mittels meiner Erfahrungen mit anderen Menschen und mit mir selbst angereichert und kommentiert. Ich will nichts Neues vermitteln, sondern nur übermitteltes Weisheitswissen weitergeben. Es handelt sich um meine ganz persönlichen Ansichten vom Leben und vom Glauben ohne jeglichen Anspruch auf Vollständigkeit.

„Wer aus der Bahn geworfen wird, findet seinen Weg." Wege, die in die Zukunft führen, liegen nie als solche vor uns, sondern entwickeln sich erst dadurch, daß wir sie gehen. „Der Weg entsteht im Gehen", formulierte der spanische Dichter

Antonio Machado y Ruiz. Manchmal kommen wir weiter, wenn wir umkehren. Aber wo neue Wege gebahnt werden, erschließen sich neue Ziele. Es ist ein langer Weg, sich selbst kennenzulernen. Dabei geraten wir an Anteile in uns, die wir nicht so gerne sehen und deshalb verdrängen oder auf andere projizieren; denn dort lassen sie sich bekämpfen. Statt dessen gilt es einzuüben, die negativen Projektionen auf den anderen zurückzunehmen und auf weitere Projektionen zu verzichten.

Der Weg der Wandlung eines Menschen beginnt damit, sich mit seiner eigenen Vergangenheit auszusöhnen und niemanden mehr dafür verantwortlich zu machen, wie es ihm persönlich geht. Erst das Erkennen und das Annehmen des Erkannten ermöglichen das Verwandeln und das Sich-verwandeln-lassen.

Ein Weg, sich selbst besser zu erkennen, liegt in der Anerkennung der Weisheit „Was mich ärgert, hat mit mir zu tun!" oder auch der Volksweisheit „Der Ärger ist ein böses Vieh. Er frißt nur Dich, den anderen nie".

Wer seinen Ärger für sich behält, schneidet zum Beispiel bei Verhandlungen schlechter ab, weil er auf Grund seiner inneren Verfassung unfähig ist, sich auf die Verhandlung zu konzentrieren. Außerdem ist es nicht gut, „seinen Ärger in sich hineinzufressen"; denn das macht auf Dauer krank.

Demjenigen, der sich mehr oder weniger intensiv über gewisse Menschen oder Situationen ärgert, möchte man den Namen des bekannten Gesellschaftsspieles „Mensch, ärgere dich nicht!" zurufen. Das nutzt aber nichts, wenn dem Betreffenden nicht klar ist, warum er sich ärgert. Er bemerkt nicht einmal, daß andere sich über denselben Menschen oder in derselben Situation nicht ärgern.

Paul Watzlawick:

Ein Mann will ein Bild aufhängen. Den Nagel hat er, nicht aber den Hammer. Der Nachbar hat einen. Also beschließt unser Mann, hinüberzugehen und ihn auszuborgen. Doch da kommt ihm ein Zweifel: Was, wenn der Nachbar mir den Hammer nicht leihen will? Gestern schon grüßte er mich nur so flüchtig. Vielleicht war er in Eile. Aber vielleicht war die Eile nur vorgeschützt, und er hat etwas gegen mich. Und was? Ich habe ihm nichts angetan; der bildet sich da etwas ein. Wenn jemand von mir ein Werkzeug borgen wollte, ich gäbe es ihm sofort. Und warum er nicht? Wie kann man einem Mitmenschen einen so einfachen Gefallen abschlagen? Leute wie dieser Kerl vergiften einem das Leben. Und dann bildet er sich noch ein, ich sei auf ihn angewiesen. Bloß weil er einen Hammer hat. Jetzt reicht's mir wirklich. - Und so stürmt er hinüber, läutet, der Nachbar öffnet, doch bevor er „Guten Tag" sagen kann, schreit ihn unser Mann an: „Behalten Sie Ihren Hammer, Sie Rüpel!"

Normalerweise sagen wir: „Wer mich ärgert, bekommt es mit mir zu tun!" Wer den weiten Weg gegangen und bei der Erkenntnis angekommen ist, daß der Ärger mit ihm selbst zu tun hat, hat seine gesamte Lebenseinstellung geändert; denn er vermag etwas ganz Wichtiges, nämlich Projektionen zurückzunehmen.

Wer sich mit seiner Vergangenheit aussöhnen will, muß sich mit der Wahrheit konfrontieren lassen. Als Geistlicher Begleiter darf ich der betreffenden Person sagen, wo bei ihr der „Hund begraben liegt".

König David aus dem Alten Testament widerfuhr diese Konfrontation durch den Propheten Natan.

Trotz seiner vielen Frauen nahm er sich Batseba, die einzige Frau des Urija, und zeugte mit ihr ein Kind. Dieses wollte er Urija unterschieben, was aber mißlang. Daraufhin sorgte David dafür, daß Urija im Kampfe fiel. Der Prophet Natan erzählte David die Geschichte von dem armen Mann, der nur ein einziges Lamm besaß und mit diesem zusammen in einem Raum lebte. Ein reicher Mann mit vielen Herden hatte einen Gast und setzte diesem das Lamm des Armen zur Speise vor. Als David das hörte, sagte er: „Der ist des Todes!" Darauf antwortete Natan: „Du selbst bist der Mann!" (2 Sam 12,7)

Billerbeck, Erntedank, 6. Oktober 2019 Hans-Karl Seeger

Vorwort zur 2. Auflage

Es erfreut mich sehr, wieviele Menschen es für lohnenswert halten, sich mit dem Buch zu befassen.

Vielleicht hat es dazu beigetragen, selbst einmal etwas intensiver in einen Spiegel zu schauen und Neues in sich zu entdecken, ganz gleich ob es ein Metall- oder Kristallspiegel oder eine spiegelnde Oberfläche des Wassers ist. Dabei besteht wohl kaum die Gefahr, sich wie Narziß tödlich in das eigene Spiegelbild zu verlieben. Dennoch sollte man kritisch in den Spiegel schauen; denn der Teufel hat einmal einen Spiegel gemacht, der alles Gute und Schöne ganz klein und verzerrt, aber alles Schlechte und Gemeine riesengroß erscheinen läßt.

Billerbeck, Nikolaus, 6. Dezember 2019 Hans-Karl Seeger

Inhalt

Die drei Hauptkapitel haben als gemeinsamen Leitfaden die Liebe: Gottesliebe, Nächstenliebe und Selbstliebe. Wir sprechen leider nur vom Doppelgebot der Liebe, aber genau genommen ist es ein Dreifachgebot. Nur ist die Selbstliebe ein Stiefkind der Theologie. Selbstliebe ist kein Egoismus, wer das meint, verwechselt „Selbst" und „Ego". In einer Ego-Gesellschaft wird die Solidarität, das Bindeglied einer Gemeinschaft, dem Interesse des einzelnen untergeordnet. Im Gegensatz dazu bedeutet Selbstverwirklichung nicht, sich selbst allein ins Zentrum zu stellen und von allen anderen abzusehen, sondern sich zu öffnen für andere und Verantwortung zu übernehmen. Ich beginne, mich zu lieben, weil ich spüre, da ist jemand, der mich braucht. Die Ursache für viele Probleme liegt in der mangelnden Liebe zu uns selbst. Es geht also nicht um Egoismus, sondern um eine achtsame, liebevolle Haltung gegenüber uns selbst.

„Was ist die Liebe? Hat keiner ihr Wesen ergründet? Hat keiner das Rätsel gelöst? Vielleicht bringt eine Lösung größere Qual als das Rätsel selbst, und das Herz erschrickt und erstarrt darob, wie beim Anblick der Medusa. Schlangen ringeln sich um das Wort, das dieses Rätsel auflöst. Oh, ich will dieses Auflösungswort niemals wissen, das brennende Elend in meinem Herzen ist mir immer noch lieber als kalte Erstarrung." (Heinrich Heine)

Lieben und Leben gehören nicht nur etymologisch zusammen. Das eine existiert nicht ohne das andere: ohne Liebe kein Leben, ohne Leben keine Liebe.

Gott ist Liebe! Das erfahren wir durch Jesus, die Gestalt gewordene Liebe Gottes. Er ist das Modell für eine unbedingte Gottesbeziehung. Gott will uns zum Leben ermutigen und schützt uns mit seiner Liebe. Liebe ist die schönste Gestalt seiner Gnade. Durch sie erfahren wir alle Schwingungen zwischen Himmel und Erde: hoch und tief, schwer und leicht, dunkel und hell.

„Wer liebt, berührt die Unendlichkeit" (Eugen Drewermann); denn Liebe ist angewandte Unendlichkeit.

Über die Zeitlichkeit und Begrenztheit irdischer Existenz hinaus verweist immer schon die Liebe. Sie bedeutet Entgrenzung und Aufbruch und jenseits aller Zeit Vorschein auf ewiges Glück und ewiges Heil.

Matthias Claudius:

Die Liebe hemmet nichts; /
sie kennt nicht Tür noch Riegel /
Und dringt durch alles sich; /
Sie ist ohn' Anbeginn, schlug ewig ihre Flügel, /
Und schlägt sie ewiglich.

Themenschwerpunkte

I. Gott der ALL-EINE

Die Kirche vertritt eine vor mehr als zweitausend Jahren in einer ganz anderen Welt entstandene Lehre und dazu noch in einer Darstellung, die dem heutigen Weltbild nicht mehr entspricht. Als das Alte Testament geschrieben wurde, dachte man, die Erde sei flach, und war überzeugt, ein höheres Wesen habe den Menschen in die Welt gesetzt. In Babylon, wo die Schöpfungsgeschichte des Buches Genesis ihren Ursprung hat, meinten die Menschen, die Erdscheibe sei von Gebirgen begrenzt und darüber spanne sich ein Himmelszelt auf. Man fragte sich, was dahinter liege. Heute wissen wir, der Horizont, hinter den wir nicht schauen können, ist Milliarden Lichtjahre entfernt.

Der „Himmelsgucker“ – Holzstich von Camille Flammarion 1888

In den letzten Jahrzehnten haben die Erkenntnisse der Physik das auf René Descartes und Isaac Newton zurückgehende mechanistische Weltbild weitgehend überholt und damit zugleich das alte Paradigma der Trennung von Geist und Materie sowie von Raum und Zeit neu definiert. In unserer Zeit stellt sich der Kosmos als Einheitswirklichkeit dar, in der sich alles, was existiert, als ein Muster energetischer Schwingungen erweist. Geist und Materie sind nicht länger Gegensätze. Es gibt eine körperliche Manifestation der geistigen Welt, und die materielle Welt hat ein geistiges Leben.

Die Astronomie beschäftigt sich mit der Frage, was sich jenseits des Horizontes verbirgt. Laut Giordano Bruno ist das Universum weder endlich, noch wird es erzeugt oder vergeht; denn es gibt nichts, in das es sich verwandeln könnte. Nach seiner Vorstellung ist dieses Universum ein großer, lebendiger Organismus, der von einem einzigen Prinzip, das er „Gott" nennt, beherrscht wird. Welche Plausibilität hat das Universum?

Das Buch Genesis spricht nicht von Wissenschaft. Eine solche gab es damals noch gar nicht. In allen Schöpfungsberichten der Bibel findet sich aber ein gemeinsames Thema: Das Universum ist das Werk eines übernatürlichen Gottes, der diese Welt wollte und liebt. Er sitzt auf einem Thron und hat einen Hofstaat von Engeln um sich. Ganz unten hat der Teufel seinen Ort.

Längst vorbei ist auch die konstantinische Zeit, in der Thron und Altar eine Allianz bildeten und das Christentum Staatsreligion war. Bis in unsere Zeit hinein glauben viele Menschen noch immer wortwörtlich an den siebentägigen Schöpfungsbericht und tun sich schwer, die Erzählungen des Neuen Testamentes symbolhaft zu deuten. Diese Art der Deutung sollte aber der Normalfall werden; denn die Heilige Schrift ist kein Geschichtsbuch, sondern ein in Bildern geschriebenes Glaubenszeugnis. Heilige Bücher lassen sich nicht wie historische Dokumente lesen.

Das philosophisch-theologische Denken des Mittelalters prägte den vom lateinischen Verb transcendere = überschreiten abgeleiteten Begriff der Transzendenz. Er benennt die Fähigkeit des Menschen, über die Grenzen seines Vermögens und Erkennens hinaus zu denken. Dort, wo der Mensch über sich hinaus verwiesen ist, wo er das mit den Sinnen Erkennbare „über-schreitet", wo er über den Bereich des Menschlich-Endlichen hinausgeht, transzendiert er seinen eigentlichen Denk- und Vorstellungsraum und fragt nach dem Leben hinter dem Leben, dem wahren Leben, dem Transzendenten.

Gott ist der ALL-EINE und auch ein transzendentes DU. Wer spricht schon den ALL-EINEN an oder fühlt sich von ihm angesprochen? Wir können von Gott nur bildhaft sprechen. Er ist nicht der logische Schluß einer Gedankenkette. Wenn wir das Universum betrachten, stellt sich zum Beispiel die Frage: „Gibt es einen Gott?" Diese läßt sich weder richtig noch falsch beantworten, gefragt ist unsere persönliche Entscheidung.

Gott, das unaussprechliche Geheimnis

Gott gibt es nicht und doch ...

„Einen Gott, den es gibt, gibt es nicht." (Dietrich Bonhoeffer) Gott ist kein Gegenstand, er ist nicht brauchbar, und er bringt keinen Nutzen. Es gibt ihn nicht in der Art, wie zum Beispiel ein Gegenstand neben dem anderen existiert. Er ist ein Wesen, das die menschliche Vorstellungskraft übersteigt. Es geht um das Gefühl der Abhängigkeit des einzelnen vom unendlichen

Ganzen. Gott ist der Ursprung des Raumes und der Zeit aus dem Nichts. Jenseits der Dinge zeigt das große Ganze sein Gesicht nur verhüllt. Wenn wir die Welt als das Ganze betrachten, ist darin zugleich alles Einzelne ein je Anderes. Diesbezüglich ist Gott „der Ganz-Andere", unfaßbar, fern, unbegreiflich. Gerade weil Gott nichts von allem ist, kann er in allem sein, er ist und bleibt ein Geheimnis.

Bei allen Versuchen, Gott zu benennen, gerät unser Sprechen an die Grenze des Sagbaren, wir stoßen auf einen gewissen Entzug, vor allem auf das Paradoxon, also das Widersprüchliche. Dieses verdeutlicht sich in der Aussage „Die absolute Transzendenz Gottes verwirklicht sich durch seine uns umgebende liebende Nähe".

Carl Gustav Jung spricht von archetypischen Bildern im Unbewußten des Menschen. Die stärkste archetypische Erfahrung des Menschen ist die Gottheit. Diese ist nicht Person, wie wir Menschen. Sie ist transpersonal. Viele Menschen schaffen sich nicht-personale Gottesbilder, zum Beispiel „Quelle des Lebens" oder „Lebendiges Wasser"; im Gebet aber fällt es ihnen oft schwer, eine Beziehung zu diesen Bildern aufzunehmen. Was der Mensch Gott zuschreibt, hat seinen Ursprung in der eigenen Seele. Wenn Carl Gustav Jung von Gott spricht, dann immer nur im Sinne eines Gottesbildes. Die Psychologie kann das Dasein Gottes zwar nicht beweisen, aber die Existenz eines archetypischen Gottesbildes feststellen. Wir sollten unser einseitig personenhaftes Gottesbild in transpersonale Dimensionen hinein erweitern. Gottesbilder zielen auf ein Sein jenseits der empirisch erfaßbaren Wirklichkeiten. Dennoch ist in dem Wort „Gott" die Beziehung zum Menschen stets mitgedacht; denn im Menschen ist das Geschaffensein auf Gott hin immer schon angelegt. „Geschaffen hast du Gott uns zu dir, und ruhelos ist unser Herz, bis es ruht in dir." (Augustinus)

Fast alle Religionen leben von Bildern, die sie sich von Gott machen. Geradezu gefeiert wird im Christentum jener geheimnisvolle Bereich, in dem sich Menschenbild und Gottesbild berühren: Die Geschichte von Maria und ihrem göttlichen Kind.

Eine weiße Wand in einem Meditationsraum ist kein Zeichen von Verarmung; denn Reduzierung von Gegenständen in einem Raum bedeutet Zentrierung auf das Wesentliche. Der Ruf nach Stille ist dadurch nicht nur ein akustischer, sondern auch ein optischer. Der weiß gestrichene Raum ohne Reizüberflutung für die Augen läßt uns offen sein für das Gottesgeheimnis.

Gott ist kein Gegenüber; denn wir sind in ihm und er ist in uns, wir dürfen DU zu ihm sagen. Personsein ist das Kostbarste, was wir auf ihn anwenden können. Vielleicht fällt es uns sogar leichter, wie in manchen Religionen üblich, ohne eine Bezeichnung für Gott auszukommen; denn als Geschöpfe sind wir zu beschränkt, um das große Geheimnis „Gott" zu formulieren. Sowohl die Mystik als auch die Bibel zeigen, daß es sich bloß in Bildern ausdrücken läßt, die ihrerseits Gott aber auch nur erahnen lassen und ständig zu relativieren sind.

Durch die gesamte Menschheitsgeschichte und alle Religionen zieht sich die Sehnsucht, Gott möge sich in anschaulicher Weise zeigen. Dieses Sehnen hat sich durch die Menschwerdung Jesu erfüllt. In ihm ist uns tatsächlich der unsichtbare Gott in einer individuellen menschlichen Existenz sichtbar geworden. In ihm hat sich Gott in der einzigartigen Seele eines Menschen verwirklicht und inkarniert. In ihm, den die Menschen mit ihren Augen und Ohren, ja mit all ihren Sinnen erlebt haben, hat Gottes Antlitz ein konkretes menschliches Gesicht angenommen. Er ist die „Offenbarung des Göttlichen im Menschen und des Menschlichen in Gott" (Christoph Schönborn). Aber nicht nur unsere Seele, sondern auch unser Leib hat etwas mit Gott zu tun. Ist unser Leib eins mit sich und mit Gott, ist er wunderbar. Wenn wir ganz sind und gegenwärtig, handeln wir aus Gott heraus. Wir sollten in Gott hineingehen, damit er uns umgibt und wir sein Ort werden können.

Weihnachten gedenken wir der Menschwerdung Gottes. Dabei handelt es sich nicht um ein Herabsteigen Gottes aus einer höheren Welt, sondern um das Heraustreten des Göttlichen aus der Tiefe seiner Schöpfung. „Das Wort Gottes wurde Mensch, damit wir vergöttlicht werden." (Athanasius von Alexandrien) Unser Leben entfaltet sich nicht vor Gott, sondern im Göttlichen. „In ihm leben wir, bewegen wir uns und sind wir." (Apg 17,28)

Mascha Kaléko:

Irgendwer
Einer ist da, der mich denkt.
Der mich atmet, der mich lenkt.
Der mich schafft und meine Welt.
Der mich trägt und der mich hält.
Wer ist dieser irgendwer?
Ist er ich? Und bin ich Er?"

„Lesend und betend habe ich Gott gefunden; aber indem ich betete, habe ich geglaubt, daß Gott mich findet und daß er die lebendige Wahrheit ist und daß man ihn lieben kann, wie man eine Person liebt." (Madeleine Delbrel)

Friedrich Nietzsche spricht vom „Tod Gottes". Meinungen bezüglich der Transzendenz sind dadurch gekennzeichnet, daß sie vollkommen subjektiv sind, also niemals richtig oder falsch.

Gott begegnet uns in unserem Leben; dies geschieht jedoch nicht unmittelbar und direkt, sondern durch Ereignisse und Widerfahrnisse. Um diese bewußt wahrzunehmen, braucht es Offenheit und Gelassenheit. Wer gar nicht mit der Gegenwart Gottes rechnet, er**lebt** ihn auch nicht; selbst manchen Suchenden gelingt es nicht, ihn zu finden.

Gott ist zugleich persönlich und ALLES. Jedes „Aussprechen" von Gottes Namen ist metaphorisch. Gott ist sowohl im Bild einer Person als auch im Bild eines Steines bewahrt und geht zugleich darüber hinaus. Wo wir beides fassen, erfassen wir das Ganze. Die Vorstellung, daß Gott eins ist mit dem Universum **und** der Natur, findet sich im Pan**en**theismus.

Berge zeigen die Grenzen zwischen dem Diesseits und dem unerreichbaren Jenseits, obwohl dieses, wenn auch noch schleierverhangen, bereits in uns ist und uns umgibt. Diesseits und Jenseits sagen nichts aus über die Struktur der Welt, sondern nur etwas darüber, was mit unserem menschlichen Erkenntnisvermögen erreichbar ist und was nicht. Alles hat je nach Sinneswahrnehmung seine Trennlinie zwischen Diesseits und Jenseits an anderer Stelle. Aber hinter jeder Grenze für unsere Sinne setzt sich die Wirklichkeit fort und dehnt sich derselbe Himmel aus. Da die vermeintliche Grenze nur in unserer eingeschränkten Sinneswahrnehmung besteht, markiert sie nicht das Ende des Universums. Der Himmel hat keine Grenze; denn er kennt weder Raum noch Zeit.

Laut Neil Postmann ist der Mensch eine „götterschaffende Spezies". In der Frühzeit brachte man alle Naturereignisse in Zusammenhang mit der göttlichen Wirkkraft von Übermächten, so zum Beispiel den blitzschleudernden Zeus, den regnenden Jupiter und die Fruchtbarkeitsgöttinnen. Unheil galt als Strafe für Schuld. So entstand das Bild von Gott als strafendem Richter. „Wie finde ich einen gnädigen Gott?" (Martin

Luther) Wo ist der Glaube an einen liebenden Gott? Sein Mensch gewordener Sohn Jesus verkündete den liebenden Vater.

Unsere Vorstellungskraft beruht auf sinnlicher Erfahrung. Das schlägt sich in der Bibel auch auf Gott nieder. Die monotheistischen Religionen sind in der Zeit des Patriarchates entstanden, somit mußte Gott ein Mann sein. Gott hat aber kein Geschlecht. Schon in der Frühzeit formten sich die Menschen Götterbilder nach ihrer eigenen Gestalt. Hätten wir Menschen Flügel wie Vögel, hätte Gott sie auch. Was das Universum betrifft, so können wir es uns weder als etwas Unendliches vorstellen, noch ist es für uns in seiner Gesamtheit ein Gegenstand möglicher Erfahrungen; die Wissenschaft drückt es in mathematischen Kodierungen aus. Für Transzendentes aber hat sie keine Meßgeräte.

„Während die großen Augen eines Kultbilds seinem Betrachter eine Präsenz suggerieren, die als Fiktion durchschaubar ist, können Wörter, die in der Schrift zum Objekt geworden sind, etwas ins Bewusstsein rufen, das sich gleichzeitig den Sinnen entzieht. Die Schrift wurde so zum Königsmedium des jungen Monotheismus. An die Stelle der Kultbilder trat die Schrift als Ort göttlicher Präsenz. Auch sie wurde kultisch verehrt. Grapholatrie statt Idolatrie. In ihr, zumal in den vier Buchstaben [JHWH], war jene einzige und andere Wirklichkeit anwesend und abwesend zugleich. Der neue Gott Israels ist unsichtbar aber präsent in seinem Namen.“ (Eckhard Nordhofen)

„Es gibt zweierlei Wissen: Wissen durch Beweisführung und Wissen aus Erfahrung. Die Beweisführung führt zu Schlußfolgerungen und zwingt uns, dieselben anzuerkennen. Sie beseitigt aber weder den Zweifel noch führt sie zu jener Gewißheit, in der der Geist in Frieden ruhen könnte, es sei denn, diese [Gewißheit] käme durch Erfahrung zustande.“ (Roger Bacon)

„Unser sinnlich wahrnehmbares Universum ist nur der äußere Mantel von etwas inwendig Lebendigem, mit dem der Mensch Verbindung aufnehmen könnte." (Alphonse de Lamartine)

„Man gewinnt die Überzeugung, daß sich in den Gesetzen des Universums ein Geist offenbart - ein Geist, der dem des Menschen bei weitem überlegen ist und gegenüber dem wir uns angesichts unserer bescheidenen Kräfte ärmlich vorkommen müssen." (Albert Einstein)

Wie sieht mein Gottesbild aus?

Der anwesende Gott

Gott ist immer gegenwärtig, er ist durchscheinend in allem. Nur ist uns das nicht bewußt. Da er sich uns nur mittelbar und indirekt zeigt, meinen wir vielleicht, er sei uns fern. Wenn wir aber gelassen und offen für seine Gegenwart sind, offenbart er sich uns auf vielfältige Weise.

„Gott redet zum Menschen in den Dingen und Wesen, die er ihm ins Leben schickt." (Martin Buber)

Zwei Menschen können in einem Saal ganz eng beieinander und sich doch unendlich fern sein, wohingegen die Liebe größte Entfernungen überwindet und diejenigen vereint, die sich innerlich verbunden fühlen.

Gott ist nur dort lebendig, wo man eine Geschichte mit ihm hat, wo die eigene Vita durch ihn bestimmt wird. Wenn wir uns ins göttliche Leben einbezogen wissen, sind wir Teil des Unendlichen, Teil der göttlichen Energie, und Gott wird uns innerlicher, als wir es uns selbst sind.

„Solange wir Gottes Wesen nur schauen, sind wir nicht völlig selig. Denn solange wir beim Schauen stehen bleiben, sind wir noch nicht in dem, was wir schauen. Solange etwas Gegenstand unseres Bemerkens ist, sind wir noch nicht eins damit." (Meister Eckehard)

Glaube ohne religiöse Erfahrung ist beschränkt, buchstabengetreuer Glaube verhindert religiöse Erfahrung. Ursprünglich religiöse Erfahrungen werden von den Konfessionen nicht selten in dogmatische Formen kodifiziert.

Wann und wo spüre ich Gottes Gegenwart in mir?

Gott ist größer, als Größtes gedacht werden kann, aber auch kleiner, als Kleinstes gedacht werden kann

Den ersten Teil dieser Überschrift hat Anselm von Canterbury in seinem „Glaubensbekenntnis" formuliert: „Et quidem credimus te esse aliquid, quo nihil maius cogitari possit – Und zwar glauben wir, daß du etwas bist, über das hinaus nichts Größeres gedacht werden kann." Die Erkenntnisse der heutigen Quantenphysik lassen auch den Vergleich mit dem Kleinsten zu. Beides entzieht sich unserer Vorstellungskraft. Gott ist in keinem Fall meßbar. Er ist undefinierbar und bleibt das unaussprechliche Geheimnis. Im Unterschied zum Mikrokosmos ist der Makrokosmos für uns leichter vorstellbar. In der volkstümlichen Planeten-Astrologie ist er in allen Köpfen präsent.

Warum erwarten wir Gott nur im Großen und übersehen ihn, wenn er sich uns im Kleinsten nähert? Mose erfährt Jahwe im Gestrüpp, in einem brennenden Dornbusch (Ex 3,2-8).

Die Weisen aus dem Morgenland finden den Gottessohn nicht im Palast oder im Tempel, sondern in einer Krippe (Mt 2,1-12).

Unser Erfahren von Zeit verlangt nach etwas Bleibendem. In uns wächst eine gewisse Ahnung von einer die irdische Wirklichkeit übersteigenden höheren Macht. Das trägt zur Entwicklung einer Gottesidee bei. Diese höhere Macht ist das Lebensgeheimnis aller Wirklichkeit. Während die Vorstellung von Gott unser Verstandesvermögen übersteigt, machen irdische Handlungen und Riten das Religiöse bodenständig.

Noch nie gab es so begründete Argumente, einen Gott der Schöpfung und der Offenbarung abzulehnen, wie in unserer heute stark naturwissenschaftlich geprägten Welt. Gestützt auf die gleichen Argumente dieser Wissenschaft, begründen dennoch etliche Forscher und Wissenschaftler auf Grund ihrer Erkenntnisse, die ins Unendliche weisen, die Existenz Gottes klarer und überzeugender denn je.

Laut Ludwig Wittgenstein aber fassen wir fälschlicherweise Gedanken, die nicht von dieser Welt sind, in Sprache. Wie wir sie auffassen, entscheidet letztlich das Herz. Verstandesmäßiges Begreifen ist eines, Be-herzigen ein anderes. Glauben und Unglauben bilden sich aus beidem. Auch der Unglaube beruht nicht auf Wissen, sondern muß sich mit einer Deutung zufriedengeben.

Wer das Wesen des Herzens verstehen will, muß sich bewußt machen, daß es in vielerlei Hinsicht mehr als Vernunft und Wille das wahre Selbst der Person verkörpert. „Das Herz hat Gründe, die der Verstand nicht kennt." (Blaise Pascal)

Wie groß oder klein ist Gott für mich?

Gott ist ein „Fascinosum et Tremendum" (Rudolf Otto), faszinierend und zugleich erschreckend

Mystisches Erleben ist für Rudolf Otto die höchste Form der Religion. Wir können Gott nur tastend erahnen. Er bleibt das absolute Geheimnis, der absolut Unverfügbare.

Das Heilige ist nicht zu versprachlichen. Wir können zwar den Versuch wagen, uns Gott zu veranschaulichen, müssen aber diese Anschauung sofort wieder verwerfen, weil Gott der schlechthin Unbegreifliche ist. Die Wirklichkeit ist immer größer als das Bild, das wir uns von ihr machen. Bilder töten die Imagination, sind aber mehr wert als trockene Definitionen. Für Gott gilt: Er ist ganz anders.

Den Juden ist es verboten, sich von Gott ein Bild zu machen (vgl. Ex 20,1-6; Dt 4,15-19). Auch sprechen sie den Namen Gottes nicht aus. Wo in der Bibel Jahwe steht, umschreiben sie ihn mit dem Wort „Adonai" (hebr. אֲדֹנָי ădonāy „mein Herr"). Er ist der, der eigentlich keinen Namen hat. Ganz anders verhält es sich bei den Christen. Sie nennen Gott in ihren Gebeten beim Namen, duzen ihn sogar und meinen, ihn zu kennen.

Eine Urerfahrung in allen Religionen ist das Tremendum und Fascinosum; denn die Begegnung mit dem Heiligen macht Angst und jede tiefe Erfahrung hat auch etwas Erschütterndes, weil sie aus der Sicherheit herausreißt.

Der Mensch hat seine stärkste Erfahrung „Gott" genannt. Es ist die Erfahrung eines überindividuellen Zentrums des Daseins, einer Macht, die Leben gibt und Leben nimmt, einer Quelle des Lebens und zugleich dessen Ziel.

Bin ich schon einmal über Gott erschrocken?

Gott als coincidentia oppositorum als Zusammenfall der Gegensätze

Gott ist „Alles in allem" (Kor 15,28). Seine Schöpfung erfährt die Spannung der Pole des „Sowohl - als auch", die in ihm zusammenfallen. Das Einfache ist von vornherein da, es entsteht nicht. Werdendes zeigt sich nicht mehr einfach, sondern zweifach. Unsere Aufgabe besteht darin, die Gleichwertigkeit der Pole zu akzeptieren und sie in Balance zu halten. Kein Pol kann ohne den Gegenpol existieren. Es geht um das Einswerden, nicht um das Gleichmachen. Der Todestrieb ist der Wunsch nach einem völligen Ausgleich der Spannungen in unserem Leben. Nikolaus von Kues ging davon aus, daß die Welt aus einer Vielheit von gegensätzlichen und endlichen Dingen besteht, es aber eine Einheit der Gegensätze gibt.

„Es ist etwas Großes, an der Verbindung der Gegensätze beständig festzuhalten." (Nikolaus von Kues) Die Kraft, Gegensätze auszuhalten und doch in der Sache dialogfähig zu bleiben, ist enorm wichtig.

Das Leben ist immer ein wenig ungerecht: Wir betonen die Hauptsache und vernachlässigen die Nebensache, wir heben einen Mittelpunkt hervor, stufen aber gleichzeitig die Peripherie zurück.

Es geht um eine Lebensauffassung, die auf der Spannung der Gegensätze beruht. Eine Spannung, die zwischen dem unendlich Großen und dem unendlich Kleinen angesiedelt ist. Die Kirche sollte die „coincidentia oppositorum" des Nikolaus von Kues als eine katholische, im Sinn von „allumfassende" Denkströmung und als Instrument, durch das Gottes Geheimnis eint, was auf der Ebene der Natur unvereinbar scheint, verstehen. Es geht um eine Einheit, die die Unterschiede aufrecht erhält, ohne den Anspruch, sie aufzuheben.

Nach Ignatius von Loyola ist der Christ kontemplativ in der Aktio. Die Brüder von Taizé leben nach dem Motto von „Kampf und Kontemplation"; die Benediktiner nach der Devise „ora et labora - bete und arbeite", wobei sie laut Laurentius Schlieker „den Himmel in die Erde, in den Stoff bringen". Diese Spannungseinheiten bilden die Grundlage für eine Spiritualität des Bezogenseins und Bewußtwerdens der ALL-EINHEIT.

„Jenseits des Zusammenfalls der Gegensätze vermag man Dich [Gott] zu sehen; diesseits aber nicht." (Nikolaus von Kues)

Was erlebe ich, wenn in mir Gegensätze zusammenfallen?

Der Mensch ein pontifex oppositorum, ein Brückenbauer zwischen den Gegensätzen

Der Mensch neigt dazu, einen Pol abzuwerten oder gar abzuspalten. Aus der Polarität Licht-Dunkel wird dann Licht-Finsternis. Wir müssen die abgespaltene Finsternis zurückholen in die Polarität Licht-Dunkel.

„Licht ist nicht gleich Helligkeit. Licht ist ein Spiel zwischen Hell und Dunkel." (Hugo Kükelhaus) Gemeint ist das Licht der Sonne im Gegensatz zum künstlichen Licht. Ohne das Dunkel ist der Durchbruch zum Licht nicht möglich. Hugo Kükelhaus schätzte besonders Räume mit vielen Sprossenfenstern, weil dadurch das Spiel des Lichtes deutlicher wird, die Gegenstände im Raum zu leben beginnen und keine Minute dieselben bleiben, ganz anders als bei künstlichem Licht.

„Im Haus meiner Eltern gab es einen leeren Raum, in dem ich stundenlang beobachtete, wie nur das Licht meine Wahrnehmung von dem Zimmer veränderte." (Daniel Rybakken)

Licht war einmal ein wertvolles Gut, nicht für jedermann und auch nicht beständig zu haben. Heute gibt es kaum noch absolute Dunkelheit.

„Licht in sich selbst kann nicht gesehen werden, es ist nur Mittel, durch das die anderen Dinge, auf die es stößt, gesehen werden. Ein Lichtstrahl erscheint aber umso deutlicher vor dem Auge, je mehr Staubteilchen und Fäserchen die Luft enthält. Fällt nun das göttliche Licht in das Herz eines Menschen - und wird er, wie man so schön sagt: ‚erleuchtet' - sieht er seine eigenen Herzensunreinheiten in diesem Licht. Alles das, was dem göttlichen Licht Widerstand bietet, Schuld, Schwächen, Dunkles, alles sieht er auf einmal klar und rein. Der Mensch erfährt dies als Gewinn, ist dies doch erfahrene Gottesgegenwart, die ihn auf seinem Weg zusammen mit Gott weiterbringt." (Johannes vom Kreuz)

Der Mensch hat in seinem Alltag mit Gegensätzen zu tun, nicht selten Schlag auf Schlag: Die Nachricht von der Krankheit eines guten Freundes schmerzt, während ein langgehegtes Vorhaben endlich positiv greift. Man ist in Gedanken darüber versunken, da fällt ein Glas zu Boden und beim Aufheben der Scherben findet sich unterm Küchenschrank der lang vermißte silberne Löffel. Zum Leben gehört also, fortdauernd Gegensätze in sich als Spannung auszuhalten.

Die am intensivsten erfahrbare Polarität ist die zwischen Frau und Mann. Wie weit sind wir in der Welt und vor allem in der katholischen Kirche noch davon entfernt, Mann und Frau gleichwertig als sich einander ergänzende Gegenüber zu sehen. Der Mann ist Mann, um der Frau das Frausein zu ermöglichen, die Frau ist Frau, um dem Mann das Mannsein zu ermöglichen.

Bei Männern ist der Sexualtrieb in der Regel stärker als bei Frauen. Frauen wollen geweckt werden. „Wer wird als Frau denn schon geboren, man wird zur Frau doch erst gemacht." (Milva - Maria Ilva Biolcati)

Auf den ersten Blick scheinen sich die Gegensätze im Leben auszuschließen, aber sie bedingen einander und wollen als Einheit erlebt werden.

„Es muß das dringendste Anliegen unseres menschlichen Geistes sein, sich zu jener Einfachheit zu erheben, wo das Widersprüchliche in Eins zusammenfällt." (Nikolaus von Kues)

Wo konnte ich bei Gegensätzen vermitteln?

Die Mystik ist die Zukunft aller Religionen

Mystik ist das Innewerden des Göttlichen. Das Reich Gottes ist in uns, es ist keine jenseitig-ferne Wirklichkeit. Mystik bedeutet Einfühlsamkeit und Offenheit für das Geheimnis des Göttlichen. Erst in der Leere des Nichts wird Raum geschaffen für Gott (s. „Gott gibt es nicht und doch ..." S. 15).

Das Wort Mystik hängt mit Mysterium zusammen und geht auf die griechische Wurzel „μύω myo – schweigen – Mund oder Augen verschließen" zurück. Es geht nicht um Verschweigen, sondern darum, „das alltägliche Bewußtsein der Sinne zum Schweigen [zu] bringen" (Romano Guardini).

Natürlich bewahren auch alle wahren Mystiker Schweigen. Es gibt Dinge, über die man nicht sprechen kann. Die Anhänger des Sufismus, die Sufis = „Leute der Andeutung", machen keine direkten Aussagen, sondern ergehen sich in Andeutungen. Direkte Aussagen richten sich auf einen Gegenstand der Außenwelt oder des Bewußtseins, während die Andeutung nur einen Wink gibt. Diesen versteht nur, wer das, worauf hingewiesen wird, in gewisser Weise schon kennt. Mystik kann daher nicht in der gleichen Weise gelehrt werden wie etwa Mathematik; denn sie muß sich auf eine im Menschen bereits immanente Neigung berufen. Das Verständnis von Mathematik hingegen ist ein Schlüssel zur Erkenntnis des Kosmos. Diese weitreichende Positionierung der Mathematik zeigt sich darin, daß sie bis heute fast sinnbildlich für Wissenschaft und Erkenntnis der Dinge steht. Der Mensch und sein Bewußtsein lassen sich aber nicht mit mathematischen Begriffen fassen. In der Mathematik gibt es nur eine richtige Lösung. In bezug auf die meist unscharfen und vielschichtigen Problemstellungen des Lebens aber muß man eine höhere Ebene beschreiten und seinen Blickwinkel erweitern. Die naturwissenschaftliche Sprache ist mathematisch, die religiöse immer symbolisch.

Während Askese und Meditation den Menschen herausfordern und sich einüben lassen, bleibt die Mystik unverfügbares Geschenk, eine Erfahrung, die ihm auch ohne asketische oder meditierende Vorbereitung im wahrsten Sinne des Wortes zufällt und ihn überwältigt.

Es gibt das menschliche Verlangen, sich mit etwas zu verbinden, das größer ist als der Mensch selbst. In der Meditation erkennt er, daß er keine isolierte Einheit, sondern unauflöslich mit der gesamten Schöpfung verbunden ist. In Worte fassen läßt sich ein solches Erleben nicht. Es herrscht ein Gefühl der Zeitlosigkeit und der Unendlichkeit. Die Mystiker erkennen, daß der Geist ein Fenster ist, durch das man, wenn auch nur flüchtig, die absolute Wirklichkeit von etwas wahrhaft Göttlichem ausmachen kann.

„Der Fromme von morgen wird ein Mystiker sein, einer, der etwas erfahren hat, oder er wird nicht mehr sein." (Karl Rahner) Hier wird Gott nicht als Objekt des Denkens erfaßt, sondern als Subjekt der Erfahrung, nicht als personales Gegenüber wahrgenommen, sondern als transpersonaler Seinsgrund. Was Karl Rahner bereits 1966 formuliert hat, ist in der heutigen Zeit der Globalisierung aktueller denn je. Es gibt ein weltweites Interesse an der Wiederbelebung der mystischen Dimension der Spiritualität. Wir brauchen eine Mystik, die universal-kosmische Dimensionen aufnimmt. In einer Zeit, in der Glaube immer weniger durch institutionelle Bindungen gestützt wird, kommt es darauf an, daß Menschen eigene geistliche Erfahrungen machen.

„Meine Stärke, meine einzige Stärke liegt darin, Mystiker zu sein, das heißt, nur aus einer einzigen Idee zu leben. Möge unser Herr mir das bewahren." (Teilhard de Chardin) Manche Menschen aber schotten sich ganz bewußt gegenüber außergewöhnlichen Erfahrungen ab.

Religion ist die älteste menschliche Einrichtung; denn ihr Ursprung liegt im Menschen selbst. Ihre wichtigste Aufgabe besteht darin, dem fehlbaren Menschen eine unfehlbare Gewißheit und Unterweisung zu bieten. Religion ist göttlich, aber ihre Interpretation ist menschlich. Den Aufenthalt des Subjektes im Objekt nennen wir Projektion. Ist Religion vor allem eine Projektion von menschlichen Gedanken und Wünschen auf etwas Göttliches? Ohne Religion oder eine Art von Ergebenheit gegenüber etwas Höherem ist Leben ohne Sinn. Beides ist aber nicht dazu da, Sinnsuche mit Erfolg auszustatten. Religion kann als „Reparaturbetrieb" für das seelische und körperliche Wohl betrachtet werden. Karl Marx hat sie als „das Opium des Volkes" bezeichnet.

In der sich in zunehmendem Maß globalisierenden Welt finden sich in der Mystik alle Religionen vereint. Wie aber konnte es zu einem heute kaum noch überschaubaren Kosmos allein der christlichen Kirchen und Gemeinschaften kommen? Gibt es doch orthodoxe, altorientalische und anglikanische Kirchen, Lutheraner, Calvinisten, Methodisten und Baptisten sowie die katholische Kirche, die ihrerseits noch eine altkatholische Abspaltung kennt. Es wäre notwendig, daß die Kirchen sich gegenseitig als legitime Ausprägungen der einen Kirche Jesu Christi anerkennen.

„Mystiker ist, wer nicht aufhören kann zu wandern und wer in der Gewißheit dessen, was ihm fehlt, von jedem Ort und von jedem Objekt weiß, das ist es nicht." (Michel de Certeau) Die Gottsuche hört niemals auf; denn Gott bleibt das unerreichbare Geheimnis.

Mystische Erfahrungen tragen dazu bei, die eigene religiöse Orientierung auf eine neue Weise tiefergehend zu erfassen und zu verstehen. Die innere Erfahrung des Absoluten kann individuell sehr unterschiedlich sein. Sie ist nicht in Worte zu fassen. Aber wie oft machen wir Gotteserfahrungen, ohne ihn darin zu erkennen, vergleichbar dem Fisch im Meer, der den alten Barsch fragt, wo denn der Ozean sei.

Es existieren zahlreiche Religionen mit ihren eigenen Wahrheitsansprüchen. In ihren geschlossenen Gesellschaften ließen sich diese leicht leben. In der Globalisierung aber vermischen sie sich und verfallen in Rivalisieren oder Religionskriege. Das Verbindende aller Religionen aber ist die Erfahrung der Transzendenz. Wer diese jedoch wie Giordano Bruno an den Rand der Immanenz heranzurücken sucht, läßt den transzendenten Raum ins Nichts fallen.

Die Globalisierung zwingt zur Lösung einer gewissermaßen schon immer gestellten Aufgabe: Eine sinnvolle Suche nach gemeinsamen Grundlagen statt gegenseitiger besserwisserischer Belehrung; denn die den Menschen als solchen auszeichnende Würde haben bei weitem nicht nur einige Kulturen erkannt. Viele Menschen sind keine Gottsucher, sondern Identitätssucher. In der globalisierten und digitalisierten Welt suchen sie durch Abgrenzung nach klaren einfachen Antworten. Nach dem Prinzip „wir" und „die anderen" wissen sie, wo sie hingehören.

Weltfriede geschieht als Harmonie der Gegensätze, die sich als Pole wechselseitig anerkennen und im Wechselverhältnis gegenseitig befruchten. Die geistige Verwandtschaft aller Menschen ist gewichtiger als das Trennende der Rassen und Kulturen.

Wer Gott beschreiben will, gleicht den Blinden, die im Zirkus einen Elefanten berühren durften. Neugierig betasteten sie den Körper des riesigen Tieres an unterschiedlichen Stellen. Als man sie später fragte, was sie erlebt hätten, antworteten sie: „Wir wissen jetzt, wie ein Elefant aussieht." „Wie denn?", fragten die anderen.

„Wie ein Schlauch", sagte der, der den Rüssel berührt hatte. „Wie ein Baum", schilderte der, der das Bein erfaßt hatte.

„Wie ein großer Kessel", erklärte der, der seine Hände an den Leib gelegt hatte. „Wie ein großer und fester Lappen", meinte der, der an das Ohr gekommen war. „Wie eine dicke Kordel", erklärte schließlich der, der den Schwanz erwischt hatte. Jeder hatte etwas Richtiges beschrieben, aber keiner hatte die ganze Wirklichkeit erfahren.

Im Buddhismus gibt es zwar nicht die Vorstellung von einem personalen Schöpfergott, aber durchaus den Glauben an eine transzendente Wirklichkeit, also an eine Gottheit, die Raum und Zeit übersteigt, unbedingt, ewig und der Zeit enthoben ist, sowie die Grundlage der Erlösung darstellt. Der Buddhismus ist also keine atheistische Religion.

Religionen sind verschiedene Zugangsweisen zu dem gleichen Geheimnis. Sie basieren auf einer Erfahrung und einer Sinnperspektive. Sie existieren in der Auffassung der Gläubigen, sind also Produkte von deren Vorstellungskraft.

Meister Eckehard war bereits im 13./14. Jahrhundert so etwas wie ein Brückenbauer zwischen den Religionen. Er hat die „kaiserlose, die schreckliche Zeit" (1256-1273) erlebt und die „babylonische Gefangenschaft" der Päpste in Avignon (1309-1377), eine Zeit der Dekadenz, zu der die neue Innerlichkeit der Mystik in scharfem Kontrast stand. Er starb vor Abschluß des Inquisitionsprozesses, in dem er als Häretiker verurteilt werden sollte.

Das Christentum, das Jahrhunderte hindurch das Mystische zum großen Teil verdrängt hat, ist heute herausgefordert, sich auf seine eigenen mystischen Quellen zu besinnen. Mystische Erfahrung ist die immerwährende Möglichkeit für christliches Leben. Es geht zum Beispiel um Augenblicke des Verschmelzens mit der Natur im Wald, am Strand oder auf einem Berg. Abraham Maslow nennt sie Gipfelerlebnisse (peak experiences).

Natur wirkt befreiend. Eine einmalige und überwältigende Naturerfahrung kann offenbar dauerhaft unser Leben verändern. Einige empfinden eine vorher nicht gekannte Willenskraft oder überwinden ihre Angst. Anderen fällt plötzlich auf, daß sie ihre eigenen Bedürfnisse ständig vernachlässigt haben oder in ihrem Leben viel zu passiv sind.

Kirchen sollten solche Erfahrungsräume sein. Das „Personal" der Kirche sollte den Menschen zurufen: „Kommt herein! Wir kommen Euch entgegen!", und sie über die Schwelle bringen zur Konzentration auf das Wesentliche, wo das Herz sich öffnen kann für eine andere Dimension des Daseins: die Transzendenz.

Es genügt aber nicht, Erfahrungen zu machen. Wenn ich durch sie reifer werden will, muß ich daraus lernen.

Kann ich auf mystische Erfahrungen zurückblicken?

Wirklichkeit ist, was wirkt

Was ist Wirklichkeit jenseits von Raum und Zeit? Wie wirklich ist sie? Was sehen wir von ihr? Dinge, die vertraut auf uns wirken, sprechen uns an. Sie haben aber keine Objektivität, sondern sind subjektiv geprägt von dem, was wir aus ihnen machen. Wir sehen nur, was wir sehen wollen, und unterliegen in bezug auf die Beschaffenheit der Wirklichkeit einer Täuschung. Diese besteht in einem derartigen Vertrauen in unser eigenes Denken und Fühlen, daß wir das Gedachte und Gefühlte mit der Wirklichkeit gleichsetzen.

Laut Platon tragen wir das Urbild der Dinge bereits in uns. Religionen versuchen, etwas von den „metaphysischen Sphären", den „hinter den Dingen liegenden Wirklichkeiten", abzubilden.

Es gibt drei Aspekte der Wirklichkeit: die äußere sichtbare Welt, die innere Welt und die jenseitige. Je nach Stimmung und Situation nehmen wir die Wirklichkeit unterschiedlich wahr. „Nicht die Dinge verwirren den Menschen, sondern die Ansichten über die Dinge." (Euripides) Dazu kommt ein Unterschied zwischen Traumwelt und virtueller Welt einerseits und realem Leben andererseits sowie der Unterschied zwischen Lebenswelt und Spielwelt.

„Nichts" und „Alles" sind nicht vorstellbar; denn wir haben keinen totalen Blick, der alles zugleich umfaßt. Wir filtern und gewichten Informationen, wobei nicht klar ist, wie sich in der digitalen Welt mit ihrer unübersehbaren Informationsflut Wahrheit und Unwahrheit unterscheiden lassen. Wir fokussieren den Blick auf das, was uns beschäftigt. Dabei übersehen wir oft das Naheliegendste. Um dieses aber zu erkennen, ist eine „Defokussierung" nötig.

Wer kennt nicht die Äußerung: „Ich glaube nur, was ich tatsächlich sehe"? Ob etwas existiert oder nicht, wird dabei ausschließlich an die Fähigkeit des Sehens gebunden. Folglich müßten Personen, die diese Auffassung vertreten, die Existenz eines weit entfernten Objektes, das zwar nicht mit bloßem Auge, aber mit Hilfe eines Fernrohres zu erkennen ist, leugnen.

Es besteht ein Gegensatz zwischen dem Sehen und dem Hören der Wirklichkeit. Jeder kennt den Unterschied zwischen dem Lesen eines Romans, dem Hören desselben oder dem Sehen eines nach dessen Inhalt gedrehten Filmes. Die Bedeutung von Texten liegt nicht so sehr in dem, was sie mitteilen, sondern vielmehr darin, was sie dem Leser an Möglichkeiten, ihre Imagination zu entfalten, an die Hand geben. Lesen heißt ergänzen, was nicht im Text steht, Unbestimmtes entziffern und vieles mehr. Wird eine Geschichte auf akustische Reize reduziert, fühlt sich das Gehirn animiert, die übrigen Sinne selbst zu aktivieren. Offene Augen und Ohren befähigen, das Aufgenommene in Worte zu fassen. In Filmen haben Regisseur und Schauspieler diese Arbeit bereits übernommen. Gehirn und Körper entspannen sich, anstatt sich anregen zu lassen.

Das Übersetzen von Sinneseindrücken in Sprache geht nie fehlerfrei vonstatten. Sehen ist zum Beispiel ein komplexer Vorgang. Die bloße Existenz der Sinnesorgane garantiert nicht, daß ein Gegenstand von unserem Bewußtsein wahrgenommen wird. Jede Wahrnehmung ist von vornherein selektiv, von unserem eigenen Interesse und Begehren bestimmt. „Ich mache mir die Welt, wie sie mir gefällt." (Astrid Lindgren) Aber unsere Wahrnehmung von der Welt ist etwas anderes als die Welt selbst. Wahrnehmung verschmilzt oft mit der Wahrheit, von der sie jedoch bestenfalls „einen Zipfel erhascht".

Jeder Mensch wird bezüglich seiner Wahrnehmung von der Umgebung geprägt und ist in Versuchung, sich vom Mehrheitsvotum beeinflussen zu lassen. Der Gruppendruck wirkt sich auf die Wahrnehmung aus.

In aller Regel widersprechen sich Informationen, die uns die Sinnesorgane liefern, nicht. Dennoch gibt es Gelegenheiten, in denen man plötzlich wahrnimmt, daß dies keine Selbstverständlichkeit ist. Wenn man zum Beispiel am Bahnhof im stehenden Zug sitzt und der Zug auf dem Nachbargleis anfährt, hat man das Gefühl, der eigene Zug habe sich in Bewegung gesetzt. Kurz darauf behebt sich der Irrtum wie von selbst, und man gewinnt gleichsam wieder festen Boden unter den Füßen. Solch alltägliche Erfahrungen lehren, daß die verschiedenen Wahrnehmungen einer Feinabstimmung bedürfen, die weitaus komplexer ist, als man auf den ersten Blick annimmt.

Wahrnehmen bedeutet, die Wahrheit anzunehmen. Aber was wir wahrnehmen, ist eine eingebildete, von uns selbst konstruierte Wirklichkeit. Lediglich die Mathematik erzielt unbezweifelbare Tatsachen, wohingegen die angebliche Wahrheit nur auf subjektiven Behauptungen beruht.

Wenn zum Beispiel die Sonne nach unserem Empfinden „am Horizont versinkt", ist sie real längst „untergegangen"; denn aufgrund der natürlichen Erdrotation bewegt sich unser Planet um den Fixpunkt Sonne. Zudem benötigt das Licht der Sonne acht Minuten, bis es die Erde erreicht.

Die Grenzen unserer Welt sind gleichzeitig die Grenzen unserer Erkenntnisfähigkeit. Wir können die Welt, wie sie wirklich ist, nie objektiv erfahren. „Nihil est in intellectu, quod non antea fuerit in sensu – Nichts ist im Verstand, was nicht vorher in den Sinnen war." (Aristoteles)

Unsere Sicht der Realität, einschließlich der physikalischen, ist grundlegend unvollständig. Die Physik arbeitet ohne jeglichen Bezug zur Transzendenz. Die Welt wird als kausal geschlossen vorgestellt. Die Quantenphysik führt uns dies klar vor Augen und ist noch nicht an ihr Ende gekommen. Leider bleibt ihre physikalische und philosophische Tragweite heute in weiten Kreisen noch immer unverstanden.

„Die Wirklichkeit ist nicht wie die Realität ein Zusammenraufen von Getrenntem zu größeren Formen, sondern umgekehrt, Ergebnis einer fortschreitenden Emanzipation und Differenzierung des großen, immer ganzheitlichen Einen. Die Verbundenheit der Menschen mit Menschen und ihrer Mitwelt ist nicht ein Ergebnis unserer menschlichen Zivilisation, sondern Grundbedingung unserer dynamischen Existenz im Ganzen." (Hans-Peter Dürr)

Bedauerlicherweise beansprucht aber jede Sichtweise die Wahrheit für sich. Man sollte sich einmal entgegen seiner eigenen Betriebsblindheit in die Schuhe anderer stellen. Eine Ich-Perspektive ist nötig, aber ebenso die Fähigkeit, sich in den anderen hineinzuversetzen. Schwer zu ertragen ist es, wenn ich nicht sein kann, was ich nicht sein darf.

Es gilt der Grundsatz: „Quidquid recipitur in aliquo, est in eo per modum recipientis, et non per modum suum - Alles was aufgenommen wird, wird aufgenommen in der Weise des Aufnehmenden, nicht in der Weise des Seins." (Thomas von Aquin)

Durch die Begegnung mit Symbolen geschieht Wandlung. Im Symbolischen betreten wir die Welt der Bedeutungen, wohingegen im Konkreten die Welt des Faktischen, der Dinge und der Handlungen zu uns spricht. Symbole lassen sich in bezug auf unsere eigenen Interessen auslegen; denn sie sind mehrdeutig und lassen unterschiedliche Interpretationen zu. Das Faszinierende an Symbolen ist ihr Charakteristikum, gleichzeitig vielschichtige und widersprüchliche seelische Erfahrungen in Szene zu setzen und auf ein Bild, einen Gegenstand oder eine Handlung zu verdichten. Symbolhandlungen sind so etwas wie sprachliche Zeichen. Sie erlauben uns, anderen in sehr elementarer Form etwas mitzuteilen, was sich in der gesprochenen Sprache gar nicht beziehungsweise nur implizit und breitenwirksam überhaupt nicht formulieren läßt.

Wir dürfen Symbole nicht wörtlich nehmen, sondern müssen ihre Bedeutung erschließen. Es handelt sich um eine Wechselbeziehung zwischen Symbolgeber und Symbolnehmer. Ich kann die Symbole durch Erfahrungen erläutern und untermauern, aber nicht durch abstrakte Begriffe ersetzen.

Es gibt Symbole, in denen sich die Ewigkeit im Heute verdichtet und ausdrückt, zum Beispiel im Yin-Yang als Zusammenfall der Gegensätze, was dem Göttlichen eigen ist, also Gott (s. „Gott als coincidentia oppositorum als der Zusammenfall der Gegensätze" S. 24). Es geht darum, Menschen aus dem Rationalismus und Dualismus in eine umfassende, ganzheitliche Sicht von Wirklichkeit zu bringen.

Wie wirklich ist die Wirklichkeit für mich?

Sein oder Nichtsein

An der Grundfrage: „Gab es am Anfang von allem ‚Etwas', oder war ‚Nichts'?", scheidet sich der Hauptstrom der europäischen Geistesgeschichte vom östlichen Denken. Für den Westen ist das Nichts logisch undenkbar. Warum ist „Etwas" und nicht vielmehr „Nichts"? Wenn wir denken, denken wir immer an Etwas. Das Sein steht im Zentrum. Das Nichts alleine erklärt nichts.

Es gibt „den Horror vacui - die Abneigung, in der Natur Leere anzunehmen", aber gibt es das Nichts, gibt es den nicht gefüllten Raum? Oder gilt die Aussage „Kein Nichts, nirgends"? Materie ist gezwungen, den Raum kontinuierlich auszufüllen. Ein Vakuum läßt sich mit einem Konzertflügel vergleichen. Alle Töne sind vorhanden, aber erst durch den Anschlag des Pianisten werden sie aus der Möglichkeit in die Wirklichkeit überführt.

Das Ewige ist ebensowenig verständlich wie das Nichts oder das Außerhalb von Raum und Zeit.

„Gott hat alle Dinge aus Nichts gemacht, und dieses Nichts ist er selbst." (Jakob Böhme)

Im östlichen Denken ist das Absolute die Abwesenheit von Sein, eben das Nichts. Es ist als eine Art Hintergrund zu verstehen, vor dem etwas überhaupt erst als Seiendes erscheinen kann. Das Nichts ist in diesem Sinne nicht positiv bestimmbar; denn dann wäre es etwas. Aber es ist die Bedingung für die Möglichkeit von Sein.

Wie gehe ich mit dem Nichts um?

Die eingebildete Wirklichkeit wird therapiert, nicht die reale Wirklichkeit

Der „eingebildete Kranke" ist symptomfrei und fühlt sich doch krank. Das hilft dem Arzt oder Therapeuten, den Kranken in einer erfolgversprechenden Weise zu behandeln. Nur muß dieser Kranke auch wirklich gesund werden wollen. Es gibt die Flucht in die Krankheit. Ihr ist vermutlich der Gelähmte am Teich von Bethesda verfallen, den Jesus heilt (vgl. Joh 5,1-16).

Leid hat seinen Ursprung im geistig-seelischen Bereich. Wer permanent unzufrieden mit seinem Leben und ständig unglücklich und genervt ist, lädt viele Krankheiten ein; denn sein

Immunsystem funktioniert nicht richtig und seine innere Stimme noch weniger. Man sucht einen Ersatz im Äußeren für das, was im Inneren fehlt: Konsumrausch statt Selbstfindung, Ablenkung statt Innenschau, Sex statt Liebe, Materielles statt Geistiges.

Bei einigen Menschen scheint das Begreifen mancher Wirklichkeit die eigene, enge Perspektive zu übersteigen. Je grundlegender und umfassender die Wirklichkeit, um so heftiger der Streit, wer im Besitz der letztgültigen Wahrheit ist und somit das Definitionsrecht hat. Für gläubige Menschen heißt die grundlegendste und umfassendste Wirklichkeit „Gott".

Was ist meine Wirklichkeit?

Vom Entweder-oder zum Sowohl-als-auch

Wir erliegen oft dem „Entweder-oder", obwohl das „Sowohl-als auch" richtig wäre. Die Struktur der Wirklichkeit ist eine andere als die des „Entweder-oder"; es geht um eine komplementäre Wirklichkeitserfahrung. Entscheidungen lassen sich selten auf ein Entweder-oder reduzieren. Das **Ganze** ist die Erfahrung des Lebens **sowohl** als Glück **als auch** als Unglück.

Jede unserer Eigenschaften hat auch eine Kehrseite, und der Mensch existiert nur im „Gesamtpaket". „Gegensätze ziehen sich an." Wer das erkennt, kann nicht nur zu innerer Balance finden, sondern auch negative Erfahrungen besser verarbeiten. „Der Gegensatz von leicht und schwer ist der geheimnisvollste und vieldeutigste aller Gegensätze." (Milan Kundera)

Im „Nebeneinander-leben-lassen" von Meinungen und Zielen entsteht Raum für Kreativität und lebensnahe Lösungen. Der Kompromiß ist eine der größten Leistungen der Menschheitsgeschichte. Er ermöglicht, Streitigkeiten beizulegen, ohne daß es Sieger und Besiegte gibt, und widersprüchliche Interessen friedlich zu integrieren sowie breite Akzeptanz zu erreichen. Kompromisse kann aber nur schließen, wer die Sichtweise und den Standpunkt anderer Menschen versteht. Bei „Kompromiß-Problemen" hilft der Mediator.

Fällt es mir schwer, das Sowohl-als-auch auszuhalten?

Nicht „aber", sondern „und"

Eine Rückmeldung erfolgt in der Regel mit einer Auflistung anerkennender Aussagen, dann ändert sich der Tonfall, und es geht weiter mit „aber", gefolgt von kritischen Punkten. Diese sollten mit „und" angeschlossen werden; denn in einem Feedback geht es nicht um Bewertung, sondern um neutrale Rückmeldung. Dabei gilt es, bestimmte Regeln zu beachten, wie zum Beispiel Beschreibung der eigenen Wahrnehmung, wertfreie Reaktion, klares und genaues Formulieren, ohne moralische Verurteilung, und all das zur rechten Zeit erbeten und nicht aufgezwungen.

Einen ganz anderen Stellenwert hat das „aber" zum Beispiel in der Aussage „Gott aber weckte ihn von den Toten auf." (Apg 13,30).

Bin ich ein „Ja-aber-Mensch"?

Du kannst Gott nur so lieben, wie du dich selbst zu lieben vermagst

„Es gibt keine Himmelfahrt der Gotteserkenntnis ohne die Höllenfahrt der Selbsterkenntnis." (Johann Georg Hamann)

Wie schwer fällt es uns doch, uns selbst mit allem, was uns ausmacht, anzunehmen und zu lieben; denn in jedem gibt es wie in den Grimmschen Märchen „Blaubart" und „Marienkind" eine

13. Kammer, die verschlossen bleiben muß. Da hilft das Bewußtsein: „Gott liebt mich vorbehaltlos!"

Wie vermag ich mich zu lieben?

Frömmigkeit kann auch immunisieren

Wer es mit der Frömmigkeit übertreibt und sich bigott verhält, wirkt scheinheilig. Ein solcher Mensch vergißt die Wahrheit, daß es von jeder Tugend zwei Untugenden gibt: ein Zuviel und ein Zuwenig (s. „Von jeder Tugend gibt es zwei Untugenden: ein Zuviel und ein Zuwenig" S. 208). Man kann von allem süchtig werden, selbst vom Beten (s. S. 224).

Wo bin ich in Gefahr, es mit der Frömmigkeit zu übertreiben?

„Sunder warumbe – ohne Warum" (Meister Eckehard)

„Die Ros' ist ohn warumb / sie blühet weil sie blühet / Sie achtt nicht jhrer selbst / fragt nicht ob man sie sihet." (Angelus Silesius)

Ein wesentlicher Anteil der Rose ist ohne Zweck, sie ist in sich sinnvoll. So verhält es sich bei vielen Lebewesen. Wir aber sind oft zu sehr auf Nutzen ausgerichtet, alles hat nur einen Wert, wenn es (ver)käuflich ist.

Es ist nicht alles bloß zweckmäßig, sondern oft nur schön. Wir sollten leben wie die Vögel. Sie singen nicht, um uns zu Diensten zu sein. Sie sind frei und singen ohne warum, „sunder warumbe".

Wir Menschen kennen unzählige Fragezeichen, wagen uns an den Weltenrand und können uns zugleich am Zauber einer Rose erfreuen.

„Warum soll ich einen Gottesdienst mitfeiern, was habe ich davon?", fragen sich sogar Christen bezüglich ihrer Gottesbeziehung. Sie müßte „sunder warumbe" sein.

Wann lebe ich zweckfrei?

Ich mag dich leiden

Lieben und Leiden sind ein und dasselbe. Liebe ist das Leiden, einem anderen nicht aus dem Weg gehen zu können. Die Kunst des Opfers ist die Kunst des Liebens. Liebe ist nicht nur eitel Sonnenschein mit vielen Schmetterlingen im Bauch. Sie enthält auch ein Element des Leidens. Es gilt zu lernen, daß intensive Liebe auch immer mit einer Last und mit Sorgen verbunden ist.

Wenn in einer Liebesbeziehung die Schmetterlinge nicht mehr fliegen, wird die Beziehung zur Arbeit und will gepflegt werden. Das liegt auch daran, daß die Einstellung zur Ehe sich verändert hat. Früher hieß es: „Weil du meine Frau bist, liebe ich dich!", wohingegen man heute formuliert: „Weil ich dich liebe, wirst du meine Frau!"

„Das, was das Phantastische der Liebe sehr beweist, ist, daß man den geliebten Gegenstand mehr in seiner Abwesenheit als in seiner Gegenwart liebt, bei der Freundschaft ist das anders." (Immanuel Kant)

Bin ich bereit, „Arbeit" in meine Beziehung zu investieren?

Transzendenzerfahrung in der Immanenz

Zeit ist eine Inkarnation der Transzendenz, eine Pause von der Ewigkeit

Zeit ist eine der grundlegenden Erfahrungen der Menschheit. Sie entzieht sich bisher jedem Versuch einer nur rationalen Erklärung. Dauert die Zeit ewig oder hatte sie einen Anfang? Hat sie ein Ende? Was bedeutet die Trennung von Vergangenheit, Gegenwart und Zukunft?

Was legt fest, in welche Richtung sich Zukunft und Vergangenheit einordnen? Viele kulturelle Gepflogenheiten spielen dabei eine Rolle, zum Beispiel die Schreibrichtung. Für Menschen, die von links nach rechts schreiben, wie unter anderen die Europäer, fließt auch die Zeit in diese Richtung. Für Araber und Hebräer hingegen verläuft sie von rechts nach links, genau wie deren Schreibrichtung. Menschen nutzen räumliche Konzepte so, wie ihre Herkunft und ihr kulturelles Umfeld sie widerspiegeln. So malen zum Beispiel Europäer Zeitpfeile von links nach rechts, lassen vergangene Ereignisse „hinter sich" und schauen „nach vorn". Andere Kulturen beschreiben die Zeit räumlich auf andere Weise. Für die Aymara- und Quechua-Indianer in den Anden liegt die Zukunft hinten. Das Wort Zukunft heißt bei ihnen „qhipa = dahinter". In der Vorstellung dieser Menschen befindet sich die Zukunft hinter ihnen und die Vergangenheit vor ihnen; denn das Vergangene ist bekannt und liegt klar sichtbar vor ihnen. Daher heißt die Vergangenheit in ihren Sprachen auch „nawpa = davor".

Man leitet den Begriff Zeit aus der germanischen Wurzel „ti" ab. Daraus entwickelte sich das deutsche Verb „teilen", im Sinn von „eine Einheit untergliedern".

Es besteht eine tiefe Kluft zwischen unserem linearen Zeitbegriff und der zyklisch geschichtlichen Ordnung der Natur. Der Versuch, sich über natürliche Zeitmaße hinwegzusetzen, sie messend zu beherrschen und der Geschwindigkeit des technischen Fortschritts zu unterwerfen, ist eine der Wurzeln der derzeitigen ökologischen Misere. Wir halten uns für fähig, die großartigsten technischen Erfindungen zu machen, aber die Art, wie wir unser Privatleben und politische Prozesse organisieren, bleibt immer ähnlich.

Die moderne Gesellschaft hat die zeitliche Vielfalt mißhandelt, ja sogar aufgezehrt. Man hat die Zeit nach dem abstrakten Maß der Uhrzeit kartographiert. Die Objektivierung der Zeit, die Sicherheit, daß eine Stunde eine Stunde ist, war der große Fortschritt, der durch die mechanische Zeitmessung erzielt wurde; sie löste eine Vielfalt von Uhren ab, wie zum Beispiel Sonnenuhr, Sanduhr, Wasseruhr und Kerzenuhr. Dennoch lebten die Menschen noch lange im Rhythmus der Jahreszeiten. Nicht die Mechanik regierte, sondern die Natur. Der Kalendertag wurde zweigeteilt, von Sonnenaufgang bis Sonnenuntergang war Tag, von Sonnenuntergang bis Sonnenaufgang Nacht. Diese beiden Teile wurden ihrerseits in sechs Teile aufgegliedert, die als „Stunden" gezählt und mit Gong oder Trommel angezeigt wurden. Die Länge dieser „Stunden" variierte nach der Jahreszeit und nach dem Breitengrad des Ortes der Zeitmessung, sind doch die Tage im Sommer länger als im Winter.

Die praktischen Bedürfnisse der Kalenderberechnung, die tages- und jahreszeitlichen Erfordernisse und die Probleme der Positionsbestimmung bewogen die Menschen, den Lauf der Gestirne zu erkunden. Inzwischen ist eine Schaltsekunde nötig, weil die Atomuhren gleichmäßiger ticken, als sich die Erde dreht, die Uhrzeit aber sehr genau mit der mittleren Sonnenzeit in Übereinstimmung gehalten werden soll. Ein Kalenderjahr ist rund 27 Sekunden länger als ein Sonnenjahr.

Mit der mechanischen Uhr, vor allem aber mit der Quarzuhr, verabschiedete sich der Mensch von der Verwaltung natürlicher Zyklen, um seine eigene und unabhängige Zeit zu erfinden. Der stetige Fluß der Zeit wurde in ein drehendes Räderwerk übersetzt.

Es sind aber nicht alle Zeiten gleich. Mitmenschliches Vermögen, wie zum Beispiel Anerkennung, Liebe, Vertrauen und Solidarität, läßt sich nicht beliebig beschleunigen oder schnell herstellen. Um diese Werte zu ermöglichen und zu schützen, braucht es andere Zeitformen als die der Schnelligkeit.

Es ist die Kunst der Natur, daß nicht alles gleichzeitig geschieht. Der Umgang mit Unendlichkeit und Ewigkeit überfordert den menschlichen Geist. Unendlichkeit ist schon ein Widerspruch in sich, da sich bereits der Begriff aus lauter Endlichkeiten zusammensetzt.

Das unzeitliche JETZT ist als etwas Übersinnliches ohne Bezug zum irdischen Zeiterlebnis zu begreifen; denn es liegt jenseits von allem Raum-Zeitlichen. Die Ewigkeit ist das alleinige JETZT. Im JETZT sind Zeit und Ewigkeit eins. Die Qualität eines erfüllten gesunden Lebens hängt davon ab, wieviel Zeit und Aufmerksamkeit wir dem Augenblick schenken und mit welcher Qualität und Intensität wir ihn wahrnehmen und bewerten.

JETZT ist der entscheidende Augenblick und der einzige in der Ewigkeit, die immer nur gleich und unverändert Liebe ist, ohne Vergangenheit und Zukunft. Endlose Dauer auf Erden hat keinen Sinn, sie wäre nur ein Nachschlag auf das endliche Leben. Wer in der Gegenwart lebt, lebt ewig. Wir sollten im Jetzt leben, alles andere ist ohnehin Fiktion. Das Tor zur Zeitlosigkeit ist die Gegenwart.

Heinz Reick:

Sprache und Unendlichkeit

Der Grenze zum ewig Unendlichen nähern sich alle Worte der Suchenden, bleiben in dieser versuchten Annäherung, geben manchmal eine Ahnung von Erfüllendem und werden von drüben mit Lichtworten durchwoben, weil umfassende Göttlichkeit sich der Suchenden erbarmt, ihnen so Trost schenkt und sie zum Trösten gnadenhaft beruft. Und wenn so Suchende dieses Gnadengeschenk nur dankbar und ohne Besitzanspruch annehmen, in geistiger Armut und in Sehnsucht nach dem Vollkommenen bleiben, kann in einem Jetzt des ewig Unaussprechlichen den Suchenden kurzes Finden geschenkt sein, weiter in beglückender Erinnerung dann all ihren Worten neues Licht geben, doch auch wieder an der Grenze zum ewig und unerreichbar absolut Unendlichen.

„Wenn einer es verstünde und vermöchte, die Zeit und alles, was in der Zeit in sechstausend Jahren jemals geschah und was noch geschehen wird bis ans Ende, zusammenzuziehen in ein gegenwärtiges Nun, das wäre die ‚Fülle der Zeit'. Das ist das Nun der Ewigkeit, wo die Seele in Gott alle Dinge neu und frisch und gegenwärtig erkennt, und mit der Lust, die ich jetzt gegenwärtig habe." (Meister Eckehard)

„Die Zeit ist das Warten Gottes, der um unsere Liebe bettelt." (Simone Weil)

Zeit kann nur vergehen vor dem Hintergrund dessen, was bestehenbleibt. Aber nicht die Zeit vergeht, sondern deren Inanspruchnahme. Früher hatten alle Zeit, aber keine Uhr; heute haben alle eine Uhr, aber keine Zeit. Nicht die Zeit rast, sondern wir hetzen durch unser Leben und lassen dabei die Dinge außer acht, die für unser Leben elementar sind.

Die Zeit entartet in ganz großen Räumen zur Relativität, in ganz kleinen zum Chaos. Zeit, die man mit Routinetätigkeiten verbringt, erscheint kürzer als die Zeit an ereignisreichen Tagen. Minuten bleiben Minuten, aber das subjektive Zeitempfinden verändert sich. Die gelebte Zeit unterscheidet sich von der tatsächlichen Zeit. „Wenn man mit dem Mädchen, das man liebt, zwei Stunden zusammensitzt, denkt man, es ist nur eine Minute; wenn man aber nur eine Minute auf einem heißen Ofen sitzt, denkt man, es sind zwei Stunden - das ist die Relativität." (Albert Einstein) „Die Uhr schlägt keinem Glücklichen." (Friedrich von Schiller) Wir haben für alles Erdenkliche ein Sinnesorgan, aber keines für die Zeit.

Das Grundprinzip der Allgemeinen Relativitätstheorie klingt einfach, ist jedoch revolutionär: Masse deformiert das Gewebe aus Raum und Zeit. Wo besonders viel Materie versammelt ist, ist der Raum gekrümmt, die Zeit vergeht langsamer.

Die Vergänglichkeit erlebt man gefühlt je nach Alter unterschiedlich. Der mit zunehmendem Alter näherrückende Tod ist dabei ein entscheidender Faktor. Es gibt aber auch die Zeit des stehenden Augenblicks, die uns heraushebt aus dem Strom verrinnender Zeit, ganz gleich in welchem Alter.

Das Leben ist nur dann zu kurz, wenn der Mensch die ihm zur Verfügung stehende Zeit nicht richtig nutzt.

Codex Calixtinus:

Einst soll der Abt des Klosters Leyre, Virila, im Eichenwald in der Umgebung des Klosters vom Gesang einer Nachtigall so verzaubert worden sein, daß er Zeit und Raum vergaß. Eine Stimme sprach zu ihm: Virila, du wähntest nur eine kurze Weile dem Singen des Vogels zu lauschen und darüber sind in Wahrheit drei Jahrhunderte vergangen. Um wie viel weniger ist es dem Menschen gegeben, auch nur einen winzigen

Bruchteil der immerwährenden Freuden der Ewigkeit Gottes verstreichen zu sehen.

Wie erfahre ich meine Zeit?

Ewigkeit im Augenblick erfahren

Zeit und Ewigkeit sind ganz unterschiedliche Erfahrungsebenen. Deswegen ist die Frage: „Wieviele Sekunden hat die Ewigkeit?", nicht zu beantworten. Im Grimmschen Märchen „Das Hirtenbüblein" antwortet dieses: „In Hinterpommern liegt der Demantberg, der hat eine Stunde in die Höhe, eine Stunde in die Breite und eine Stunde in die Tiefe; dahin kommt alle hundert Jahr ein Vöglein und wetzt sein Schnäbelein daran, und wenn der ganze Berg abgewetzt ist, dann ist die erste Sekunde von der Ewigkeit vorbei." Aber irgendwann ist auch dieser Berg abgewetzt. Ganz im Augenblick zu sein, bedeutet Erfahrung von Ewigkeit.

Der gegenwärtige Augenblick, das Jetzt, ist der einzige Augenblick, in dem wir wirklich leben. Der Augenblick ist zeitlos: Vergangenes ist vorüber, Zukünftiges noch nicht geschehen. Nur die Gegenwart steht uns zum Leben zur Verfügung (s. „Zeit ist eine Inkarnation der Transzendenz, eine Pause von der Ewigkeit" S. 44). Unser Leben ist „auf Widerruf gestundete Zeit" (Ingeborg Bachmann). Wir sollten dem Leben nicht mehr Tage hinzufügen, sondern den Tagen mehr Leben.

In unserer Zeit ist der Begriff Achtsamkeit Mode geworden. Selbst Manager üben sich darin, auf eine bestimmte Weise aufmerksam zu sein, bewußt im gegenwärtigen Augenblick zu leben, ohne zu bewerten. Ziel der Übung ist, in Kontakt mit sich selbst zu kommen.

Was zählt, ist der Moment, nicht das Ziel. Wenn ich das Ziel vom fertigen Ergebnis, das ich erreichen will, umlenke zum

Prozeß des Erreichens selbst, passiert etwas Wundervolles: Aller Druck fällt von mir ab.

Wann lebe ich im Augenblick?

Glückserfahrung ist Ewigkeit zeitlich gedehnt

In der Glückserfahrung vergesse ich Raum und Zeit und bin ganz in und bei dem, was gerade geschieht. Man kann nicht glücklich sein und gleichzeitig auf die Uhr schauen.

Aber was tun, wenn wir heute von Uhren gepeitscht werden? Wir rechnen mit dem Einhunderstel einer Sekunde. Die „Uhren" schlugen einst anders. Die Menschen erwachten beim frühen Hahnenschrei und nahmen Maß am Stand der Gestirne. Von all dem nimmt der „Nanosekunden-Mensch" kaum etwas wahr. Es gibt keine Zeit mehr zum Träumen und Selbstbesinnen. Warten ist vollends verlernt und Heilige Zeiten auszusparen, ist unbekannt geworden.

Möglicherweise liegt das Glück gerade darin, uns selbst nach dem Besten, was uns wirkliches Leben ermöglicht, auf die Suche zu machen. Offenheit für neue Erfahrungen scheint aber im Alter nachzulassen; man bleibt häufig lieber beim Gewohnten. Glück als Zustand gibt es nicht, es gibt nur glückliche Momente, die uns oft erst nachher als solche bewußt werden.

Es kann sein, daß das Glück an der Haustüre schellt, die Bewohner es aber nicht hören, weil sie im Garten nach einem vierblättrigen Kleeblatt suchen.

Erlebe ich Glückserfahrungen?

Alles unter dem Aspekt der Ewigkeit betrachten

Da wir meinen, wir brauchten uns in der modernen Welt nicht mehr mit dem Jenseits zu trösten, muß das ganze Leben hier und jetzt stattfinden. Schon im Diesseits soll alles so sein, wie wir es früher für das Jenseits erhofften. Statt dessen sollten wir alles „sub specie aeternitatis - unter dem Gesichtspunkt der Ewigkeit" betrachten.

Da uns Menschen auf Erden gelingt, wovon unsere Vorfahren nur träumen konnten, schwindet der Glaube an ein Ewiges Leben. Sogar unserem eigenen Leben wollen wir ewige Dauer verschaffen.

Will ich wirklich ewig auf dieser Erde leben?

„Der Schmerz liegt in der Dauer, die Freude im Augenblick" (Friedrich Hebbel)

Schmerz ist weder positiv noch negativ, er gehört zum Leben. Unsere wache Aufmerksamkeit identifiziert sich mit ihm. Subjektiv wird der Mensch sich seines Leibes vielfach nur im Schmerz bewußt. Daher rührt vermutlich die Aufforderung, einen Schmerz anzunehmen. Das Erleben des Schmerzes ohne Abwehr, vermag Verborgenes in unserem Innern zu bewegen.

„Die offene Wunde in uns ist die Stelle, an der du, Gott, deine Liebe eingießt." (Roger Schutz)

Schmerz zeigt mir, wo ich eine Grenze überschritten habe, wo ich zu weit gegangen bin. Er signalisiert meinem Körper eine Gefahr als subjektive Antwort auf eine negative Reizung.

Schmerz ist der Wächter der Gesundheit. Leprakranke merken nicht, wie ihnen Gliedmaße angefressen werden, weil sie keinen Schmerz spüren. Sie führen ein Leben ohne Schmerz, aber mit vielen Wunden.

Schmerz ist auch ein psychologisches Phänomen. Er kann der somatische Ausdruck eines psychischen Schmerzes sein, und oft ist es schwer, das Symptom zu beseitigen.

Es gibt Schmerzpatienten, bei denen sich keine meßbaren Krankheiten nachweisen lassen. Sie haben ständig unerklärliche Schmerzen. Es handelt sich um ein nicht bestimmbares Außenseiterleiden ohne kausale Begründung (s. „Die eingebildete Wirklichkeit wird therapiert, nicht die reale Wirklichkeit" S. 39).

Bei chronischem Schmerz haben sich Ursache und Wirkung entkoppelt. Damit entsteht das fatale Schmerzgedächtnis, der Schmerz existiert ohne den Auslöser. Ein besonders drastisches Beispiel ist der Phantomschmerz, den manche Menschen nach einer Amputation entwickeln. Schmerz ist aber auch manipulierbar. Zum Beispiel laufen Fakire über glühende Kohlen.

Wer eine schmerzfreie Welt will, muß seinen Schmerz auf andere projizieren, um ihn dort abzuschaffen.

Ohne Freude ist keine positive Lebensführung möglich. Zum Freuen braucht es keineswegs materielle Güter. Voraussetzung ist lediglich die Offenheit für das Schöne. „Die Seele nährt sich von dem, worüber sie sich freut." (Augustinus von Hippo)

„Lernen wir besser, uns zu freuen, so verlernen wir am besten, anderen wehe zu tun." (Friedrich Nietzsche)

Wann habe ich mich das letzte Mal so richtig gefreut?

Wo ist der Wind, wenn er nicht weht?

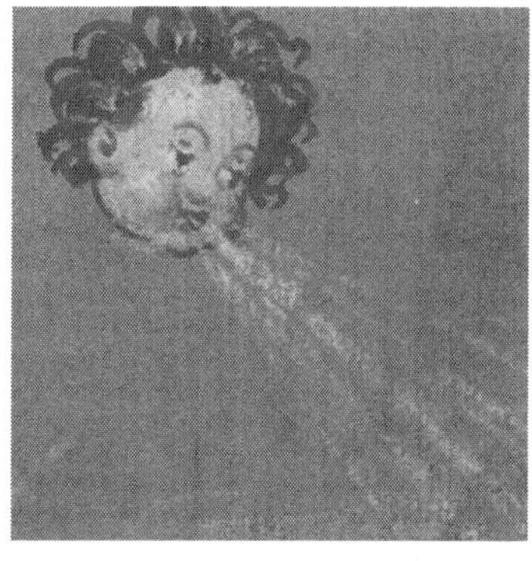

Der Wind ist das Unformbare, das sich dem Zugriff des Menschen entzieht und ihn seinem Schicksal überantwortet. „Schicksal des Menschen. Wie gleichst du dem Wind." (Johann Wolfgang von Goethe) Der Wind bringt Veränderung. Nicht selten glauben die Menschen, sie bestimmten alle Geschicke, und vergessen dabei völlig die Urgewalten der Natur, wie zum Beispiel den Wind.

In gleicher Weise, wie sich nach physikalischen Gesetzen die Wasserkraft ständig erneuert, ist auch der Wind eine unerschöpfliche Energiequelle, die letztlich in der Sonne ihren Ursprung hat. Die von der Sonne bestrahlte Erdoberfläche wirkt wie eine riesige, aus heterogenen Stoffen bestehende Heizplatte, die die auf ihr ruhende Luft erwärmt und in Bewegung bringt. Die Bodenwinde verlaufen in Stärke und Richtung anders als die Höhenwinde. Erstere erheben sich in den Morgenstunden mit beginnender Sonnenwärme und legen sich wieder gegen Abend.

Adelbert von Chamisso:

Die Müllerin

Die Mühle, die dreht ihre Flügel / Der Sturm, der sauset darin; / Und unter der Linde am Hügel, / Da weinet die Müllerin:
Lass sausen den Sturm und brausen, / Ich habe gebaut auf den Wind; / Ich habe gebaut auf Schwüre – / Da war ich ein törichtes Kind.
Noch hat mich der Wind nicht belogen, / Der Wind, der blieb mir treu; / Und bin ich verarmt und betrogen – / Die Schwüre, die waren nur Spreu.
Wo ist, der sie geschworen? / Der Wind nimmt die Klagen nur auf; / Er hat sich aufs Wandern verloren – / Es findet der Wind ihn nicht auf.

Der Wind zeichnet sich, anders als alle anderen Elemente, durch seine Unsichtbarkeit aus. Was wir sehen und hören, ist stets nur seine Wirkung: wehende Gräser, flatternde Fahnen, aber auch umgestürzte Bäume. Trotz seiner Allgegenwart entzieht er sich unserem vollständigen Verständnis. „Der Wind weht, wo er will, und du hörst sein Sausen, aber du weißt nicht, woher er kommt und wohin er geht." (Joh 3,8)

So verhält es sich auch mit der Wirklichkeit, die wir Gott nennen. Es ist nicht verwunderlich, daß die Frage nach Gestalt und Wesen des Windes die Menschen von jeher beschäftigt; denn es handelt sich um etwas, was sich den Blicken verbirgt, aber zugleich große Macht hat. Auf Grund seiner Unfaßbarkeit hielten die Menschen ihn in alten Zeiten für einen Gott. Elija erfährt Gott „im sanften, leisen Säuseln" (1 Kö 19,12).

Der Wind ist gewissermaßen das Wehen. In der Bibel wird der Heilige Geist mit dem Atem, dem Wehen verglichen. Wenn ich Gottes Heiligen Geist spüre, erfahre ich Gott. „Und als er [Jesus] aus dem Wasser stieg, sah er, daß der Himmel sich öffnete und der Geist wie eine Taube auf ihn herabkam." (Mk 1,10; vgl. Lk 3,22)

Hier erscheint der Geist Gottes im Flug einer Taube. Diese ist zugleich Zeichen des Geistes, der im Menschen seine beflügelnde Kraft zeigt und ohne den der Mensch nicht mehr gedacht werden kann.

Bin ich windblind oder offen für den Heiligen Geist?

„Wunder gibt es immer wieder" (Christian Bruhn, Günter Loose)

Was ein Wunder ist, entscheidet der Betrachter. „Es gibt so viele Definitionen des Wunders, wie es Wunder gibt." (George Bernard Shaw) Die Kirche entscheidet, wenn es um eine Heilig- oder Seligsprechung geht; denn sie knüpft daran den Glaubensstand des Verstorbenen. Aber wie es auch nicht von der Kirche heiliggesprochene Menschen gibt, derer wir auch am Fest Allerheiligen gedenken, so widerfahren Menschen auch

Ereignisse, die sie für ein Wunder halten. Albert Schweitzer erwähnt eine „Vernunft des Herzens", für die „kleine Wunder" wichtig sind, die wie im Vorübergehen geschehen und aus dem Augenblick heraus neue Kraft verleihen. „Es gibt zwei Arten, sein Leben zu leben: entweder so, als wäre nichts ein Wunder, oder so, als wäre alles eines. Ich glaube an letzteres." (Albert Einstein) „Die schönsten Wunder sind die kleinen Geschichten unserer Freiheit." (Eugen Drewermann) „Nicht müde werden, sondern dem Wunder leise, wie einem Vogel, die Hand hinhalten." (Hilde Domin)

Die Fähigkeit zu staunen ist eine wichtige Voraussetzung, um alltägliche Ereignisse als Wunder zu betrachten.

Wann habe ich das letzte Mal gesagt: „Das ist wunderbar."?

Die Transzendenz mitten im Existentiellen erfahren

Transzendenz bedeutet, sich mit etwas verbunden zu fühlen, was größer ist als man selbst. Die Unerfüllbarkeit der Sehnsucht nach dem Transzendenten ist die Quelle der Kunst. Das Reich der Kunst grenzt an das Heilige, beide sind dem Alltag enthoben. Zum Gegenstand haben sie oft das, was den Verstand übersteigt. Kunst schenkt uns durch ihre Darstellung in Bild und Form neben der Musik mit ihrem Klang und der Lyrik mit ihrem Wort eine Ahnung von Transzendenz. Kunst vermag etwas von dem auszudrücken, was uns unmittelbar angeht und die Polarität von Subjekt und Objekt transzendiert. Sie ist imstande, das Gegensätzliche miteinander zu verbinden. Die abstrakte Kunst birgt ein großartiges Angebot. Gerade durch die Abstraktion drückt sie eine Erfahrung aus, die sich eben nicht genau benennen läßt. Nicht mehr nachahmendes, abbildendes, darstellendes Malen bestimmt die Kunst. Sie gibt nicht das Sichtbare wieder, sondern macht sichtbar. „Diesseitig bin ich gar nicht fassbar. Denn ich wohne grad so gut bei den Toten, wie bei den Ungeborenen. Etwas näher dem Herzen der Schöpfung als üblich. Und noch lange nicht nahe genug." (Paul Klee)

Pablo Picasso wurde einmal gefragt, warum er Menschen so eigentümlich male, daß sie ganz anders aussähen als in Wirklichkeit. Seine Antwort lautete, kein Mensch könne behaupten, Kunst sei Wahrheit. Sie sei Lüge, aber eine Art von Lüge, die uns helfe, die Wahrheit zu verstehen.

Musik ist die Kunst, die sich im Vergehen der Zeit erfüllt, um die Zeit aufzuheben ins Unvergängliche. In der Musik hören wir der Zeit beim Vergehen zu und vergessen uns dabei manchmal so sehr, daß wir gar nicht merken, wie die Zeit vergeht. Musik gäbe es nicht, wenn man sie nicht machte, immer wieder neu. Musik ist nie da, sie kommt immer nur an, ohne danach vorhanden zu sein. Sie ist eine im Ankommen bestehende höhere Weise des Seins. Musik durchbricht immer das, was als vernünftig gilt, auf eine größere Vernünftigkeit hin. Kunst und Religion lehren nicht, außer um den Sinn des Lebens sichtbar zu machen. „Die Musik drückt das aus, was nicht gesagt werden kann, und worüber zu schweigen unmöglich ist." (Victor Hugo)

Musik ist die spirituellste aller Künste. Sie soll den Text lebendig machen. Töne entstehen im Kopf des Komponisten, sie werden zu schwarzen Flecken auf dem Papier. Jemand anderes bringt sie zum Klingen. Jeder Klang hat seine Beziehung zur Stille und etwas vom Sterben in sich. Musik kann die Körperfunktionen beeinflussen, wenn man sie den Vorlieben des Hörers anpaßt.

Dichtung und Religion scheinen aufs engste miteinander verbunden. Der Dichter ist der Dolmetscher des Schöpfers, der aus der Schöpfung zu ihm spricht, damit er seinen Mitgeschöpfen Kunde gibt von der sinnerfüllten Schönheit der Schöpfung.

Religion und Kunst wollen beide etwas ausdrücken, was jenseits jeder Ausdrucks- und Vorstellungsmöglichkeit liegt. Die Kunst postuliert, nicht das Sichtbare wiederzugeben, sondern das Unsichtbare sichtbar zu machen.

Nach allgemeiner Ansicht sehen alle dasselbe, stellen es aber unterschiedlich dar. Der Blick auf die Welt geschieht nicht durch ein unschuldiges Auge, das gleichsam mechanisch eine vorgegebene Wirklichkeit abbildet. Nicht nur wie, sondern auch was man sieht, wird durch Empfinden, Bedürfnisse und Vorurteile reguliert.

Es sind die Augen, die aus einem Allerweltseindruck ein Antlitz machen, das sich so tief einprägt, daß es nicht verwischt werden kann. „Fenster zur Welt" und „Spiegel der Seele" werden die Augen genannt. Sie können verräterisch blicken, aber auch wie Spione versteckt forschen.

Der Mensch antwortet im Erkennen der Dinge die ihm gegenübertreten in einer zugleich die Wirklichkeit gestaltenden Weise. Deren Objektivität ist in unserer Subjektivität gegenwärtig. Erfahrung hat mindestens zwei Aspekte: den von der äußeren Wirklichkeit abhängenden objektiven und den mit einer inneren Wirklichkeit zusammenhängenden subjektiven.

Die äußere Welt löst in unseren Sinnesorganen Reize aus, die zum Gehirn geleitet werden und zu einem Erlebnis führen, das wir interpretieren und bewerten. Wir bilden die Welt also nicht objektiv in uns ab, sondern nehmen „etwas" in uns auf, was von Mensch zu Mensch ganz unterschiedlich ist.

Die Jünger Jesu deuten ihre Erlebnisse mit Jesus als eine Erfahrung mit dem Sohn Gottes, während die Pharisäer Jesu Verhalten als Gotteslästerung auslegen. Religiöse Erfahrung läßt sich nicht nachweisen, die Konsequenzen aber sind evident.

Hier kommt auch das Wort von Antoine de Saint-Exupéry aus dem Kleinen Prinzen zum Tragen: „Man sieht nur mit dem Herzen gut, das Wesentliche ist für die Augen unsichtbar." Alles, was der Liebende sieht, ist mehr, als er wissen kann.

Virtuelle Räume des Cyberspace sind Ausdruck unserer alten Sehnsucht nach Transzendenz.

Wie groß ist meine Sehnsucht nach Transzendenz?

Offen sein für Gottes Eingebungen

Im Alter will ich seltener Herr meiner Aussagen und Handlungen sein, statt dessen aber besonders auf Eingebungen oder „Zufälle" reagieren. Verwunderung erregt es vor allem in Gesprächen, wenn ich dadurch ins Schwarze getroffen habe. So lerne ich, nicht immer dem nachzugeben, was **ich** will, sondern mich dem hinzugeben, was **mich** will. Meine religiöse Erfahrung bringt mich in Beziehung mit einer Macht, die mir die Sorge nimmt, mein Dasein und mein Handeln selbst begründen zu müssen.

Außersinnliche Wahrnehmungen sind dadurch gekennzeichnet, daß Menschen Informationen auf Wegen erhalten, die weder mittels physikalischer Energien signalisiert noch mit leiblichen Sinnesorganen aufgenommen werden.

Wir sprechen vom „Dritten Auge" oder „Sechsten Sinn". Wirkliche Erkenntnis ist dem geistigen Auge vorbehalten. Augenschein ist noch keine Erkenntnis.

Verkrustete Denkweisen und eingeschliffene Vorstellungen können eine Art Zwangscharakter annehmen, der es uns immer schwerer werden läßt, uns schließlich sogar unfähig macht, außerhalb des Geläufigen sich zutragende Ereignisse wenigstens zur Kenntnis zu nehmen. Der beste Kommentar zu einem solch eingefahrenen Scheuklappendenken ist die Sentenz, die Christian Morgenstern Palmström in den Mund legt: „Daß nicht sein kann, was nicht sein darf!" Wer niemals eigene vergleichbare Erlebnisse hatte, mag darüber den Kopf schütteln. Hingegen wird denjenigen, die ähnliches in ihrem Leben erfuhren und erfahren, ein befreiendes Gefühl zuteil, weil die Welt weiter und reicher ist, „als es sich unsere Schulweisheit träumen läßt" (William Shakespeare).

Was sagt uns das Bauch-Gefühl? Es speist sich aus dem Langzeitgedächtnis und bedient sich der Summe unserer Erfahrungen. Das Bauchgefühl, das nicht objektivierbar ist, sollte aber auf seine Logik hin überprüft werden.

Die Menschen der Bibel erkannten Gott in Träumen und Visionen. Gott hat sich ihnen, wie wir sagen, offenbart. Sollte das heute anders sein? Haben wir keine Träume mehr? Wie setzt sich denn diese Offenbarung Gottes heute unter den Menschen unserer Zeit und bei uns selbst fort? Ist Gott nun zurückgetreten in die Verschlossenheit seines Himmels? Oder ist er gar gestorben? Kennen wir also Offenbarung nur noch als Lehrstück aus grauer Vorzeit, als Gott noch lebte und redete und gegenwärtig war? Heutiges Christentum krankt an einem Mangel an gegenwärtiger Erfahrung (s. „Die Mystik ist die Zukunft aller Religionen" S. 28).

Rechne ich mit Eingebungen?

Es gibt eine falsch verstandene Verfügbarkeit in jedem Augenblick

Die moderne Arbeitswelt verlangt nach totaler Verfügbarkeit. Das zerstört den Rhythmus von Muße und Arbeit. Ohne diesen

Rhythmus wird der Mensch krank (s. „Rhythmus gehört zum Leben, Takt zur Maschine" S. 86).

Die Erfahrung unserer Zeit liegt in der täglichen Begegnung mit dem Neuen. Wir können keine Zukunft haben, ohne sie uns erst einmal vorzustellen. Was sich geändert hat, ist nicht die Zeitwahrnehmung, sondern die Zeit selbst.

„Wir bewegen uns nicht mehr aus der Vergangenheit kommend auf die Zukunft zu. ... Die Zeit kommt aus der Zukunft, und diese ereignet sich vor der Gegenwart. Denken Sie an die Amazon-Algorithmen, die uns demnächst ungefragt Produkte zusenden werden, weil der Algorithmus etwas über uns weiß, noch bevor wir handeln." (Armen Avanessian)

Da hilft nur, in der Gegenwart zu leben, im Jetzt, im Augenblick. Anfang und Zukunft enthalten Aspekte einer jenseitigen, für uns unzugänglichen transzendenten Existenz.

Wie stelle ich mich auf eine solche Zeiterfahrung durch Algorithmen ein?

Wenn ich alles aufdrösele, ist es weg

Geheimnisvolle Erfahrungen sind nicht zu analysieren. Wir sollten sie dankbar annehmen. Der Versuch, spirituelle Erlebnisse in Worte zu fassen, verdirbt sie. Es ist etwa so wie mit den Häuten der Zwiebel, wenn ich alles aufdrösele, ist es verschwunden.

Ein Zenschüler bekam ein Koan von seinem Meister. Ein Koan ist eine rätselhafte Frage beziehungsweise ein „Angelhaken" für die Schüler, die mit dem gewohnten, rationalen Denken nicht zu lösen ist, sondern nur mit dem naiven Geist eines Kindes, mit der Erfahrung, mit allem eins zu sein, mit Mitgefühl und Liebe. Damit soll das normale Denken überwunden werden und zu einem intuitiven Handeln aus dem Herzen führen. Nun hatte ein Schüler das Koan „gelöst" und lief freudig zum Meister, um es ihm zu berichten. Aber bevor er ein Wort sagte, bekam er von diesem eine Ohrfeige. „Ich habe ja noch gar nichts gesagt", sprach der Schüler. „Eben drum!", sagte der Meister, „Hättest du etwas gesagt, wäre die Erfahrung zerstört. Meinst du, ich sehe nicht, was du erlebt hast?"

Kann ich mich an ähnliche Erfahrungen erinnern?

Hilf dir selbst, so hilft dir Gott

Gott hilft, aber nicht dort, wo der Mensch sich selbst helfen kann. Wer allerdings jegliche Hilfestellung von sich weist, hat mit seinen eigenen Dingen soviel zu tun, daß er keine Energie mehr für andere hat.

Wir wollen aber auch nicht so erhört werden, als sei unsere bleibende Stätte hier auf Erden.

Was nützt es, wenn wir, denen es gutgeht, andere in den armen Ländern mit Geld unterstützen? Eine Spende kann das eigene Gewissen zwar beruhigen, aber statt den Armen Fische zu geben, sollte man sie das Fischen lehren.

Handle ich nach diesem Grundsatz?

Gott schaltet nicht aus, sondern ein

Wir sind keine Marionetten, die am Bändel hängen, sondern freie Menschen mit einem freien Willen, den wir allerdings auch mißbrauchen können. Je weniger ich selbst will, desto mehr bekomme ich geschenkt.

Brauche ich jemanden, der mir sagt, wo es lang geht?

„Mir aber ist gar nichts passiert!“

Zwei Freunde haben sich verabredet. Der eine kommt ganz aufgeregt und sagt: „Stell Dir vor, was für ein Glück ich hatte. Ich wurde in einen Unfall verwickelt und mir ist nicht viel passiert!“ „Ich hatte noch größeres Glück, mir ist gar nichts passiert!“, sagte der andere.

Wie dankbar bin ich, wenn alles gutgeht?

„Der Weise tut nichts und es bleibt nichts ungetan“ (Zen-Spruch)

Wir Menschen sind in der Regel Macher. Dabei blockieren wir in uns, was durch uns geschehen soll. Wenn wir offen sind für die Wirklichkeit, wird die Lösung uns finden.

Ein Sufi-Spruch empfiehlt: „Vertrau auf Allah – und bind's Kamel fest!“

Wo hat sich der Zen-Spruch in meinem Leben schon bewahrheitet?

Geh soweit du kannst, den Rest kommt dir Gott entgegen

Die Kirche betet am Samstag der 2. Woche der Fastenzeit: „Gütiger Gott, durch das Wirken deiner Gnade schenkst du uns schon auf Erden den Anfang des ewigen Lebens. Vollende, was du in uns begonnen hast, und führe uns hin zu jenem Licht, in dem du selber wohnst.“

Kann ich ebenso beten?

Beziehung zu Gott

„Sache Jesu" oder Beziehung zu Jesus?

Das Lied „Die Sache Jesu braucht Begeisterte ..." beginnt mit einer problematischen Formulierung. Mit einer Sache kann man fertig werden, eine Person aber lädt zur Begegnung ein. Statt ein religiöses Buch zu lesen, sollte man die Begegnung mit dem lebendigen Jesus suchen.

Über Jesus kann ich Gott nahekommen, wenn ich alles über Gott denke, was ich vermag, und es dann beiseite lege, weil es gewiß in Wahrheit noch einmal ganz anders ist.

Wo begegne ich Jesus?

Einfach und wiederholbar

„Einfach und wiederholbar" ist ein Gesetz des geistlichen Lebens. Der Verstand sucht das Neue, das Herz liebt die Wiederholung. Wiederkehr des stets Gleichen soll einen Vorschein der Ewigkeit erfahrbar machen. Der Ritus ist ein Stück Ewigkeit, die in der Gegenwart Platz nimmt. Die Wiederholung gehört in den Bereich der Religionen und ist dort als Ritus und Ritual gut angesiedelt. Erst in der Wiederholung, sprachlich etwa in der Litanei, vergegenwärtigen wir uns das, was über allen Zeiten schwebt.

Einfachheit bedeutet, sich durch die Tiefen der Komplexität hindurchzuarbeiten. Die bedeutenden Dinge des Lebens zeichnen sich durch große Schlichtheit aus.

Ich wohne in Gottes Gegenwart, bis ich heimisch bin in seinem Geheimnis. Gewohnheit ist die größtmögliche Gesamtheit von Wohnen, Geheimnis die weiteste Vorstellung von Heimat.

Für manches gibt es auf dieser Welt kein „Noch einmal", und das sollten wir akzeptieren; denn mit der Wiederholung zerstören wir das, was nur dadurch Sinn und Bedeutung erhält, daß es genau ein einziges Mal geschieht. So ist es zum Beispiel vor allem mit der Liebe. „L'amour n'a qu'un mot et, en le redisant sans cesse, il ne se répète jamais. - Die Liebe sagt immer dasselbe, aber sie wiederholt sich nie." (Jean-Baptiste Henri Lacordaire)

Wie stehe ich zu dieser Tatsache?

Opfern heißt „In die Heiligkeit Gottes tragen"

Die ersten Christen gebrauchten für ihre Liturgie profane Begriffe. Opferung/Opfer geht zurück auf das lateinische Verb offerre = dar-bieten/entgegen-bringen. Opfern heißt „In die Heiligkeit Gottes tragen". Das brauchen nicht nur leidvolle Dinge zu sein.

„Warum opfert man mir nur Leiden? Meinst du nicht, daß deine Freuden mir nicht ebensoviel wert sind, wofern sie mir nur mit der gleichen Liebe dargebracht werden? Ich bedarf euerer Mühsale und eurer Müdigkeit – aber nicht weniger bedarf ich eurer Freuden." (Gabrielle Bossis)

Was moderne Menschen stört, ist die Sühnopfertheologie, die sich über die frohe Botschaft gestülpt hat. Opfer dienten in den griechischen, römischen und kleinasiatischen Religionen zur Besänftigung und zur Bestätigung der Götter.

Das Kreuzesopfer Jesu ist nicht als brutale Auslieferung an den Vater, sondern als Selbsthingabe Jesu zu verstehen, die den Begriff der Sühne von seinem ursprünglichen biblischen Sinn nicht als Strafe, sondern als Ermöglichung eines neuen Anfangs erschließt. Daher sollte

Eucharistie nicht vom Opfer, sondern vom Mahlgeschehen her gesehen werden.

Sehe ich in meinem Leben mehr als Opferbereitschaft?

Beichte bedeutet „Den Kompaß der Sehnsucht neu ausrichten"

Gott steht denen am nächsten, die sich scheinbar am weitesten von ihm entfernt haben; denn nicht Gott ist uns fern, sondern wir sind ihm fern (vgl. Gleichnis vom verlorenen Sohn und barmherzigen Vater Lk 15,11-32). Wir entfernen uns durch das, was wir Sünde nennen, indem wir uns ab-sondern. Die klassische Definition für Sünde ist „aversio a Deo – Abkehr von Gott". Wenn uns das bewußt wird, können wir wieder zurückfinden. Dazu gibt es viele Möglichkeiten der Sündenvergebung: Gebet, Schriftlesung, Vater-unser, gute Tat und anderes. Höhepunkt ist das Bußsakrament.

Wir sollten nicht unsere Sündhaftigkeit bekämpfen, sondern eine liebevolle Zuwendung zu Gott anstreben. Jesus verkündet den liebenden Vater. Wir aber halten fest an einer vorjesuanischen Gottesvorstellung und verharren in Sündenangst.

Der Empfang des Bußsakramentes soll ein Fest sein, weil der Sünder sich trotz der Sünde, die er begangen hat, geliebt weiß; denn Gott praktiziert den Grundsatz: „Den Sünder lieben, die Sünde hassen."

Das Bußsakrament bietet die Möglichkeit, den Kompaß unserer Sehnsucht wieder neu auszurichten auf Gott, um das Störende auf unserem Lebensweg auszuräumen. Vielfach wird das Bußsakrament vor allem als ein Reinemachen mit der Vergangenheit betrachtet. Es geht aber mehr um eine neue Ausrichtung auf die Zukunft durch das Verzeihen der Sünde, wobei das Wichtigste ist, sich selbst zu verzeihen; denn daß Gott uns verzeiht, dürfen wir glauben, daß der andere uns verzeiht, dürfen wir erbitten, aber wie schwer ist es, uns selbst zu verzeihen.

Buße ist nicht nur Wiedergutmachung, sondern Zeichen für Erneuerungsbereitschaft. Das griechische Substantiv μετάνοια (metanoia) übersetzen wir mit Buße oder auch Umkehr, und diese verlangt Bereitschaft zur Sinnesänderung. Der Apostel Paulus schreibt den Römern: „Wandelt euch und erneuert euer Denken!" (Röm 12,2)

Wir beichten zwar nicht mehr, wollen aber auch nicht in der Schuld der anderen stehen.

Was ist zu tun?

Böses tun und Gutes erreichen

Das klassische Beispiel für diesen Spruch ist die Geschichte von Josef und seinen Brüdern, dort heißt es: „Ihr habt Böses gegen mich im Sinne gehabt, Gott aber hatte dabei Gutes im Sinn, um zu erreichen, was heute geschieht: viel Volk am Leben zu erhalten." (Gen 50,20) Es lohnt sich, darüber nachzudenken, wo dies im eigenen Leben geschehen ist.

Betrachteten wir die Welt aus göttlicher Sicht, so bemerkten wir, daß das, was uns böse erscheint, eine wesentliche Rolle in einem segensreichen Ganzen spielt. „Ich bitte Sie im Gegenteil zu versuchen, diese hässlichen Erscheinungen als Warnzeichen zu verstehen, die uns alle zu neuem und tieferem Nachdenken über den Sinn der uns gemeinsamen Dinge aufrufen." (Václav Havel)

Im biblischen Schöpfungsmythos kommt mit dem Bewußtwerden des Menschen über seine Existenz das Böse in die Welt, und zwar durch die menschliche Freiheit, wie sie im Sündenfall hervortritt. Sie besteht in der Fähigkeit des Menschen, sich eine eigene Welt einzubilden, die sich von der der anderen unterscheidet und verteidigt oder durchgesetzt werden will.

Der Mensch ist als einziges Lebewesen in der Lage, Verantwortung für sich und seine natürlichen, geschichtlichen und kulturellen Lebensgrundlagen zu übernehmen.

Was bringt einen Menschen dazu, Böses zu tun? Es ist erstaunlich, wie schnell grundanständige Menschen eine kreative Boshaftigkeit entwickeln. „In jedem von uns steckt ein kleiner Hitler und ein kleiner Gandhi", formulierte die Sterbeforscherin Elisabeth Kübler-Ross oder anders ausgedrückt: „ein Dr. Jekyll und ein Mr. Hyde".

Aber genauso, wie das Böse alle befallen kann, tragen wir auch alle das Potenzial in uns, heroische Taten zu vollbringen. Menschen erfinden gruselige Geschöpfe, um eigene monströse Anteile auf sie zu projizieren. Niemand konfrontiert sich gern mit dem inneren Gruselkabinett, betrachtet es aber umso lieber mit lustvoller Angst beim anderen.

Das Böse scheut diesen Begriff, es weiß sich sogar des Guten zu bedienen. Ich tue das Böse unter dem Aspekt des Guten für mich. Der Wille zum Guten ist überall am Werk, auch dort, wo Böses geschieht. Glauben wir an das Gute, oder fürchten wir nur das Böse?

Wer weiß, was böse ist? Ist derjenige schon gut, der Böses nicht tut oder derjenige böse, der Böses absichtlich tut? Hier zählt die Absicht des Handelnden. Es ist ein Unterschied, ob ich mit den Augen blinzele oder jemandem zuzwinkere. Das Gegenteil von gut ist „gut gemeint".

Es sollte keine Personifizierung des Bösen geben, erst recht nicht als Widersacher Gottes, der transpersonal ist. Das wäre Dualismus. Und doch muß das Böse ernstgenommen werden. Ob das Böse in Gott selbst integriert ist? Wenn Gott alles in allem sein wird (1. Kor 15,28) und sich zeigt, daß auch der Satan nichts anderes war als ein Geschöpf in Gottes Schatten oder Gottes Schatten selbst, dann könnte es sich bei der christlichen Zukunftsvorstellung letztendlich um eine Art Integration in Gott selbst handeln. Es gibt kein selbständiges Böses.

Die Erscheinungsformen des Bösen verlangen nach einer Antwort darauf, wo der Ursprung des Bösen zu finden ist. Reicht die Fähigkeit des Menschen zum Bösen? Ist es seine Freiheit zu bösen Taten und damit die Verantwortung für die eigenen Taten? Wer das Böse als etwas Dämonisches behandelt, ignoriert zu schnell die Verantwortung für das eigene Tun. Das hat zur Konsequenz, daß die menschliche Freiheit das Böse initiiert und deshalb auch zur Rechenschaft zu ziehen ist.

Was immer man Schlechtes von den Menschen denken mag, es findet sich immer jemand, der es wahrmacht.

Das Böse scheint attraktiver und faszinierender, als es einem humanistischen Menschenbild genehm sein kann. Außerdem gibt es eine Lust, Böses zu tun, die sich im Sadismus manifestiert.

Welche Wirklichkeit kommt dem Bösen zu? Wie läßt sich das Böse darstellen? Die Anziehungskraft des Bösen scheint die künstlerische Vorstellungskraft zu beflügeln. Es stellt sich die Frage, ob Literatur und Malerei eine spezifische Affinität zum Bösen haben. Es gibt eine Ästhetik des Schreckens, welche die Kunst- und Literaturgeschichte maßgeblich prägt. Die Figur des Teufels kann bei allem „Abschied vom Teufel" (Herbert Haag) helfen, „angesichts der menschlichen Erfahrung des Bösen nicht sprachlos zu werden" (Bernd J. Claret).

„Ohne Teufel bleibt die Wirklichkeit des Bösen antlitzlos und unbesprechbar." (Jürgen Bründl)

„Wir werden es nie fertig bringen, dem Bösen, das die Geschichte von Anfang an durchwaltet, ein Ende zu bereiten.

Diese Einsicht nicht zu verdrängen und dennoch so zu handeln, als ob eine bessere Menschheit eines Tages Wirklichkeit würde, dies ist die Paradoxie, der alle Ethik untersteht." (Walter Schulz)

Wer Böses erfahren hat, muß erkennen, daß es kein menschliches Leben ohne eine Kultur des Umgangs mit Leid und Leiden gibt. Leiden ist nicht zwangsläufig Böses. Der Glaube an Gottes Gegenwart beendet nicht das Leiden, aber die Erfahrung des Bösen. „Nicht das Ende des Leidens, sondern das Ende des Bösen ist der Kern der christlichen Botschaft." (Ingolf U. Dalerth).

Der Sinn der Schuld besteht in ihrem Anstoß zur Wandlung und Bekehrung.

Glaube ich an das Gute?

Wir dürfen glauben: „Gott hat die Hölle leer geliebt – sie ist leer"

Die ersten bekannten Berichte von Höllenfahrten datieren um 2000 v. Chr. G. und stammen aus dem Vorderen Orient. Die Hölle war ein Sinnbild der Furcht vor dem ungewissen Jenseits. Zwar kam seit der Aufklärung Skepsis auf, doch die Bilder der Hölle erwiesen sich als unverwüstlich. Was der Mensch des einundzwanzigsten Jahrhunderts entdeckt, ist, daß die Hölle in ihm selbst ist. Damit gehört sie allen.

Die ersten Beschreibungen von sogenannten Nahtod-Erlebnissen, die Raymond Moody vor zwanzig Jahren veröffentlichte, waren ermutigend. Menschen, die scheinbar gestorben, dann aber wieder belebt worden waren, erzählten von einem befreienden Gefühl nach dem Tod, von plötzlicher Klarheit, vom Aufstieg ins Licht, von Leichtigkeit und Liebe. Wenn man also annimmt, daß an den Nahtod-Berichten etwas Wahres ist und daß es einen Aufstieg in Licht und Freude gibt, muß man auch akzeptieren, daß das Gegenteil offenbar ebenso möglich ist: ein Absinken in Düsternis und Qual. Es erstaunt die Sterbeforscher und erschreckt die Laien.

„Daß es nach dem Tod höllische Zustände gibt, daran können kaum mehr Zweifel bestehen. Aber wie es dann weitergeht, wissen wir nicht." (Dennis Ehrlich) Vielleicht sind es ja Erfahrungen des Fegfeuers, das durchlitten werden muß, damit wir fähig werden, Gottes Liebe voll zu erfahren (s. „Was ist mit dem Fegfeuer?" S. 71).

Wir brauchen die Hölle für die anderen, auf die wir unsere Schuld projizieren, um sie als Sündenbock in die Wüste zu schicken. Alle Religionen und Kulturen haben ihr eigenes Himmelreich und ihre eigene Hölle. Es scheint ein großes Bedürfnis nach furchterregenden Darstellungen des Lebens in der Hölle als Gegenpol zum Aufenthalt im glückseligen Himmelreich zu geben. Können wir ertragen, wenn möglicherweise im „Himmel" Adolf Hitler und Anne Frank Hand-in-Hand spazierengehen?

Wenn Jesus von der Hölle spricht oder Visionäre sie sehen, so ist das keine Aussage über deren Existenz, sondern eine Drohung und Mahnung, die zur Umkehr aufruft. Wenn Gott alles in allem ist (Kor 15,28), ist für die Hölle kein Platz.

Der Theologe und designierte Kardinal Hans Urs von Balthasar beschäftigte sich mit einer „leeren Hölle". Laut seiner Vorstellung sind alle Menschen, die durch den Ungehorsam Adams gefallen sind, auch in Christus erlöst worden (vgl. 1 Petr 3,19 u. 4,6). Daraus ergibt sich für den Theologen die berechtigte Hoffnung, die Hölle sei leer, wohingegen andere verkünden: „Eine leere Hölle ist keine Hölle."

Eine dualistische Weltsicht, die neben dem Himmel eine ewige Hölle vorhersieht, steht zu allem im Widerspruch, was wir über den schaffenden Gott und über das Wesen und das Wirken Christi glauben oder wissen.

Gottesbeziehung sollte nicht mit Angst vor der Hölle besetzt sein, sondern als liebende Beziehung unser Leben bereichern.

„Die Hölle, das sind die anderen." (Jean-Paul Sartre) Demnach wäre ich selbst der Himmel, obwohl ich doch vielmehr den anderen ein Himmel sein sollte.

Die katholische Theologie sprach lange Zeit von einem Ort am Rande der Hölle, „Limbus puerorum" genannt, an dem sich die Seelen der ungetauft verstorbenen Kinder aufhalten, die ohne eigenes Verschulden vom Himmel ausgeschlossen sind. Dies wurde aber nie als Glaubenswahrheit definiert, weil das biblische Fundament fehlt. 2007 wurde die Lehre vom „Limbus" „abgeschafft".

Wo erfahre ich auf Erden den Himmel, wo die Hölle?

Was ist mit dem Fegfeuer?

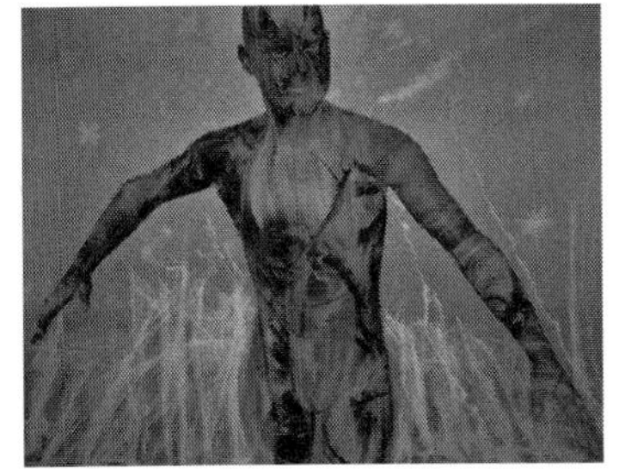

Das Fegfeuer besteht darin, schmerzlich im Sterben zu erfahren, was ich in meinem ganzen Leben „Gutes unterlassen und Böses getan habe".

Ohne diese Läuterung bin ich nicht fähig, die Liebe Gottes zu erfahren. Ich muß dazu wie Gold im Feuer geläutert werden (1 Petr 1,7) (s. Wir dürfen glauben: „Gott hat die Hölle leer geliebt - sie ist leer" S. 69). Die Reue wird in mir wie Feuer brennen.

Feuer ist ein Urbild der Bibel, die Gott als „verzehrendes Feuer" (Hebr 12,29) darstellt. Insofern ist es widersinnig von „Höllenfeuer" zu sprechen. Wer sich Gott verschließt, dem wird das Verschließen zur Hölle.

Andreas Knapp:

Die letzten Dinge

Nur ich
ganz ohne dich das ist die hölle
der schmerz
dich nicht genug geliebt zu haben das ist mein fegefeuer du
und alles in dir ist unser himmel

Bin ich bereit, diese Läuterung auf mich zu nehmen?

Zum Glauben gehören Inhalt und Form

Jeder Inhalt schafft sich seine Form, und eine Form füllt sich mit Inhalt. Aber das Gesetz des Lebens führt dazu, daß sich die Form im Laufe der Zeit verhärtet. Wenn die Form erhärtet, führt es zum Fundamentalismus. Besser wäre eine Reformation. „Das Denken unterm Schirm eines Prinzips, das nicht befragt werden darf, ist Merkmal des Fundamentalismus, sei er religiös, weltlich, politisch oder ästhetisch, organisiert oder vereinzelt." (Barbara Sichtermann)

„Ich ertrage diese Kirche, bis ich eine bessere finde. Sie muß mich ertragen, bis ich selber besser werde." (Erasmus von Rotterdam)

Eine religiöse Reform muß in unserer Zeit erfolglos sein, wenn man nicht die ständig neuen Entwicklungen berücksichtigt, die in verschiedenen Bereichen des Denkens ablaufen.

Für mich ist die Katholische Kirche die Form mit ihren Ritualen, in der ich den Inhalt, den Bezug zur Transzendenz, die ich Gott nenne, leben kann. In Ritualen ist der Mensch mehr oder weniger in der Lage, sich dem Numinosen bis an die Grenze der letzten Erfahrung zu nähern. Das Ritual birgt allerdings auch die Gefahr, daß es formalistisch angewendet wird.

Ein Ritual entsteht aus dem Bedürfnis nach Sicherheit und Geborgenheit. Es hilft, etwas unter Kontrolle zu bringen, was nicht kontrolliert werden kann. Rituale und Strukturen tradieren Glaubensüberzeugungen, sie dienen dazu, dem Leben Form und Ordnung zu geben. Aber auch Rituale bedürfen der Veränderung.

Kinder lieben Rituale, und sie brauchen sie als feste Bezugspunkte in einer Welt, die neu und riesig, chaotisch und unbegreiflich ist. Unsere Vorfahren erlagen noch dem Aberglauben, daß, wenn sie bestimmte Rituale nicht einhielten, das Vieh starb oder der Acker vertrocknete.

Laut Meinung von Psychologen dienen Rituale dazu, negative Emotionen wie Angst oder Unsicherheit in Schach zu halten, Vorbereitungen auf Prüfungen zu erleichtern und menschliche Bindungen zu vertiefen.

Eine Konversion kommt für mich nicht in Frage; denn der Inhalt ist in allen Religionen gleich: Die Beziehung zu einer Transzendenz, die nur einmal existiert.

Östliche Übungen wie zum Beispiel Zen, Yoga oder Tai Chi sind geistige Disziplinen, die im Körperlichen eine Form finden.

Rupert Sheldrake sieht in der machtvollen Wirkung des Gebetes die morphische Resonanz im Kosmos bestätigt. Er weist auf den im Grunde konservativen Charakter von rituellen Handlungen hin: „Je ähnlicher das Ritual immer wieder ausgeführt wird, desto stärker die Verbindung durch morphische Resonanz." Durch die rituelle Teilnahme wird die Vergangenheit gegenwärtig. Die jeweiligen Teilnehmer werden mit allen früheren verbunden, mit deren Vorfahren und letztlich mit dem Ur-Ereignis, dessen im Ritual gedacht wird. Es gibt ein kosmisches Bewußtsein, das in alle Dinge hineinreicht.

Diese Informationen sind nicht mit den uns geläufigen technischen Frequenzen gleichzusetzen. Die kosmischen Signaturen sind anderer Natur. Sie existieren als reine Information. Das von Rupert Sheldrake benannte morphogenetische Feld beschreibt den praktischen Vorgang sehr trefflich. Es muß eine weitere Art von „Welle" geben, die auf unser Leben wirkt. Auf diese Weise sind Gebet, „gute Wünsche" und Telepathie erklärbar. Wie sollte ein Mensch einen Gedanken um den halben Erdball schicken, ohne sich gemäß gängiger „Schul-Physik" dabei energetisch gänzlich zu verschleißen?

Auch wenn wir gerne in dreidimensionalen Ebenen denken, ist unsere Welt in verschieden starke Fäden verwoben und zwar überall. Das Weben von Teppichen gehört zu den ältesten Fertigkeiten des Menschen. Zum Gewebe gehören Kette und Schuß, die zusammen ein Kreuz bilden, ohne dies fällt das Gewebe auseinander.

Was sagt mir die Theorie von Rupert Sheldrake?

Zum Glauben gehört der Zweifel

Zum Glauben und zur Liebe gehört der Zweifel; denn dort sind keine Beweise möglich. Nur dem Agnostizismus ist jeder Zweifel fremd. Die Fragen um Zweifel und Wahrheit sind Beziehungsfragen. Erst die Fähigkeit zu zweifeln macht uns menschlich. Glaube ist suchender Zweifel. Der Zweifel ist der Vorhof zum Tempel. Wer Zweifel hat, hängt einem Glauben an, nicht einem Wissen. Wo der Zweifel blüht, fruchtet die Erkenntnis. Wir müssen glauben, wenn wir nicht verzweifeln wollen. Während der Betrug sich beweisen läßt, ist die Treue immer mit einem Zweifel behaftet.

Der Glaubende lebt aber von einem Glauben, der vom Zweifel gestört wird. Dieser ist eine grundlegende Ungewißheit, die sich nicht leicht von Glauben oder Nichtglauben aus der Bahn werfen läßt.

Lehrbücher vermitteln nur Gewißheiten, keine Ansätze von Zweifeln, kein Empfinden für die Vorläufigkeit und Unzuverlässigkeit menschlichen Wissens.

„Zweifle nicht an dem, der dir sagt, er hat Angst, aber hab Angst vor dem, der dir sagt, er kennt keinen Zweifel!" (Erich Fried)

„Daß wir einen Gott ahnen, ist nur ein unzulänglicher Beweis für sein Dasein. Ein stärkerer Beweis ist, daß wir fähig sind, an ihm zu zweifeln." (Arthur Schnitzler)

Glaube bedarf immer wieder der Erneuerung, weil er kein unverlierbarer Besitz ist und häufig durch Erfahrungen, die ihm zu widersprechen scheinen, in Zweifel und Anfechtung gerät (s. Zitat von Roger Bacon S. 20).

„In einem ehrlichen Zweifel ist mehr Glaube enthalten als in der bloßen Wiederholung des Dogmas." (Antonio Rosmini)

Theodor Weißenborn:

Glaube und Zweifel

Mein Glaube schützt meinen Zweifel und bewahrt mich vor der Verzweiflung.
Mein Zweifel schützt meinen Glauben und bewahrt mich vor dem Aberglauben.
Mein Glaube entspringt der Verzweiflung, mein Zweifel entspringt dem Aberglauben.
Glaube und Zweifel schützen einander vor sich selbst.

Woran zweifele ich?

Glauben und Wissen

„Glauben und Wissen sind beide auf Wahrheit gerichtet. Wahrheit bedeutet jedoch in beiden Fällen etwas anderes. Ein Naturwissenschaftler analysiert, zerlegt, fragmentiert, um die Wahrheit zu finden, und landet deshalb notwendig beim Allerkleinsten. Auch der Gläubige sucht nach Wahrheit. Er sucht sie in der Religion. Er nähert sich ihr in kontemplativer Haltung, in der meditativen Versenkung, erlebt sie in der Öffnung zum Ganzen." (Hans-Peter Dürr)

Führen diese unterschiedlichen Ansatzpunkte und Methoden zu verschiedenen, unvereinbaren Antworten? Oder sind sie letztlich nur unterschiedliche Wege zur selben Wirklichkeitserfahrung?

Glaube ist ein lebenslanger Lernprozeß voller Zweifel und nie abgeschlossen. Es geht nicht um einen Glauben nach dem Muster: „Ich glaube, daß heute Montag ist." Was sich durch Recherchieren in Wissen überführen läßt, ist kein Glauben. Wissen spielt sich auf der logischen Ebene ab, Glauben auf der Beziehungsebene. Daß eins und eins zwei ist, kann ich beweisen und wissen. Daß jemand mich liebt, darf ich glauben und ist durch Zeichen und Haltungen zu unterstreichen, beweisen läßt es sich nicht.

„Glaube ist kein Ersatz für das Wissen, sondern ein nachdenklicher Umgang mit unserem Wissen. Der Glaube beginnt nicht dort, wo das Denken endet, sondern umgekehrt: Der Glaube beginnt aus eigenen Gründen. Wo der Glaube ins Spiel kommt, beginnt das Denken noch einmal neu." (Andreas Knapp)

„Alle Menschen streben von Natur aus nach Wissen." (Aristoteles) Muß angesichts dieses menschlichen Wissens- und Wahrheitsdurstes der Glaube, der sich über reines Wissen hinaus auch dem Geheimnis Gottes öffnet, als überflüssig, ja als gegenstandslos bezeichnet werden? Schließt vernünftiges, emanzipiertes Denken sogar den Glauben aus?

Der Wissende hat sein Wissen von jemand anderem. Der Glaubende beruft sich auf sich selbst. Glauben ist die Suche nach Wissen, verbunden mit der Erkenntnis, daß wir Bestimmtes nicht wissen können, sondern glauben dürfen. Wissenschaftliche Messungen können einen Glauben nicht beweisen. Statt den Glauben zu Tode zu reflektieren, sollte er erfahrbar werden.

Glaube ist also nicht triumphalistisch, sondern im radikalen Aufgeben der Privilegien und Pseudo-Gewißheiten der Wissenden. Es bleibt das Schweigen und das Beten.

Der Mangel an Wissen nährt Mutmaßungen. Allein die Suche nach Fakten vermag die Spekulation zu begrenzen.

Auch Atheisten haben eine „Religion“: Ehrfurcht vor dem Unbekannten, eine Bescheidenheit zuzugeben, daß sie das meiste nicht verstehen. Gottes Existenz ist genauso zweifelhaft wie die Existenz von Liebe. Beides können wir nur glauben.

Was die Gedanken fassen können, ist Wissen. Was das Herz verstanden hat, ist zur Gewißheit geworden. Das Herz hilft bei wichtigen Entscheidungen; die Vernunft hilft, rational zu argumentieren. „Das Herz hat Gründe, die der Verstand nicht kennt.“ (Blaise Pascal) Ziel ist es, daß beide ineinandergreifen und sich gegenseitig beschränken.

Eigentlich ist das Herz nur eine Pumpe. Aber sein hohes Ansehen beruht darauf, daß es als Sitz der Gefühle oder gar als Behausung der Seele gilt.

Bei dieser These wird jedoch nicht beachtet, daß die Gefühle im Gehirn entstehen. Vermutlich hat der Irrtum etwas mit dem Herzschlag zu tun, auf den wir, anders als beim Atem, nicht einwirken können. Im Gehirn, dem kompliziertesten Gebilde der Natur, ist etwas Unvorstellbares verwirklicht: Materie und Geist gehen dort ineinander über. Das Gehirn dient als „Grundlage" für das Ich.

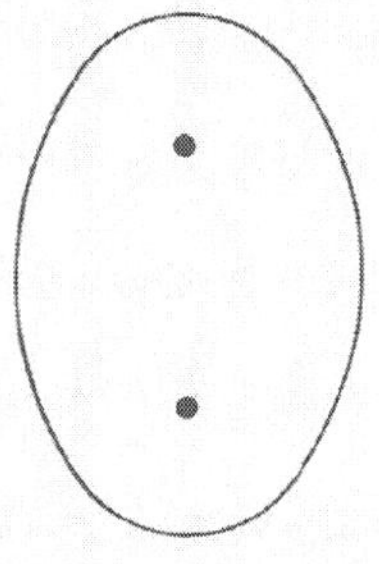

Der Mensch hat zwei Zentren: Kopf und Herz, die Mitte ist wie in einer Ellipse auseinandergezogen. Keines der beiden Zentren ist die Mitte des Menschen. Bei Übergewicht eines der Brennpunkte, des Verstandes oder des Herzens, gerät sie in Schieflage und verzerrt dadurch ihre Spannungsmöglichkeiten.

Kann ich akzeptieren, daß Glauben mehr ist als Wissen?

Schöpfung

Schöpfung als Trennung und Spaltung

In der Schöpfung entsteht die Polarität „das Eine" und „das Andere"

(s. Der Mensch ein pontifex oppositorum S. 26)

Die Bibel beginnt mit einer Vorstellung über die Erschaffung der Welt. Sie besteht darin, daß Gott trennt und spaltet (Gen 1). Polarität entsteht, wenn zwei entgegengesetzte Punkte eines zusammenhängenden Ganzen gegensätzliche Kräfte und Eigenschaften haben. Als das Universum entstand, wurde in einer Urknallsingularität in gleicher Menge Materie und Antimaterie erzeugt. Nach dem Urknall brach mit dem Abkühlen des Universums dessen Gleichmaß. Aus einer einmaligen Einheitlichkeit ist es sehr schnell in die harmonische Vielfalt dynamischer Bezüge übergegangen. Gott wollte die Differenzen der Vielfalt gegen die Monotonie der Einfalt.

Grundsätzlich steht es nicht in der Macht des Menschen, die Polarität des Lebens, die Spannung zwischen positiven und negativen Seiten, auszuschalten. Ohne sie gibt es kein Leben. Das wußten bereits unsere Vorfahren. Auf alten Sonnenuhren ist zu lesen: „Was wäre das Licht ohne Schatten?"

Gott konnte keine vollkommene Welt erschaffen; denn das entspräche einem zweiten Gott. Sie mußte kontingent sein und damit der Nichtigkeit unterworfen. Das oberste Prinzip des dynamischen Universums ist die Polarität. Sie schafft Bewegung und besteht als immanentes Prinzip noch bevor eine Substanz vorhanden ist. Und doch ist es eine einzige Welt, in der nichts beziehungslos für sich selbst existiert. Polarität darf nicht zum Dualismus führen. Das Ziel ist die Einheit und nicht die Auflösung eines Teiles zugunsten eines anderen. Die gesamte Schöpfung läßt sich als harmonisches Verhältnis von Anziehung und Abstoßung verstehen, von Dissonanz und Konsonanz. Das hat zur Folge, daß es in der Schöpfung keine reine Identität gibt; denn jede Identität grenzt sich von einem äußeren Nichtidentischen ab.

„Divide et impera – teile und herrsche" war ein Grundsatz der Römer, wenn sie zum Beispiel eine zu besiegende oder zu beherrschende Gruppe in Untergruppen aufteilten. Dort diente die Spaltung als Mittel zur Vormachtstellung.

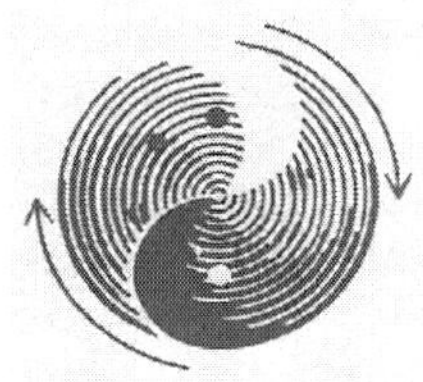

Die chinesischen Begriffe Yin und Yang haben hier bereits einen konkreteren Bezug (s. „Wirklichkeit ist, was wirkt" S. 34). Die wirkende Kraft in einer Richtung trägt bereits die Kraft in die Gegenrichtung im Gepäck. Das Chaos stellt die vollkommene Ganzheit dar. Der Expansion folgt die Verdichtung und dieser wiederum die Expansion. Auf das Chaos folgt Ordnung, und bevor die Starre eintreten kann, geschieht wieder das Chaos. Im Wechselspiel der Pole gibt es Minima und Maxima, aber nie den Nullpunkt oder die totale Auflösung.

Es ist die Natur der Dinge, daß sie in ewigem Wechsel einmal dem vorherrschenden Einfluß des Yin unterliegt und ein andermal der Einfluß des Yang überwiegt, wobei das eine stets den Keim des anderen in sich trägt.

In Gott fallen alle Gegensätze zusammen. Die Polarität ist die Spannung des irdischen Lebens, und es ist spannend, diese zu erleben und die Entspannung, den völligen Ausgleich der durch die bloße Tatsache des organischen Lebens entstehenden Spannungen zu erwarten. In der Heimholung in die Ewigkeit fallen auch in uns die Gegensätze zusammen.

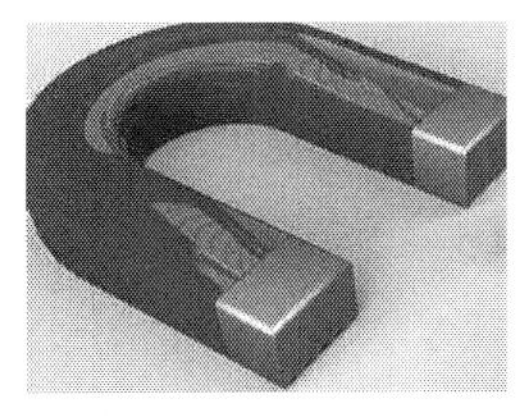

Der Mensch ist wie ein Magnet mit positiven und negativen Polen. Dazwischen soll gleichmäßige Energie fließen. Leib und Seele sind in einer kontinuierlichen Wechselwirkung begriffen.

Unsere Aufgabe heute besteht in einer Neubesinnung auf die Gegensätze, um sie komplementär vereinen zu können. Was viele als Zeitalter des Relativismus verteufeln, ist im Grunde eine Zurücknahme der Projektionen, eine Anerkennung des anderen Pols in uns. Wir müssen den Moralapostel in uns töten, um beide Brüder, Kain und Abel, in uns annehmen zu können.

Physik belegt, daß es ein „sowohl-als-auch" gibt (s. „Das Glas ist sowohl halb voll - als auch halb leer" S. 104).

Wie gehe ich mit dem Gegensätzlichen in mir um?

Frausein und Mannsein sind für die Menschen die intensiviste Erfahrung von Polarität

Der Mensch ist Mensch als Mann oder Frau, wie es die Natur der Geschlechtlichkeit vorgibt in Gleichwertigkeit und Unterschiedlichkeit. Intersexuelle, die zum Beispiel einen Hoden und einen Eierstock haben, sind die große Ausnahme. Selbst bei Schwulen und Lesben ist eine gewisse Polarität festzustellen. Die Genderideologie erkennt keine Polarität an und löst die Geschlechterpolarität auf. Laut ihrer Lehre existieren nicht nur zwei, sondern bis zu 60 Geschlechter.

Der Mensch ist ein in Mann und Frau geteiltes Wesen und begehrt die Ganzheit. Liebe macht sich auf, den Mangel zu beheben. Dies ähnelt einer Suchbewegung oder Schatzsuche. Es geht um das Wieder-Ganzwerden. Da gibt es dann die Nähe der Begegnung von Du und Ich, von Wort und Antwort. Verantwortlichkeit ist das Grundmoment der Liebe.

An der wunderbaren erotischen Polarität von Frausein und Mannsein kann man/frau sich erfreuen. „Gleich und Gleich gesellt sich gern" gilt ebenso wie „Gegensätze ziehen sich an", beides aber nach dem Grundsatz „Soviel Gleichheit wie möglich und soviel Unterschied wie nötig".

Ähnlichkeiten zwischen Paaren nehmen im allgemeinen mit der Dauer der Beziehung zu. Paare, die einander in vielerlei Hinsicht unähnlich sind, gehen erfahrungsgemäß oft früher auseinander.

Mann und Frau sind Variablen des gemeinsamen Menschseins, aber unterschiedlich im Geschlechtsein. Es sind beide Pole geeint in einem größeren Dritten. „Aller guten Dinge sind drei." Ein Drittes entsteht, wenn Eins und Zwei sich vereinen.

So kann es hilfreich sein, die „Analyse des Wir" in einer Paarbeziehung zu praktizieren.

Johannes Arit:

EINS-SEIN
Nicht von hier,
von Jenseits kommen wir:
ICH und DU.
Dort sind wir EINS,
hier zwei.
Doch was hier
wirklich zählt,
ist EINS.
Die ZWEI ist Schein,
verdeckt das SEIN,
das gilt ALL-EIN.

Theodor Weißenborn:

Yin und Yang

Dass ich nicht du bin,
dass du nicht ich bist,
beides
ist Mangel des Seins.
Doch dass ich ich bin
und dass du du bist,
beides
ist Fülle des Seins.
So hab ich mein Übel
wie du das deine,
so hast du dein Gut
wie ich das meine
Und so sind wir beide
in Ewigkeit eins:
die Leere des Nichts,
die Fülle des Seins.

Die ideale Partnerschaft wird von zwei autonomen, selbstbestimmten und eigenverantwortlich entscheidenden Personen gelebt. Autonomie bedeutet nicht Alleingang, sondern Freiheit zur Wahl für beide.

Wie erfahre ich diese Polarität?

Leben ist Schwingung zwischen den Polen

Leben ist Schwingung – Tod ist Erstarrung. Die Schwingung zwischen Ein- und Ausatmen ist Zeichen des irdischen Lebens; es beginnt mit dem ersten Atemzug nach der Geburt und endet mit dem letzten Ausatmen im Sterben. Da**zwischen** erlebt der Mensch, sofern er nicht erstarrt, verschiedenartige Formen von Schwingung.

Atem bedeutet Leben; denn ohne ausreichende Sauerstoffversorgung stirbt der Mensch nach wenigen Minuten. Gesund ist tiefe Bauchatmung.

Schaukeln ist eine einzigartige, ganzkörperliche Pendelerfahrung. Darin erlebt der Mensch das unweigerliche, unaufhaltsame Hin und Her, das Auf und Ab, sowie das Steigen und Fallen. Kinder genießen das Schaukeln sehr; denn sie empfinden dabei besonders den Wechsel von kinetischer und potentieller Energie.

Die Kükelhaus'sche Partner-Schaukel ist durch zwei parallele, an einem Haltegerüst aufgehängte Seile miteinander verbunden. Den gewünschten Effekt erreichen diejenigen, die sich aufeinander einstimmen und einschwingen, indem sie den persönlichen Wechsel vom jeweils Aktiveren zum Passiveren akzeptieren und damit ihre Schwingkraft den Möglichkeiten des Gerätes angleichen. Dadurch empfinden sie gleichzeitig die universale Gesetzlichkeit, wie Gegensätze zueinander wirken, einander bedingen und sich in einem permanenten Wechselspiel befinden. Kein Pol kann ohne seine gegensätzliche Entsprechung existieren. Dennoch bleibt die permanente Harmonie, in der kein Pol den anderen dominiert, ein Ideal.

Die Abspaltung eines Poles führt zum Dualismus. Dieser verhindert, unseren Schatten in unser eigenes Gesamtbild zu integrieren.

Das durch einen verglasten Uhrenkasten gut sichtbare schwingende Pendel übt einen beruhigenden Einfluß auf die Umgebung aus.

Die moderne Physik betrachtet den Kosmos und stellt fest, daß alles in Schwingung ist. Somit ist der göttliche Geist die Urschwingung.

Erlebe ich in mir Schwingungen?

Schaukel in der Schaukel

Es ist furchterregend, in einer Schaukel zu sitzen, die in und mit einer anderen Schaukel schwingt. Ohne einen festen Halt halten wir es nur schwer aus. Deswegen ist ein Erdbeben so bedrohlich. Für Weltraumfahrer gibt es in der Schwerelosigkeit keinen festen Halt.

Der Effekt ist ähnlich wie auf einem schwankenden Schiff, auf dem sich die übliche Bezugsfläche, nämlich der Boden, auf dem man steht, ebenfalls erheblich gegenüber der Horizontalen neigen kann.

Wo finde ich meinen Halt?

Rhythmus gehört zum Leben, Takt zur Maschine

Das ganze Leben ist Rhythmus, der in allen Lebensbereichen eine wichtige Rolle spielt. Schon das Kind im Mutterleib wird geprägt vom biologischen Rhythmus der Mutter und kann sich auf deren Kontinuität verlassen. Das gibt ihm Sicherheit und Angstfreiheit. Nach der Geburt begegnet das Kind wieder den biologischen Rhythmen der Mutter, wenn es auf ihrem Leib liegt.

Bei Tier und Mensch unterliegen zahlreiche Körperfunktionen einem Tagesrhythmus. Eine innere Uhr bestimmt unser ganzes Leben. Jede Zelle in uns hat ihren eigenen Rhythmus.

Kairos stellt den rechten Augenblick dar.

„Alles hat seine Zeit." (Koh 3,1) Das bezieht sich nicht nur auf den Wechsel zwischen den Polen, sondern auch auf die Tatsache, daß es für alles einen günstigen Augenblick gibt, den Kairos. Es sind jene Momente, die wir nicht geplant haben und die sich somit unserer Kontrolle entziehen. Sie stellen sich nur dann ein, wenn wir uns dem Unvorhergesehenen öffnen. Rhythmus läßt manchmal sogar die Zeit stillstehen, zumindest jedes Zeitgefühl verlieren. Das Prinzip der Uhr ist der Takt, das Muster des Lebens ist der Rhythmus.

Wer sich auf seinen Rhythmus konzentriert und an nichts anderes denkt, kommt zum Beispiel von seiner körperlichen Anspannung los und der Kopf wird frei vom ständigen Kreisen der Gedanken.

„Wenn die Zeit kommt, in der man könnte, dann ist die vorüber, in der man kann." (Marie von Ebner-Eschenbach)

Die kosmische Zeit ist ein Kontinuum, das sich nicht taktmäßig, sondern rhythmisch auslebt.

Herzschlag und Atem lassen uns spüren, daß Leben vor allem Rhythmus ist. Nicht Beschleunigung oder Entschleunigung sind das Wichtigste, sondern es kommt darauf an, den eigenen Rhythmus zu finden. Die normierte, immer umfassender werdende Hast unserer Zeit beraubt uns unserer ureigensten Rhythmen. Der Wandel unserer Schlafgewohnheiten ist unter anderem auch in der Ablösung vom Sonnenlauf als Rhythmusgeber durch die Entwicklung des elektrischen Lichtes begründet. Dunkelheit ist demnach physiologisch betrachtet nicht nur eine Grundlage für tiefen Schlaf, sondern auch für den täglichen Rhythmus von Schlafen und Wachen.

Biologische Rhythmen bestimmen unser Leben, auch wenn wir es gar nicht merken. Sie werden in Gang gehalten von einer inneren biologischen Ordnung, die von Licht und Dunkel bestimmt wird. Licht ist dabei der wichtigste Zeitgeber. Wir verlängern die Tage durch Kunstlicht bis spät in die Nacht hinein. Wahre Dunkelheit gibt es nur noch selten in unseren Breiten. (s. Der Mensch ein pontifex oppositorum S. 26)

Die Maschinen haben uns den Takt gebracht und so meinen wir, alles in jeder Zeit gleich gut machen zu können. Der französische Revolutionskalender scheiterte an der Lebenswelt. Statt des christlichen Sonntags sollte in der Französischen Revolution der Dècadi, der zehnte Tag der revolutionären Woche, eingeführt werden. Er wurde wieder abgeschafft. Ähnlich erging es dem sowjetischen Revolutionskalender.

Wage ich es, nach meinem Rhythmus zu leben
oder unterwerfe ich mich einem auferlegten Takt?

„Leiblichkeit ist das Ende aller Werke Gottes“ (Friedrich Christoph Oetinger)

Leiblichkeit als etwas Festes ist für uns Menschen der Anfang unseres irdischen Lebensweges. Diese Feststellung besagt, daß alles mit allem zusammenhängt. Das betrifft alle Daseinsformen, was schon in irdischen Dingen zum Ausdruck kommt. Wasser gibt es in fester, flüssiger und gasförmiger Konsistenz. Ebenso ist es bei einer Kerze.

„Gott schläft im Stein, atmet in den Pflanzen, träumt in den Tieren, erwacht im Menschen und lebt im Religiösen.“ (Indische Lebensweisheit)

Wie verhält es sich bei mir?

„Dazwischen“ ist mehr als etwas zwischen Bier und Schaum, es ist das große Dazwischen von Gottes Heiligem Geist

Unter den drei göttlichen Personen ist der Heilige Geist ohne ein Gesicht, ohne personal-menschliche Verdeutlichung. Die Begriffe „Vater“ und „Sohn“ sind mit unserem familiären Leben verwoben, aber Geist ist keine Person aus unserer Verwandtschaft. Er ist zunächst weder feminin noch maskulin, weder alt noch jung, weder gestrig noch heutig. Der Geist ist das ununterschiedene EINE. Darum eignet er sich besonders zum Vereiniger, zum Versöhner der Gegensätze, zur verbindenden Klammer in unserer Schöpfung.

Zwischenräume sind Komponenten der Wirklichkeit und schenken dem Raum Leben und Rhythmus. Aber was dazwischen kommt, wird selten ernstgenommen. Unter Umständen ist es das Wesentliche. Clowns sind im Zirkus für die Zwischenakte zuständig.

Sie sind phantastische Wesen. Erschaffen als Mittler zwischen den Welten, verkörpern sie das Unentschiedene. Nicht Kind, nicht Erwachsener, nicht nur komisch, sondern auch rührend machen sie sich auf die Suche nach dem Unsinn des Lebens. Clowns stolpern zwischen den Stühlen hin und her, sind nirgendwo zu Hause und überall daheim: In allen Kulturen treiben sie ihr Spiel mit dem Spaß. Ihr Lebenselixier ist die Übertreibung.

Laotse:

Dreißig Speichen treffen die Nabe,
Die Leere dazwischen macht das Rad.
Lehm formt der Töpfer zu Gefäßen.
Die Leere darinnen macht das Gefäß.
Fenster und Türen bricht man in Mauern.
Die Leere darinnen macht die Behausung.
Das Sichtbare bildet die Form eines Werkes.
Das Nicht-Sichtbare macht seinen Wert aus.

Christian Morgenstern:

Der Lattenzaun

Es war einmal ein Lattenzaun,
mit Zwischenraum, hindurchzuschaun.
Ein Architekt, der dieses sah,
stand eines Abends plötzlich da -
und nahm den Zwischenraum heraus

und baute draus ein großes Haus.
Der Zaun indessen stand ganz dumm,
mit Latten ohne was herum,
Ein Anblick gräßlich und gemein.
Drum zog ihn der Senat auch ein.
Der Architekt jedoch entfloh
nach Afri- od- Ameriko.

Schätze ich das DAZWISCHEN genug?

Du kannst die Wirklichkeit zu Tode erschrecken, wenn du ihr zu verstehen gibst, sie sei nur eine Möglichkeit

Ein Semestereröffnungsgottesdienst in Münster hatte diese Aussage als Motto. Den Studenten standen nach dem Abitur viele Möglichkeiten offen. Diese hatten sie in unterschiedlicher Weise ausgekostet. In der Kindheit war der Zeithorizont das Noch-Nicht mit seinen fast unendlichen Möglichkeiten. Jetzt aber am Beginn des Studiums mußten sie sich entscheiden und eine Möglichkeit mußte Wirklichkeit werden.

Sobald wir uns in einer ambivalenten Situation befinden und uns für eine Seite entscheiden, sabotieren wir gewissermaßen die andere.

An Möglichkeiten mangelt es heute nicht, von überall her strömen Angebote auf uns ein. Der Mensch sieht sich mit Entscheidungen konfrontiert, deren Folgen nicht abzuschätzen sind und die deshalb völlig frei sind. Der Druck, permanent Entscheidungen treffen zu müssen, lastet oft schwer auf einem Menschen und macht ihm angesichts der unüberschaubaren Möglichkeiten Angst, weil er sich an nichts halten kann.

Der „Möglichkeitsmensch" ist in Gefahr, die Wirklichkeit zu verlieren, weil ihm vor lauter Möglichkeiten die Wirklichkeit entgleitet, beziehungsweise immer weniger Zeit für immer mehr Möglichkeiten vorhanden ist. Wenn der Spielraum des Möglichen schwindet, gerät auch die Wirklichkeit in Gefahr; denn die Wirklichkeit ist ein Teil der Möglichkeiten.

Die grundlegende Ambivalenz der Welt und die Zufälligkeit unserer Existenz darf nicht geleugnet werden. Der Mensch würde seiner Freiheit und unabänderlichen Zweideutigkeit seines Daseins beraubt. Toleranz ist nur unter Anerkennung der Ambivalenz alles Menschlichen möglich.

Je größer die Auswahlmöglichkeit ist, um so eher ist man unzufrieden mit der eigenen Entscheidung, zumal man sich leicht für das entscheidet, was man ohnehin kennt. Neben dem Verstand, der Objektives bewertet und abwägt, verfügt der Mensch über ein weiteres, unbewußt arbeitendes, auf Gefühlen beruhendes Entscheidungssystem. Wir sollten sowohl auf den Verstand, als auch auf die Emotionen hören und im Zweifel dem Bauch vertrauen. Es gilt die Weisheit „Erst mal eine Nacht darüber schlafen".

„Leben ist, was uns zustößt, während wir uns etwas ganz anderes vorgenommen haben." (Henry Miller)

Wie gehe ich mit meinen Möglichkeiten um?

Viele Farben hat sein Licht

„Ich denk der Herr muss blau sein / weil ihm so viele Leute vertrauen / Ich denk der Herr muss rot sein / weil ihn so viele Leute lieben / Ich denk der Herr muss gelb sein / weil so viele Leute neidisch auf ihn sind / Ich denk der Herr muss grün sein / weil so viele Leute / auf ihn hoffen Ich denk der Herr muss schwarz sein / weil er mit so vielen trauert / Ich denk der Herr muss wohl ziemlich bunt sein!" (Verfasser unbekannt)

Johann Wolfgang von Goethes umfangreichstes Werk ist seine Farbenlehre, ein Gegenstück zum Faust. Er brachte die Farben mit Charaktereigenschaften und Gefühlslagen in Verbindung. „Die Menschen empfinden im Allgemeinen eine große Freude an der Farbe. Das Auge bedarf ihrer, wie es des Lichtes bedarf." (Johann Wolfgang von Goethe)

Die Farben sind nicht Eigenschaften des Lichtes, sondern Taten des Lichtes; denn sie entstehen jeweils vor dem Auge des Schauenden aus dem Kampf zwischen hell und dunkel.

Es stellt sich aber die Frage, ob die Welt auch dann bunt ist, wenn es niemanden gibt, der sie als solche sieht. Sehen alle Menschen die Welt in gleicher Weise bunt; sehen wir alle dasselbe und benennen es nur verschieden, oder benennen wir es unterschiedlich und sehen es auch anders? „Nachts sind alle Katzen grau", weil wir im Dunkeln Farben kaum erkennen. Jede Kultur besitzt Begriffe für Schwarz und Weiß. Wenn es dann einen weiteren Farbbegriff gibt, dann ist es immer Rot, danach Grün und Gelb.

Licht ist ein Ursymbol der Menschheit. Viele verehren das Licht, die Sonne, als Gott des Lebens. Alle Finsternis muß dem Licht weichen. „Das Licht geht von den Augen aus." (Euklid) Wir sehen es als Welle oder Teilchen.

Der Tageshimmel ist eine Lichtquelle, deren Helligkeit von dem in der Atmosphäre gestreuten Sonnenlicht herrührt. Da wir im Freien in der Regel Personen, Gegenstände oder Einzelheiten der Landschaft und dergleichen ins Auge fassen, liegt der Himmel zwar meist im peripheren Gesichtsfeld, bestimmt aber dennoch maßgeblich die durchschnittliche Beleuchtungsstärke der Netzhaut. An den meisten Tagen blendet der Himmel nicht, so daß wir uns nicht von ihm abwenden müssen.

Wo immer sich der Mensch auf unserem Planeten befindet, erhellt er seine Umgebung mit künstlichem Licht. Natürliches Licht und Dunkel erlebt er kaum noch; Sterne sind nur selten zu beobachten. Wir haben den natürlichen Hell-Dunkel-Wechsel künstlich verändert. Somit erleben wir den Sonnenuntergang nicht mehr als Ende des Tages. Wir haben einen sekundären Lichtkosmos erschaffen, der wie ein Schleier den primären überlagert. Wir nennen das Lichtverschmutzung.

Die lebenswichtige Bedeutung des Lichtes als Grundlage für sämtliche biochemischen Vorgänge hat es bereits in der Frühzeit zu einer der zentralen Metaphern auch für das übernatürlich Göttliche werden lassen.

Gott zeigt sich uns nicht als Gegenüber, ähnlich wie sich uns auch das Licht nicht als Gegenüber darstellt; denn das Licht selbst können wir nicht sehen, sondern nur die Dinge im Licht. Entsprechend können wir uns Gott vorstellen.

Von Jesus gibt es viele „Ich-bin-Worte". Aber nur bei einem sagt er von sich und von uns: „Ich bin das Licht der Welt" (Joh 8,12) - „Ihr seid das Licht der Welt" (Mt 5,14). Wir sprechen vom „Licht des Glaubens". Mit dem entsprechenden lateinischen Titel „Lumen Fidei" hat Papst Franziskus seine erste Enzyklika, die Papst Benedikt XVI. begonnen hatte, überschrieben. Kein geschöpflicher „Gegenstand" ist ein passenderes Symbol für Gott als das Licht, das wie die Wärme ein Produkt des Feuers ist. Jesus sagt von sich: „Wer mir nahe ist, ist dem Feuer nahe." (Thomasevangelium 82)

Darstellungen von Jesu Auferstehung sind immer mit einer Lichterscheinung verbunden. Auch bei der Verklärung auf dem Berg Tabor umgibt ihn ein Licht (Mk 9,2-9).

Für den Pharao Echnaton, einen geweihten König und Herrscher des Diesseits und des Jenseits, war der Sonnengott Aton der einzige Gott, dem zu huldigen war. Die Sonne erstrahlt im Dunkeln und ist auch Urbild für das Weiterleben nach dem Tod, für die Wiederverkörperung des Menschen.

Menschen mit einer Nahtoderfahrung berichten von einem Licht, das nicht blendet. Manche Wissenschaftler sprechen von Überreaktionen des Gehirns, die aus Extremsituationen bekannt sind.

Niemand weiß, was Menschen erleben, wenn sie sterben. Doch manche, die dem Tod nahe waren, erinnern sich später an eindrucksvolle Erlebnisse, die bisweilen zu einer Art Erzählung verwoben sind. Eine typische Nahtoderzählung gibt es nicht, die Geschichten sind von Mensch zu Mensch verschieden. Allerdings gibt es Versatzstücke, die in vielen der Erzählungen auftauchen. Das häufigste ist ein Gefühl von tiefem Frieden, aber viele erblickten das berühmte „helle Licht“. Am meisten leitet ein außerkörperliches Erlebnis die Nahtoderfahrung ein. Die Betreffenden haben also das Gefühl, aus ihrem leblos daliegenden Körper hinauszutreten.

Was bedeutet mir das Licht?

Die Dinge lassen sich immer doppelt betrachten, als Faktum und als Geheimnis

Alles läßt sich als pures Faktum oder auch als Geheimnis betrachten. „Alles Sichtbare ist ein in einen Geheimniszustand erhobenes Unsichtbares." (Novalis) Der Begriff „Geheimnis" fixiert nicht und definiert auch nicht, sondern bleibt sprachlich in der Schwebe. Ohne Geheimnis gibt es keine Kindheit. Dagegen steht unser Informationswissen, das kein Geheimnis mehr kennt. Es gibt einerseits ein Verlangen nach Geheimnis, andererseits die Neugier.

Wilhelm Dilthey unterscheidet zwei Formen des Verstehens: die elementare und die höhere. Beim elementaren Verstehen erfährt der Mensch das zu Verstehende unmittelbar. So verstehen wir zum Beispiel sofort, wenn wir jemanden mit einem Hammer sehen, der seinen Zaun repariert. Die höhere Form des Verstehens träte beispielsweise dann ein, wenn der Mann mit dem Hammer nicht den Zaun reparierte, sondern damit die Scheibe seines Autos einschlüge. Hier verstehen wir nicht direkt, welche Bedeutung dieses Verhalten hat.

Der französische Physiker Bernard D'Espagnat postuliert angesichts der Unfaßbarkeit quantenphysikalischer Phänomene eine „verschleierte Wirklichkeit", die zwar spirituell, aber nicht forschend zugänglich ist: „Nur die Wissenschaft liefert echtes Wissen. Zugleich kann die Wissenschaft dies, wenn es um den Hintergrund der Dinge geht, nicht für sich in Anspruch nehmen."

Geheimnis ist das Unbegreifliche, das mit dem Verstand nicht zu durchdringen ist; es hat eine unergründliche Tiefe und enthält eine Faszination, die zugleich ein „Fascinosum et Tremendum" (Rudolf Otto) ist (s. „Gott ist ein ‚Fascinosum et Tremendum' – faszinierend und zugleich erschreckend" S. 23).

Liebe als Faktum ist eine Sache der Harmonie, Liebe als Geheimnis ist das Einmalige und Unfaßbare. Wenn Fakten ein Rätsel sind, kann man sie lösen. Geheimnisse, nicht zu verwechseln mit Heimlichkeiten, kann man nie lösen; denn sie sind nie vernünftig. Sie werden gelebt.

Wo erfahre ich die Wirklichkeit als Geheimnis?

Nicht die Dinge sind gut oder schlecht, sondern die Vorstellung, die wir uns von ihnen machen

In der Regel sind es Polaritäten, bei denen wir einen Pol abwerten, oder gar verteufeln. Dadurch kommt es dann zum Dualismus, in dem Gott den Teufel als Gegenpol zugeschrieben bekommt. In Gott fallen aber alle Gegensätze zusammen, so daß es keinen Platz für einen Teufel gibt.

Ich habe zum Beispiel als Kind nie verstanden, warum mein rechtes Händchen das schöne sein sollte. Wie schwer hatten es Linkshänder noch bis weit in die 1970er Jahre hinein, wenn man sie in der Schule unbedingt auf das Schreiben mit der rechten Hand umstellen wollte. Nicht wenige Kinder erlitten dadurch seelische Verletzungen und scheiterten an der gewählten Schullaufbahn.

Was empfinde ich bei den Formulierungen „zwei linke Hände haben" oder „linkisch sein"?

Bin ich umerzogen worden?

Rechts vor links oder links vor rechts?

Das indogermanische „reg" stand für „geradeaus, aufrichten, recken, geraderichten" und wurde auch für das Gute, Wahre und Vollkommene angewandt. Die Verwendung derselben Wortwurzel für die Richtung „rechts" und für das Recht „richtig" existiert auch in anderen Sprachen.

Im Westen ist das Männliche der rechten Seite und das Weibliche der linken Seite zugeordnet. Die Wertung von Links und Rechts ist das Ergebnis einer frühen Ritualisierung bestimmter Funktionen, die später beibehalten oder modifiziert wurde. Ursprünglich gab es keine Wertung zwischen Links und Rechts.

Links ist im Osten vermutlich zum Ehrenplatz geworden, weil der Herrscher als Bogenschütze auf dem Wagen links saß, in der Mitte saß der Kutscher und rechts der Lanzenträger, der als Rechtshänder die rechte Hand gebrauchen mußte. Außerdem entspricht der Ehrenplatz der linken Hand, die nicht handelt und nicht der handelnden rechten Hand, die mit weltlichen Aufgaben belastet ist.

Interessant ist, daß wichtige Elemente eines Bildes in einem Kulturkreis oft entsprechend der Leserichtung der Schrift platziert werden. Im Japanischen und im Hebräischen beginnt man zum Beispiel mit dem Lesen eines Texts rechts oben, und wichtige Details auf Bildern liegen ebenfalls oft rechts von der Mittelachse. Bei uns ist es umgekehrt.

Rein äußerlich betrachtet, erscheinen die Wirbeltiere symmetrisch aufgebaut. Doch in ihrem Inneren herrscht durchweg Asymmetrie vor. So liegen Herz und Magen auf der Linken und die Leber auf der rechten Körperseite. Linkskurven sind in der Regel leichter zu fahren als Rechtskurven.

Wie erlebe ich rechts und links?

Nicht „WARUM?“, sondern „WOZU?“

Unser Leben ist sehr stark von der Frage nach dem Warum geprägt. Das liegt an unserer überaus zielorientierten Ausrichtung. Vielleicht gelingt es uns, andere Schwerpunkte zu setzen.

Es gibt Warum-Fragen, auf die es keine Antwort gibt. Das sollten wir gelassen hinnehmen. Statt dessen lohnt es sich zu fragen, wozu zum Beispiel dieses und jenes passiert. „Warum“ ist rückwärtsgerichtet, „Wozu“ zukunftsorientiert. Vielleicht sollten wir daraus etwas lernen für die Zukunft. Das gilt vor allem für das, was wir als Unglück betrachten.

Eine Erprobung dient dazu, uns selbst besser kennenzulernen. Alles was geschieht, ist letztlich für etwas gut, nicht unbedingt für den Betroffenen selbst und oft auch erst im Rückblick. Im Laufe der Zeit, auch weit über die Zeit des einzelnen Menschen hinaus, wird möglicherweise ein Sinn, ein Zusammenhang des Geschehens erkennbar, den es von vornherein schon hatte oder im Nachhinein doch noch gewonnen hat.

Selbst der Sinn der Schuld kann in ihrem Anstoß zur Wandlung bestehen. Eingestandene Fehler können zu ausgestandenen Fehlern werden.

Anstatt zu Fragen: „Warum passiert mir das? Warum bin ich?“, sollten wir **hinter**fragen: „Wozu bin ich auf Erden? Wozu passiert mir das? Was soll ich daraus lernen?“ Die Antwort lautet: „Damit du ein Mensch wirst, der Verantwortung für sein Leben übernehmen kann.“

Gelingt es mir, das Fragen nach dem Warum aufzugeben?

Dreck ist Materie am falschen Platz

Schmieröl gehört an das Scharnier der Tür, damit sie nicht quietscht, an der Hand, mit der ich zum Beispiel ein weißes Tischtuch berühre, ist es am falschen Platz.

Der Komposthaufen hat auf einem Bauernhof einen bevorzugten Platz; denn Mist ist sehr wertvoll. Wie gehe ich mit dem „Mist in meinem Leben" um? Wenn ich entdecke, daß auch dieser Teil des Lebens seine Bedeutung hat, bekomme ich einen Anstoß, diese Anteile sinnvoll in mein Leben zu integrieren. Es kommt darauf an, diesen achtsamen Blick zu kultivieren. Das wirkt befreiend. Der Hahn kratzt aus dem größten Mist ein Korn hervor.

„Das Pferd macht den Mist im Stalle, und obgleich der Mist einen Unflat und Stank an sich hat, so zieht dasselbe Pferd doch den Mist mit großer Mühe auf das Feld, und dann wächst daraus edler, schöner Weizen und der edle, süße Wein, der nimmer so wüchse, wäre der Mist nicht da.

Also trage deinen Mist - das sind deine eigenen Gebrechen, die du nicht abtun und ablegen noch überwinden kannst, - mit Müh und mit Fleiß auf den Acker des liebreichen Willens Gottes in rechter Gelassenheit deiner selbst." (Johannes Tauler)

Weizen und Unkraut (Beikraut) gehören zusammen (Mt 13, 25). Der Weizen und das von uns als Unkraut bezeichnete Beikraut sind nicht trennscharf zu erkennen, sondern sie sind miteinander verflochten. Es gilt Geduld mit dem Unfertigen zu haben. Wem man die Dämonen austreibt, dem treibt man auch die Engel aus.

Hat bei mir alles seinen rechten Platz?

„Ich krieg die Krise!“

Krise kommt vom griechischen κρίσις krisis und bedeutet ursprünglich Meinung, Beurteilung, Entscheidung, beziehungsweise κρίνειν krinein = scheiden, trennen, unterscheiden. Das Wort krisis bezeichnet nicht eine hoffnungslose Situation, sondern den Höhe- oder Wendepunkt einer gefährlichen Lage, zur Heilung oder zum Tod. Anschließend kann es eigentlich nur noch besser werden. Chinesen verwenden sowohl für „Krise“ als auch für „Chance“ dasselbe Schriftzeichen. Im Chinesischen werden abstrakte Begriffe oft aus zwei elementaren Wörtern und damit Schriftzeichen zusammengesetzt. So auch in diesem Fall: *Krise* wird mit *weiji* 危机 übersetzt, *Chance* mit *jihui* 机会 Beiden gemeinsam ist also das Zeichen *ji* 机, das unter anderem *Gelegenheit* bedeutet. *Wei* dagegen heißt *Gefahr,* so daß in *weiji* die Bedrohung, aber auch ein Element der Wende zum Besseren enthalten ist; *hui* wiederum wird ebenfalls mit *Gelegenheit* übersetzt, bei diesem Wort liegt also eine Art Bedeutungsverdoppelung vor. Die Krise hat immer eine Kehrseite.

Erkenne ich in jeder Krise auch die Chance?

Natur ist Natur und wird durch den Menschen zur Kultur

Schon die Bibel kennt den Auftrag an den Menschen, sich die Erde untertan zu machen, sie zu beherrschen und zu bebauen (Gen 1,28). Darin hat es der Mensch auch weit gebracht. Heute aber besteht die Gefahr, daß er die Erde unbewohnbar macht. Erst in den letzten Jahren und mit den Folgen des Raubbaus vor Augen setzt ein Umdenken ein. „Herrschen“ wird nun nicht mehr als Erlaubnis angesehen, sondern als Verpflichtung, Verantwortung für die Schöpfung zu übernehmen. Es geht um die

Einsicht, daß die Erde vor uns war und nach uns vorerst auch noch sein wird.

Natur ist das, was aus sich selbst heraus wächst und wirkt. Eine einmalige und überwältigende Naturerfahrung kann dauerhaft unser Leben verändern. Diese Natur ist aber zu „beherrschen" durch Kultur. Das beginnt mit dem Urbarmachen von Wäldern und Sümpfen. Jeder Mensch soll so handeln, daß der Nutzen für alle Lebewesen am größten ist. „Was aber die menschliche Kultur einzigartig macht, ist, daß sie über Generationen hinweg ein gemeinsames Bewußtsein aufrechterhält. So wird eine neue Art von Lernprozessen möglich, die das rasend schnelle Tempo der menschlichen Entwicklung erklären hilft. Vereinfacht gesagt: Eine Generation erfindet einen Faustkeil, die nächste verbessert ihn, die dritte bindet ihn mit Lianen an einen Stock, die vierte bohrt ein Loch hinein und steckt den Stock dort hindurch - fertig ist die erste Axt." (PSYCHOLOGIE HEUTE, November 2017: 43).

Ein einzelner Mensch ist kein Mensch, weil er ohne Mitmenschen nicht leben kann. Aber in bezug auf die Natur sollte er diese nicht nur als Ressource betrachten, von der er lebt, sondern mit der er lebt.

Fressen und gefressen werden ist natürlich. Wenn der Mensch aber vom Tier lebt, sollte er es schmerzlos töten und dankbar annehmen, daß er auch von den Pflanzen leben darf.

Wie bewußt ist mir, daß ich von anderen lebe?

Es gibt nichts, von dem nicht auch das Gegenteil richtig oder falsch ist

„Jenseits von richtig und falsch liegt ein Ort. Dort treffen wir uns." (Dschalal ad-Din Muhammad Rumi)

„Das Gegenteil einer richtigen Aussage ist eine falsche Aussage, aber das Gegenteil einer tiefen Wahrheit ist eine andere tiefe Wahrheit." (Niels Bohr)

„Ich möchte eigentlich allmählich, nachdem ich soviel geschrieben und geredet habe, verstummen für den Rest meines Lebens, weil ja nichts wirklich stimmt, immer ist auch das Gegenteil richtig." (Luise Rinser)

Wir sehen das Licht einmal als Welle und dann auch als Teilchen. Was ist es denn?

Die moderne Mystikerin Simone Weil markiert den Punkt, an dem Menschenweisheit endet und das Mysterium beginnt: „Wenn man einen Gedanken gefaßt hat, solle man nachforschen, in welcher Hinsicht das Gegenteil wahr ist. Der Widerspruch ist der Hebel zur Transzendenz. Erst in den Sackgassen des Verstandes ereignet sich das Wunderbare. Denn der Mensch kann nicht durch eigene Bemühungen die Immanenz überschreiten." Diese Wahrheit gilt offensichtlich sowohl in der geistigen Welt als auch in der physischen. Wenn wir am Ende sind, sind wir am Anfang.

Die Fähigkeit, die Gültigkeit und Nützlichkeit zweier gegensätzlicher Wahrheiten gelassen auszuhalten, ist die Quelle von Toleranz. „Im Namen der Toleranz sollten wir uns das Recht vorbehalten, die Intoleranz nicht zu tolerieren." (Karl Popper)

Zum Leben gehört die Einsicht, daß die Wirklichkeit immer komplexer ist, als der Mensch sie in seinen Bemühungen um Erkenntnis zum Ausdruck bringen kann. Die Wahrheit und die Wirklichkeit sind jeweils größer als jene Gesichtspunkte, derer wir in unserer Erkenntnis habhaft werden können.

Man muß unbedingt mit Leuten diskutieren, die einem widersprechen. Wer das nicht tut, hat keine Ahnung, wovon er redet. Wer nur seine Seite eines Falles kennt, weiß wenig davon. Wenn er selbst nicht fähig ist, die Argumente der Gegenseite zu entkräften; wenn er sie nicht einmal kennt, hat er keinen Grund, eine Seite zu bevorzugen.

Es geht um das Wissen, daß wir vor Gott allezeit Unrecht haben, oder anders formuliert: „Hermeneutik bedeutet einzusehen, daß auch der andere Recht haben könnte." (Søren Kierkegaard) Philipp Neri hat bei ein und derselben Sache anders gehandelt als es Ignatius getan hätte.

Der Satz: „Ich wette mit dir um zehn Euro, daß es morgen regnet", ist weder wahr noch falsch; er enthält keine Information.

Es gab wohl noch nie zwei Menschen, die zum Beispiel eine Rose angeschaut und dasselbe gesehen haben.

Zwei Menschen telefonierten miteinander. Der eine sagte: „Es ist ein schöner Tag." Der andere entgegnete: „Wieso, es ist doch Nacht." Ein Dritter hörte den beiden zu und überlegte, wer denn nun recht habe: Beide; denn sie telefonierten jeweils vom anderen Ende der Erde.

„Es ist ganz einerlei, ob man das Wahre oder das Falsche sagt, beidem wird widersprochen." (Johann Wolfgang von Goethe)

Die Wüste zum Beispiel war für die Wüstenväter ein öder, trostloser Ort der Gottesferne, der Dämonen und des Todes. Jesus wird in der Wüste vom Satan versucht. Den christlichen Wüstenvätern und Eremiten war es ein und dasselbe, wenn sie Gott in der Einsamkeit suchten. Sie mochten ihn finden, konnten aber auch eine Gottesferne erfahren. In der Wildnis sind üppiges Leben und plötzlicher Tod gleichermaßen sichtbar. In der deutschen Mystik wird die Wüste zum Bild des reinen göttlichen Urgrundes.

Wie gehe ich mit dem angesprochenen Thema um?

Das Glas ist sowohl halb voll – als auch halb leer

Ich habe lange gedacht, daß der Mensch positiv denkt, dem das Glas noch halbvoll erscheint und derjenige, der es schon halbleer sieht, negativ denkt. Dann ging mir plötzlich auf, daß das Glas zugleich halbvoll und halbleer ist. Das zu sehen, ist positives Denken.

Deswegen ist es eine Lebenslüge zu sagen, das Glas sei noch halbvoll; denn das ist nur die halbe Wahrheit und kein positives Denken (s. „Wenn ich den Mund aufmache, lüge ich, weil ich immer nur die halbe Wahrheit sagen kann" S. 104).

Zu welcher Formulierung neige ich?

Wenn ich den Mund aufmache, lüge ich, weil ich immer nur die halbe Wahrheit sagen kann

Da alles auch etwas vom Gegenteil ist, können wir nie die volle Wahrheit sagen. Zum Beispiel ist nichts nur ganz gut oder ganz schlecht. Aber keiner wird das moralisch hinterfragen.

Eine Lüge eindeutig als böse zu brandmarken, fällt schwer angesichts der Tatsache, daß es sogar in der Bibel Texte gibt, in denen eine Lüge eindeutig gebilligt wird.

Lügen ist die Freiheit des Menschen; sie unterscheidet ihn vom Tier. Manche plädieren für die halbe Wahrheit; denn die ungeschminkte Wahrheit ist oft nur verletzend und deshalb tunlichst zu verschweigen.

Naturwissenschaften können exakte Vorhersagen von Ereignissen machen und verstehen diese als wissenschaftliche

Wahrheit. Im Bereich der Geisteswissenschaften kommt immer auch Interpretation dazu. In der Kunst läßt sich schwer von Wahrheit sprechen, weil es keine Kriterien gibt, an denen sie sich messen läßt.

Wir Menschen haben immer nur Teilwahrheiten zu verantworten. Psalm 116,11 übersetzt Arnold Stadler: „Die Menschen lügen. Alle." Das 8. Gebot aber lautet: „Du sollst nicht lügen!" Wer aus ganzem Herzen an Gott, den Barmherzigen, glaubt, wird nicht lügen, weil er es nicht nötig hat, als eigener Fake durch die Welt zu laufen. Zur vollkommenen Ehrlichkeit gehört allerdings auch die Konsequenz, „Fake News" endlich wieder als das zu bezeichnen, was sie in Wahrheit sind, nämlich Lügen.

Wenn ein Kind zum ersten Mal lügt, zeigt das einen Wendepunkt in seiner geistigen Entwicklung: Es hat einen Unterschied zwischen wahr und falsch begriffen.

Weshalb sagt der Mensch doch oft die Wahrheit? Ehrlichkeit ist eben einfach bequemer; denn die Lüge erfordert Erfindung, Verstellung und Gedächtnis.

„Einen Fehler durch eine Lüge verdecken heißt, einen Flekken durch ein Loch ersetzen." (Aristoteles)

Wie halte ich es mit der Wahrheit?

Warum denkt der Mensch?

Der Mensch unterscheidet sich durch seine Vernunft von der übrigen Natur und wird darum als vernunftbegabtes Lebewesen, als animal rationale, gesehen. Naturwissenschaftler verstehen den Menschen im Unterschied zum Tier als Homo sapiens, als „weisen, vernünftigen Menschen".

Die dualistische Weltsicht, die zwischen Geist und Körper scharf trennt, hat lange verhindert, über den Geist der Tiere nachzudenken. Viele sehen heute die Gattungsschranke als durchlässiger an.

Wir können nichts denken, was jenseits des Denkens liegt. Diese Art unseres Denkens ist eine unvollständige, weil wir niemals wissen, ob das, was wir denken, die gesamte Wirklichkeit umfaßt.

Selbst wenn ich den anderen mitteile, was ich denke, kann ich mein wahres Denken verstecken. Wie können sie wissen, ob sich hinter einem Wort der Freundschaft nicht Berechnung, Gleichgültigkeit oder gar Ablehnung verbirgt? Den anderen ist mein Denken, der Kern meiner Einzigartigkeit, völlig unzugänglich.

Habe ich schon einmal etwas gedacht,
was mir völlig neu erschien?

Die Wahrheit ist paradox

Die Bibel ist voller Paradoxien. Dazu gehört unter anderem die Zusammensetzung von Gegensätzen, wie zum Beispiel in dem Satz „Wer verliert, gewinnt" (vgl. Mt 16,25). „Die Bibel ist jedoch ein Buch der Paradoxa – beinahe jede Behauptung wird durch eine andere, wirklich oder scheinbar gegenteilige aufgewogen, damit wir uns nicht träge an der Oberfläche der Dinge ansiedeln, in der sumpfigen Sandbank allzu billiger Gewissheiten." (Tomáš Halik)

Für Niklas Luhmann liegt eine Paradoxie darin, daß man um anzufangen bereits begonnen haben muß. Ihn interessiert es nicht, ob am Anfang die Henne oder das Ei war. „Die bekannte Henne sollte sich nicht auf die Suche nach dem Ei begeben, aus dem sie entstanden ist, sondern lieber eines legen und gackern."

Während die Logik nur das Entweder-Oder kennt, trägt das Paradox das Sowohl - Als-auch in sich. Logik grenzt ein und gibt die Grenze genau an. Existentielle Fragen lassen sich aber nur paradox beantworten und sind damit für die Logik ungreifbar.

Die Leistung des Paradoxes besteht darin, daß es das Denken ins Wanken bringt. Unsere scheinbar klaren und festgefügten Begriffe erweisen sich auf einmal als löchrig. Etwas, von dem wir glaubten, wir wüßten es und hätten es verstanden, wird in die Uneindeutigkeit überführt. Damit wird der Wissende genötigt, wieder den Status des Lernenden einzunehmen. Er muß die Sicherheit seines Wahrnehmens und Erkennens verlassen und noch einmal von vorn anfangen.

„Der Tod dauert das ganze Leben; aller Voraussicht nach hört er auf, sobald er eintritt." (Paul Valéry)

„Einen Gott, den es gibt, gibt es nicht." (Dietrich Bonhoeffer)

„Sprich mir schweigend von Gott!" (Simone Weil)

Wie gehe ich mit Paradoxien um?

Logik des Gesetzes - Logik der Liebe

In den Gesetzen verkörpert sich die Welt der Trennung und der Verbote. Das Recht beruht auf der menschlichen Grunderfahrung mit dem Bösen. Menschliche Freiheit ist die Voraussetzung, um vom Bösen sprechen zu können. Das Böse ist der Hinterhalt der Freiheit, der gerade da lauert, wo Entscheidung gefragt ist. Dagegen steht die Welt der Vergebung. Es gilt, die Gesetze zu relativieren.

Das Böse ist keine Gestalt als Gegenmacht zur Welt des Guten, wie es der manichäische Dualismus sieht. Schon die biblischen Überlieferungen haben für das Böse nicht nur eine einzige Gestalt. Augustinus von Hippo war der Meinung, das Böse sei deshalb so schwer zu fassen, weil es gar kein Sein, ja nicht einmal eine faßbare Wirklichkeit habe. Aber wie wir durch das Dunkel erst das Licht zu schätzen wissen, so auch durch das Böse das Gute.

Das Böse begegnet uns häufig erstaunlich unspektakulär und alltäglich. Hannah Arendt schreibt von der „Banalität des Bösen". Das Böse ist nicht nur das, was uns heimsucht. Der Abgrund der Zerstörung lauert auch in uns selbst.

Es führt in die Irre, wenn man dem Leben ständig mit Moral entgegentritt. Diese muß dem Leben standhalten und damit der Liebe. „Liebe und tu, was du willst!" (Augustinus von Hippo)

Um die Gesetze kann ich wissen, an die Liebe meines Gegenübers darf ich nur glauben. Auf der Ebene der Dinge gilt das Wissen, auf der Beziehungsebene das Glauben. Das Leben ist umfassender als die lehramtlichen Argumente.

Jesus war ein Revolutionär der Liebe. Er hat von der alttestamentlichen Machtorientierung befreit. In vielen Lehrstücken zeigt er uns, daß Güte wichtiger ist als Ordnung; wichtiger als die Gerechtigkeit ist vor allem die Barmherzigkeit. Auch Papst Franziskus besteht auf diese Gewichtung.

„Der Sabbat ist für den Menschen da, nicht der Mensch für den Sabbat." (Mk 2,27) Dieser Satz Jesu läßt sich auf viele Bereiche anwenden. Menschen, die uns zu Tode füttern wollen, muß man sagen: „Das Essen ist für den Menschen da, nicht der Mensch für das Essen."

Liegt bei mir der Schwerpunkt beim rechtlichen Denken oder bei der liebenden, barmherzigen Betrachtung?

Mit der Logik läßt sich alles beweisen

Ein Beweis ist eine Reihe von logischen Schlußfolgerungen, die die Wahrheit eines Satzes auf das als wahr Angenommene zurückführen. Logik gehört zu den wichtigsten geistigen Errungenschaften, die der Mensch je hervorgebracht hat. Allerdings gibt es eine Schwachstelle: Logische Schlüsse enthalten laut Ludwig Wittgenstein keinen Inhalt und fügen in dem Sinne keine Bedeutung hinzu. Viele existentielle Wahrheiten sind alogisch. „Beweise ermüden die Wahrheit." (Georges Braque)

Wie gehe ich mit dem Alogischen um?

Über das Greifen kommen wir zum Be-greifen

Die eigenartige Gestaltung der menschlichen Hand fällt aus dem Rahmen des Tierisch-Äffischen, bei dem die Vordergliedmaßen an besondere Funktionen angepaßt sind. Der aufrechte Gang des Menschen brachte die Befreiung der Hände von der Fortbewegung. Die Hände offenbaren den Menschen.

Die Hand ist mehr als ein Teil des Bewegungsapparates und der Daumen ist mehr als nur ein Finger; denn er ist rotationsfreudig. Die Hand ist ein Werkzeug des Geistes, der Urgrund aller Kreativität.

Kasper Hauser hatte in seinem Verlies ein Spielzeugpferdchen in Händen, mit dem er das Begreifen lernte. Es war das einzige, was er wahrnahm und ihn das Leben und die Freiheit fühlbar werden ließ. Kinder brauchen solche Greiflinge, um lebensfähig zu werden. Unsere Hand ist geprägt vom Werkzeuggebrauch. Über das Greifen mit der Hand lernen wir das Be-greifen.

Etwas mit der Hand Geschriebenes prägt sich dem Gehirn besser ein als das mit der Schreibmaschine oder dem Computer Geschriebene.

Je mehr das Körperliche aus der digitalen Welt verschwindet, desto mehr scheint sich die Sehnsucht nach (Be)greifbarem Bahn zu brechen.

Die geballte Faust als Zeichen und Signal zur Errichtung eines gerechten, lebenswerten Reiches ist ein unmenschliches Mittel. Zu einem erträglichen Dasein führt eine offene Hand, die etwas losgelassen hat für einen Verzicht oder freiwillig etwas als Geschenk anbietet.

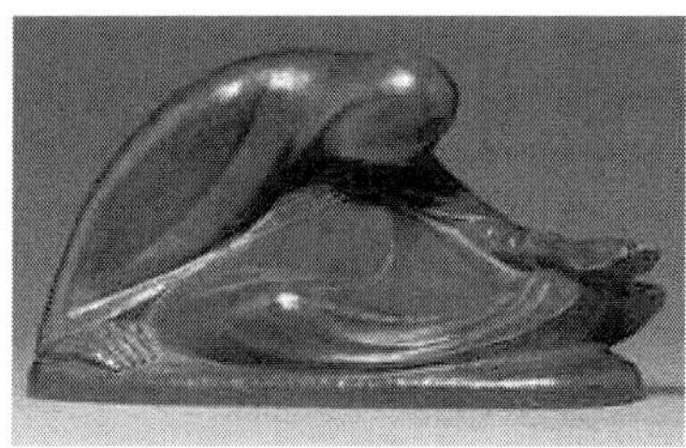

Georges Bernanos spricht vom „Wunder der leeren Hände". „Allenthalben das Entbehrte wird dir mystisch zugelegt. Liebt doch Gott die leeren Hände, und der Mangel wird Gewinn. Immerdar erweist das Ende sich als strahlender Beginn. Jeder Schmerz entläßt dich reicher, preise die geweihte Not. Und aus nie geleertem Speicher nährt dich das geheime Brot." (Werner Bergengruen)

Was meinen wir, wenn wir sagen: „Das ist nicht zu fassen" - „Das ist nicht zu begreifen"?

Was habe ich von der Bedeutung meiner Hände begriffen?

Nicht „Das macht Sinn", sondern „Das hat einen Sinn, das ist sinnvoll"

Sinn ist primär etwas Gegebenes, ein Aspekt der Wirklichkeit selbst. Wir können ihn nicht machen, obwohl man sich sogar bis in die Liturgie hinein wie ein Macher verhält. Nicht selten hört man in Sakristeien: „Wer macht die Messe? Wer macht die Lesung?“ Die Formulierung „Sinn machen“ ist zu einem Unwort geworden. Sinn existiert, oder er existiert nicht. Wir finden ihn vor und können ihn erkennen oder eben beides nicht.

Das sogenannte „Denglisch“ feiert ungeahnte Triumphe, und grammatischer Unsinn „macht“ plötzlich Sinn. „That makes sense“ mag völlig korrektes Englisch sein, aber „Das macht Sinn“ ist alles andere als gutes Deutsch.

„Sinn“ und „machen“ passen nicht zusammen. Etwas Abstraktes wie Sinn läßt sich nicht machen. Man kann den Sinn suchen, entdecken, wahrnehmen und verstehen, aber er läßt sich nicht erschaffen.

Aus einem Sinn kann man nur leben, wenn man für ihn lebt und auch für ihn zu sterben vermag.

Wie gehe ich mit dem Sinn um?

Das Ganze ist mehr als die Summe seiner Teile

Eine Melodie ist mehr als die Summe ihrer Noten; Zeit ist mehr als die Summe von Stunden und Minuten; Wasser ist mehr als die Summe von Wasserstoff und Sauerstoff (H_2O); der Kammerton a^1 ist mehr als 440 Hertz; in der Quantenphysik ist das Ganze immer mehr als nur die Summe seiner Teile. Es entsteht wirklich etwas Neues.

Es gibt die Sehnsucht nach dem Glück des Ganzseins. Gott fordert nicht nur Abraham auf: „Wandle vor mir und sei ganz!“ (Gen 17,1) Sich wandeln ist aber die schwerste Arbeit, die es gibt. Dabei richtet sich das Augenmerk nicht nur auf ein einzelnes Organ, sondern stellt dieses in Beziehung zum ganzen Menschen und diesen wieder zu seiner Umwelt. Die gute Gestalt des Menschen ist ein lebenslanger Prozeß der Integration.

Wir wären unglücklich, wenn wir keine Sehnsüchte hätten. Sehnsucht bedeutet: Ich bin auf der Suche. Sehnsucht ist die Auseinandersetzung mit dem Schmerz und der Traurigkeit, nicht ganz zu sein.

Schritte aus der Spaltung zur Ganzheit erfolgen durch Finden von etwas Übergeordnetem. Zwischen den Variablen etwas von Unveränderlichem zu finden, führt zur Ganzheit. So fallen Leben und Tod zusammen in einem höheren Dritten, dem EWIGEN LEBEN.

Es gilt eine Ganzheit zu finden, in die sich auch das Unvollendete und Unerfüllte integrieren läßt. Ganzheit ist Vollständigkeit, aber keine Vollkommenheit; denn diese schließt das Unvollkommene aus. Da Leben bis zum Tod unvollendet ist, bleibt es immer Fragment. Leben als Fragment verweist auf das Umgreifende, durch das allein es ganz werden kann. Karl Jaspers formuliert: „[...], daß ich als Dasein immer in einer bestimmten Situation, nicht allgemein als das Ganze aller Möglichkeiten bin."

Keiner überblickt wirklich das Ganze, das jedoch als Ganzes funktioniert. Wir können es immer nur im Fragment haben.

Wie ernst nehme ich die Aufforderung zum Ganzsein?

Im Teil das Ganze sehen

Die Vegetation ist die Offenbarung der lebendigen Realität des Lebens. Die Schöpfung inkarniert und offenbart das Heilige in dem Maße, wie sie etwas anderes als sie selbst bedeutet. Ein Baum ist nicht heilig als Baum. Er wird es durch seine Teilnahme an einer transzendierenden Realität und weil er diese Realität bedeutet. So ist zum Beispiel das Blatt der ganze Baum in der Sprache des Blattes, die Welle das ganze Meer in der Sprache der Welle. Manche sehen in einem Torso den ganzen Menschen.

Rainer Maria Rilke:

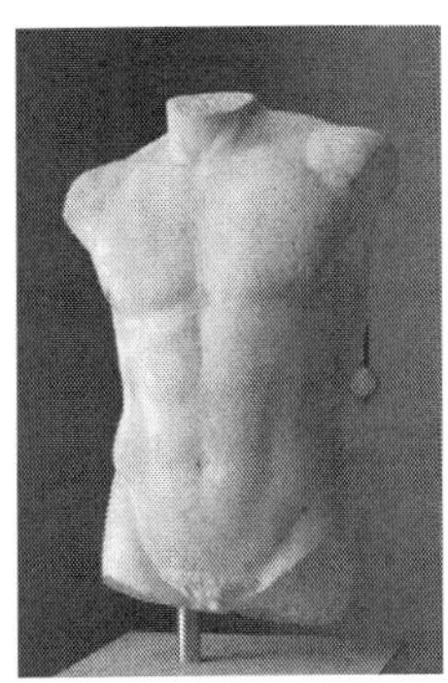
(Foto: Wikimedia Commons)

Archaischer Torso Apollos

Wir kannten nicht sein unerhörtes Haupt,
darin die Augenäpfel reiften. Aber
sein Torso glüht noch wie ein Kandelaber,
in dem sein Schauen, nur zurückgeschraubt,
sich hält und glänzt. Sonst könnte nicht der Bug,
der Brust dich blenden, und im leisen Drehen
der Lenden könnte nicht ein Lächeln gehen
zu jener Mitte, die die Zeugung trug.

Sonst stünde dieser Stein entstellt und kurz
unter der Schultern durchsichtigem Sturz
und flimmerte nicht so wie Raubtierfelle
und bräche nicht aus allen seinen Rändern
aus wie ein Stern: denn da ist keine Stelle,
die dich nicht sieht. Du mußt dein Leben ändern.

Es geht um das Mehr im Weniger. Am schönsten ist jene Einschränkung, die uns aus dem Überfluß rettet. Wer aus dem Überfluß schöpfen kann, sagt gesättigt: „Weniger ist mehr."

Habe ich das schon erlebt?

„Es muß im Leben mehr als alles geben" (Maurice Sendak)

Das zu erkennen, fällt uns im Wohlstand schwer; denn die meisten haben alles. Wo bleibt die Sehnsucht nach dem

MEHR? Nach christlichem Glauben wird am Ende „mehr als alles", nämlich Vollendung sein.

Wie wach ist mein Glaube an dieses MEHR?

Vergangenheit – Gegenwart – Zukunft

Der Mensch ist dasjenige Wesen, welches die Zeit als ein eigentümliches Spannungsverhältnis von Vergangenheit, Gegenwart und Zukunft erfährt. Vergangenheit und Zukunft wirken sich entscheidend auf unsere Gedanken und Pläne aus. Wenn Gegenwart nicht gute Fortsetzung des Anfangs ist, muß sie vom Ursprung her hinterfragt werden.

„Der Unterschied zwischen Vergangenheit, Gegenwart und Zukunft ist für uns Wissenschaftler eine Illusion, wenn auch eine hartnäckige." (Albert Einstein) Das Jetzt ist das Einzige, was wirklich existiert. Alle Dinge geschehen in der Gegenwart. „Vergangenheit und Zukunft verbergen Gott vor unserer Sicht." (Dschalal ad-Din Muhammad Rumi)

Wir **haben** nicht nur Vergangenheit, wir **sind** unsere Vergangenheit. „Es gibt keine Zukunft ohne Erinnerung." (Jacques Chirac) Jede Erinnerung holt die im Inneren abgelagerte Vergangenheit wieder hervor. Gedenkdaten sind Merkdaten der Bewußtseinsgeschichte. An ihnen findet unser erinnerndes Bewußtsein einen Halt im Strom der Geschichte. Erinnerungsstücke bringen den Augenblick zurück, machen uns aber auch klar, wie unzulänglich wir den Augenblick damals genossen haben. Wir wiederholen durch Erinnerung unsere Vergangenheit, interpretieren sie aber mit dem Wissen der Gegenwart. Erinnerungen sind Rekonstruktionen, die im Moment des Erinnerns geformt werden. Wir erinnern nie das eigentliche Ereignis, sondern nur den letzten Abruf. Man muß aber Inseln der Erinnerung auftauchen lassen, damit sich so etwas wie ein Festland der eigenen Geschichte ergibt.

Es kann sein, daß ich mich an etwas erinnere, was nie passiert ist; denn wir konstruieren auch unsere Vergangenheit. Erklären läßt sich das wie folgt: Wenn wir uns etwas merken, speichern wir das ganze Geschehen nicht einfach wie einen Film ab, vielmehr zersplittert sich das Ereignis in viele Einzelteile. Sobald wir uns wieder erinnern, setzen sich diese Bruchstücke zu einem Bild zusammen. Die Erinnerung erzeugt sich also mit jedem Akt des Erinnerns neu.

Unser Gehirn kann die Realität nicht vollständig aufnehmen und abspeichern. Wenn unsere Erinnerung lückenhaft ist, erfinden wir unterbewußt Dinge hinzu, um eine möglichst vollständige Erinnerung zu bilden, ein schlüssiges Gesamtbild. Dieses Phänomen zeigt sich vor allem bei Selbstbiographien.

Da unsere Identität zum großen Teil aus Erinnerungen an vergangene Erfahrungen und Erlebnisse besteht, stellt sich die Frage, ob unsere Identität nach unserer eigenen Vorstellung von uns konstruiert ist. Wir sind nicht einfach so, wie wir sind, sondern auch so, wie wir sein wollen, weil wir ständig an unserer Identität mitschreiben, wenn auch meist unbewußt.

„Irgendwann erfindet jeder die Geschichte, die er für sein Leben hält." (Max Frisch)

Jeder Mensch weiß, wie trügerisch Erinnerung sein kann. Mehrere Zeugen eines Ereignisses werden in den seltensten Fällen dieselbe Sichtweise schildern und doch der Überzeugung sein, sie allein gäben die Wahrheit wieder.

Unser Gedächtnis erlaubt uns, Dinge in unser Inneres zurückzuholen, sie zu erinnern. Das ist die Voraussetzung für eine Analyse.

Der französische Schriftsteller Marcel Proust schildert in seinem Romanzyklus „Auf der Suche nach der verlorenen

Zeit", wie ihm beim Eintauchen eines Plätzchens in seinen Tee durch den davon ausströmenden Duft und das anschließende Verkosten seine gesamte Kindheit wieder in Erinnerung kommt.

Eine plötzliche Empfindung physischer Art läßt eine andere, vergangene, zurückkehren und die Zeit ist mit einem Schlag aufgehoben. Man fühlt sich gleichzeitig in zwei Zeitstufen versetzt: in die regungslose Zeit, wo das ewige Ich lebt, und in die Zeit des Lebens, wo flüchtige Augenblicke aufeinander folgen.

Kollektive Erinnerungen kommen zustande, weil unsere Erinnerung nichts Festes oder Stabiles ist. Genauso, wie wir uns mit der Zeit verändern, verändert sich auch unsere Erinnerung durch Interaktionen zwischen Erinnerungsspuren, dem Import fremder Erinnerungen und den sozialen Umständen, in denen über Vergangenheit erzählt wird.

Die Gegenwart von Vergangenheit ist Erinnerung, die Gegenwart von Zukunft ist Erwartung, gegenwärtig ist der Augenblick. Die Vergangenheit existiert nicht mehr, die Zukunft noch nicht, wirklich existiert nur das Jetzt. Gegenwart ist der zeitliche Modus der Ewigkeit. Leben kennt keine Generalprobe, sondern eine erste und einzige Aufführung. Wir lernen für die Zukunft aus den Lehren der Vergangenheit.

Das gegenwärtige Selbst erlebt sich bedingt aus der Vergangenheit und entwirft sich in die Zukunft. Gelebt wird weder in der Erinnerung noch in der Erwartung, sondern nur in der sinnlichen Gegenwart. Wir sollten das Leben deswegen nicht aushalten, sondern leben. Dabei geht es nicht ums Überleben.

„Bei einem Fluß ist das Wasser, das man berührt, das letzte von dem, was vorübergeströmt ist, und das erste von dem, was kommt. So ist es auch mit der Gegenwart." (Leonardo da Vinci)

Erinnerungen verschönern das Leben, aber das Vergessen allein macht es erträglich. Vieles müssen wir vergessen, sonst können wir nicht mehr denken. Wenn es aber viele Neuerscheinungen und immer wieder Neues gibt, ist es wichtig, etwas vor dem Vergessen zu bewahren. Wenn unsere Welt nur noch ein buntes Muster vieler Details ist, erkennen wir keine Zusammenhänge mehr.

Geschichte ist die Summe der Erinnerungen, aus denen unterschiedlichste Trägergruppen immer wieder Bilder der Vergangenheit konstruieren. Geschichte ist also nicht etwas Vorgegebenes, sondern wird in unzähligen Varianten aus unzähligen Perspektiven immer neu erzeugt.

Utopien sind Bilder, mit deren Hilfe wir die Gegenwart besser erkennen können. Der englische Staatstheoretiker Thomas Morus prägte den Begriff „Utopia", abgeleitet vom Griechischen ου τοποσ - ou topos - kein Ort. Seine als Roman verpackte Vision von einer idealen Gesellschaft verlegte er auf die „wunderbare Insel Utopia".

Über die Zukunft sagt Victor Hugo: „Für die Schwachen ist sie das Unerreichbare. Für die Furchtsamen ist sie das Unbekannte. Für die Tapferen ist sie die Chance."

Wenn man das Unerwartete sehen will, darf man nichts erwarten. Alles Erwarten und Warten hat eine Bezugnahme auf die Vergangenheit. Wer Erwartungen hat, wird leicht enttäuscht. Mit der nüchternen Sicht auf die Dinge hat man mehr Erfolg beim Erreichen der Ziele. Leichter ist es, keine Erwartungen zu haben, dann wird man überrascht und immer beschenkt. Daher ist es sinnvoll, auf Erwartungen zu verzichten und das Erreichte wertzuschätzen. Insofern entfallen auch Äußerungen wie „Das hätte ich aber gedacht!" - „Das hätte ich nicht gedacht!"

Es gibt einen Unterschied zwischen positiven Erwartungen und träumerischer Fantasie. In der begründeten Erwartung des kommenden Erfolges ist man bereit, sich besonders für das angestrebte Ziel einzusetzen. Über Boris Becker schrieb die „Washington Post“: „Vielleicht war er zu jung, um zu wissen, daß er zu jung war, um Wimbledon zu gewinnen.“

Warten kann lästig sein. Man soll auch niemanden unnötig warten lassen. Und doch gehört Warten gewissermaßen zu uns Menschen. Wenn wir nicht mehr warten, nichts mehr erwarten können, fehlt unserem Leben die Spannung von Vorfreude und Erfüllung. Die Zeit verliert ihren Rhythmus und ihre Höhepunkte; ein Tag gleicht weithin dem anderen; Eintönigkeit, Langeweile und Überdruß machen sich breit. Zeitvertreib ist nicht das Gegenteil von Langeweile, sondern ihre Fortsetzung und Steigerung mit anderen Mitteln. Warten beunruhigt. Am besten ist schon im Oktober Weihnachten. Die Illusion des „Schon“ tut wohl, die Wahrheit des „Noch-Nicht“ macht Angst.

„In einer Nacht, als ich im Gebet und in der Sehnsucht war, und nichts erwartete, da wurde ich unseres Herrn gewiß.“ (Mechtild von Magdeburg)

Kinder üben im „Marshmallow-Versuch“, einen Wunsch aufzuschieben und sich durch willentliche Kontrolle am Riemen zu reißen. Vierjährigen Kindern bot man Süßigkeiten an und stellte sie vor die Wahl, entweder die Süßigkeit sofort zu essen oder später eine zweite zu bekommen, falls sie auf den sofortigen Genuß verzichteten. Wer den Bedürfnisaufschub leisten konnte, kam später im Leben mit Herausforderungen besser zurecht.

Wie steht es mit meinem Wartenkönnen?

II. Menschen als NÄCHSTE

Beziehungen

Der Mensch wird durch das Du zum Ich

Wie stolz sind Eltern, wenn ihr Kind zum ersten Mal das Wort „Ich" sagt. „Ich" sagen und über sein Inneres sprechen wollen gelernt sein. Erst im Gegenüber vermag sich das Individuum in seinen Eigenarten zu erkennen. Der Weg vom Kind zum Erwachsenen beschreibt den Weg von der Fremd- zur Selbstbestimmung.

Daß der Mensch sprechen kann, liegt an der Tieferlegung des Kehlkopfes. Fest steht, daß sich die anatomische Veränderung langsam vollzogen hat und vor spätestens 50.000 Jahren abgeschlossen war.

Karl Jaspers spricht von der Achsenzeit, einer Zeitspanne von ca. 800 bis 200 v. Chr. G., in der sich in den Hochkulturen in China, Griechenland, Israel und im Iran gleichermaßen ein hoher Individualitätsschub feststellen läßt.

Der Mensch möchte von anderen wahrgenommen werden, weil er nur über diese Wahrnehmung ein Gefühl für sich selber bekommt. Das Du-Sagen steht für Martin Buber am Ursprung des Menschwerdens. Das Ich entwickelt sich in einer Ich-Du-Beziehung. Der Mensch braucht die Akzeptanz des Du, damit er Subjekt werden und bleiben kann. Ein Du kann man nicht haben wie einen Gegenstand, sondern man bekommt es geschenkt und steht zu ihm in Beziehung. Die Einzelwesen fluten ineinander wie die Wellen in einem Strom. Im sexuellen Kontakt bekommt man den eigenen Leib durch den anderen geschenkt. Sexus leitet sich ab von dem lateinischen Verb secare = trennen, abschneiden. Das Getrennte strebt nach Zusammenfügung. Frauen scheuen sich, als Subjekt aufzutreten und Männer vermeiden es, sich als Objekt hinzugeben. Obwohl man heute offen über Sexualität spricht, bleibt sie dennoch ein Geheimnis. Sie ermöglicht dem Menschen, das Höchste zu vollbringen, was ihm überhaupt möglich ist, nämlich einem neuen Menschen das irdische Leben zu geben. Der Mensch führt also mit seiner Sexualität die Schöpfung weiter, insofern ist sie ein Geschenk Gottes. Es gibt aber auch Irrwege in der Sexualität.

Wer gut zu sich selbst ist, tut auch der Beziehung gut. Menschen sind Engel mit nur einem Flügel; um fliegen zu können, müssen sie sich umarmen.

Alle Religionen dieser Welt befassen sich in irgendeiner Weise mit dem Phänomen der Sexualität und versuchen, sie mit ihrer Lehre zu vereinbaren. Die erotische Erfahrung des Menschen in der Liebe läßt etwas erfahren vom letzten Einswerden allen Seins in und mit Gott. Die Liebe zu Gott ist der Motor allen menschlichen Liebens.

Jeder ist so glücklich, wie er ein geliebtes Wesen glücklich machen kann. Unerwiderte Lust ist Laster, gestohlene Lust ist Unzucht. Liebe nimmt Opfer an und bringt Opfer, aber niemand darf zum Opfer werden.

Wo werde ich am Du zum Ich?

Anziehung und Hingabe sind die Urkräfte der Schöpfung

Da Schöpfung Trennung und Spaltung bedeutet, ist allem Geschöpflichen das Streben nach Einssein eingegeben. Es geht um die Sehnsucht, mit allem eins zu werden, was man nicht ist. Es gilt, sich nicht zu verlieren und doch eins zu werden, sich hinzugeben, ohne sich aufzugeben.

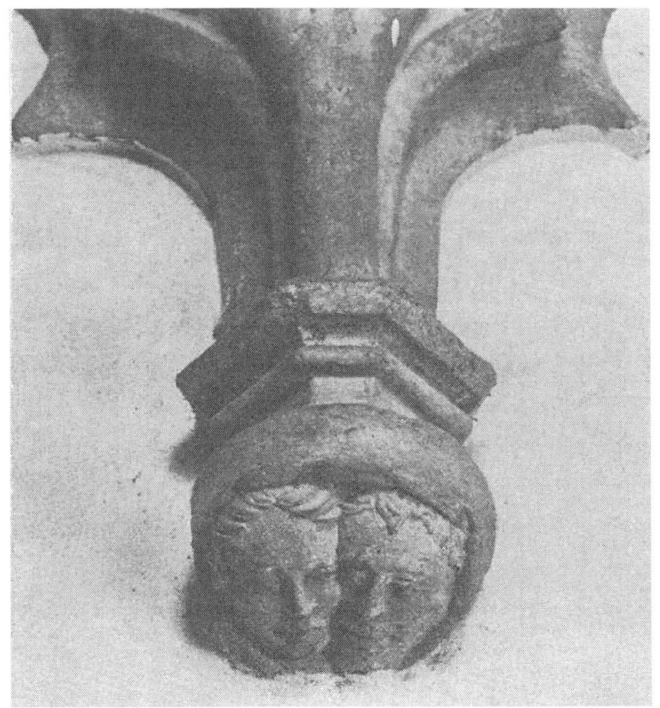

Kapitellchen - südliche Chorschranke - Xantener Dom

Das ist vor allem in der sexuellen Begegnung erfahrbar. Sie erreicht ihre Hochform, wenn sie zwischenmenschlich ganz integriert ist. Erst wenn beide Partner des jeweils anderen Wohlergehen anstreben und ihre eigene Freude dadurch steigern, den jeweils anderen Partner glücklich zu machen, führt dies zu einer geglückten und integrierten Sexualität.

Liebe ist eine verbindende Kraft, die auch in der sexuellen Energie wirkt, aber nicht die sexuelle Energie selbst ist. Die Vereinigung von Leib und Leben zweier Menschen ist die Urerinnerung an ein verschlossenes Paradies, ja sie ist der Schlüssel, mit dem man es öffnen kann, wenn auch nur für eine begrenzte Zeit. Gottes Zärtlichkeit deutet sich an und bildet sich ab in der liebenden Vereinigung zweier Leben. Man kann aus Liebe auch manches verkehrt machen; denn es gibt neben der sich selbstlos hingebenden Liebe auch die besitzergreifende, sich bemächtigende Liebe.

Während wir nach einer Vereinigung in Liebe streben, müssen wir gleichwohl den von unserer menschlichen Endlichkeit gesetzten Grenzen Rechnung tragen. Es kann sein, daß Sicherheit und Geborgenheit wichtiger sind als Spannung und Abenteuer.

„Absolute Unabhängigkeit ist unmöglich. Im Denken sind wir angewiesen auf Anschauung, die uns gegeben werden muß, im Dasein auf andere, mit denen wir in gegenseitiger Hilfe erst unser Leben ermöglichen. Als Selbstsein sind wir angewiesen auf anderes Selbstsein, mit dem in Kommunikation wir beide erst eigentlich zu uns selbst kommen. Es gibt keine isolierte Freiheit." (Karl Jaspers)

Wo erlebe ich solches Einssein?

Manche Paare „bestreiten" ihr Leben

Wenn die Phase der Verliebtheit vorbei ist, wählen manche Paare ein anderes Bindemittel, um nicht nebeneinanderher zu leben. Da bietet sich der Streit an. Manchmal wird er auch aufgeschoben, und statt dessen werden „Rabattmarken" gesammelt, die dann zu einem bestimmten Anlaß alle gleichzeitig in Form von sogenannten Retourkutschen wie zum Beispiel „Dann und dann hast du ..." auf den Tisch kommen. Manche Paare streiten auch gerne, weil nachher das Versöhnen so erlebnisreich ist.

Wie leicht gerate ich in Streiterei?

Liebe bedeutet, vom anderen aus zu denken, zu urteilen und zu handeln

Die Gewohnheit, Nahrungsmittel nicht am Ort ihrer „Gewinnung" zu essen, sondern sie herumzutragen und mit anderen beim gemeinsamen Essen zu teilen, ist ein Charakteristikum des Menschen. Nur bei unseren nächsten Verwandten, den Schimpansen, hat man das Teilen einer Jagdbeute beobachtet, aber dort war es mehr das Dulden, daß ein anderer sich etwas von der Beute nahm, als aktives Weggeben. Glynn Isaac stellte die Hypothese auf, der Erwerb dieser Verhaltensweisen im Laufe der Stammesgeschichte gehöre zu den wichtigen Wendepunkten in der Entwicklung zum Menschen.

Wir sollten mit dem anderen fühlen, aber nicht mitleiden. Der Arzt sollte nicht so empathisch sein, daß er die Nierenschmerzen bekommt, die er am Patienten behandelt. Distanz und Nähe müssen ausgewogen sein. Mitgefühl kann uns die Kraft geben, mit dem Leiden anderer auf eine freundlichere Weise umzugehen.

Keiner kann das Leben eines anderen leben. Sich zu entziehen, ist daher eine therapeutische Notwendigkeit. Für andere Menschen da zu sein, heißt auch, nicht immer für alle da sein zu können.

Der Mensch möchte von anderen wahrgenommen werden, weil er nur über diese Wahrnehmung ein Gefühl für sich selbst bekommt. Leben ist vom ersten Augenblick an ein Leben in Koexistenz und enthält die Herausforderung, nicht nur für uns selbst zu sorgen, sondern auch für andere Menschen einen Daseinsraum zu öffnen, damit diese überleben können. Selbstsorge und Fremdsorge gehen Hand in Hand.

Wenn ich mich vom anderen verletzt fühle, ist es hilfreich, sich in den anderen hineinzuversetzen. Wenn ich seine Sicht der Dinge verstehe, ist es leichter, die eigene Verletzung weniger stark zu empfinden.

Nur Leben in Beziehung ist Leben; denn der Mensch ist angelegt als Gemeinschaftswesen. In unserer globalisierten Welt geht kaum etwas ohne die anderen.

Menschen in Lohn und Brot zu bringen, ist die eine Seite der Integration. Die andere, aber schwerwiegendere ist, das Fremde und Andere als fremd und anders zu akzeptieren und trotzdem Anteil am Schicksal des einzelnen zu nehmen. Das ist die empathische Seite. Diese gilt es, auf kluge Weise zu stärken.

„Gib einem Hungernden einen Fisch, und er wird einen Tag lang satt. Lehre ihn fischen, und er wird nie mehr hungern." (Chinesische Weisheit)

Kann ich vom anderen her denken?

Verhalte dich, als wärst du ein Liebender, die Wurzeln werden nachwachsen

Mit der Vergangenheit kommen wir durch eine Psychotherapie ins Reine. Die Gegenwart bewältigen wir durch eine Verhaltenstherapie, und wie ist es mit der Zukunft? Lieben im „Als-ob", im Vertrauen, daß die Wurzeln nachwachsen, wenn es auch keine logische Basis dafür gibt. Vertrauen ist ein akausaler geistiger Akt, ist der Glaube an das Eintreten des möglichen Positiven. Was ich liebe, kommt zu mir.

Menschen, die Hoffnung empfinden, können die Zukunft beeinflussen. Sie sind aktiver und verhalten sich gesünder. Hoffnung ist eine Denkweise, die ein gewünschtes Ziel anstrebt. Das Gegenteil der Hoffnung ist negative Wahrnehmung der Zukunft.

Man geht davon aus, daß der optimistische Blick in die Zukunft und der Glaube an sich selbst Unternehmensgründern substantiell helfen.

Bin ich dabei, ein Liebender zu werden?

Wenn du etwas verändern willst, so fange bei dir an

Unser Einfluß, die Welt zu verändern, ist sehr gering. Wenn wir etwas verändern wollen, dann müssen wir bei uns selbst anfangen, und das wird nur in kleinen Schritten erfolgen und harte Arbeit sein.

Es ist nicht unbedingt als Kompliment aufzufassen, wenn uns jemand nach einer langen Zeit der Trennung beim Wiedersehen sagt: „Du hast dich gar nicht verändert!" „Leben heißt, sich immer wieder ändern; vollkommen sein heißt, sich oft verändert haben." (John Henry Newmann)

Wir werden nicht von heute auf morgen ganz andere. Wir wandeln uns langsam mit den Rollen und Aufgaben, die wir übernehmen.

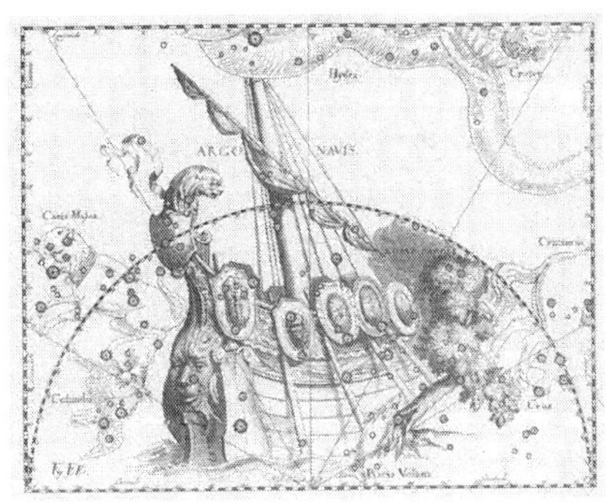

Laut der griechischen Mythologie wird das Schiff Argo auf seiner Reise beständig Einzelteil um Einzelteil renoviert, weshalb es irgendwann nicht mehr dasselbe Schiff ist, obwohl es von seinen Passagieren, den Argonauten, immer noch beim selben Namen genannt wird: Argo. Somit bleibt es doch dasselbe Schiff.

Wer „Ich liebe dich" sagt, gleicht diesen Argonauten, wenn er die Worte immer wieder auf dieselbe, aber sich fortwährend ändernde Person bezieht (s. Einfach und wiederholbar S. 63).

Haben wir uns aber geändert, kann uns zweierlei passieren: Wir werden bewundert und sind möglicherweise Anregung für andere, an sich zu arbeiten, oder wir werden ihnen zum Vorwurf: „Warum schafft diese Person das und ich nicht?"

Reinhold Niebuhr:

Gebet

Herr, gib mir die Gelassenheit, Dinge hinzunehmen, die ich nicht ändern kann, den Mut, Dinge zu ändern, die ich ändern kann, und die Weisheit, das eine vom anderen zu unterscheiden.

Wie veränderungsbereit bin ich?

Ich bin nicht dazu da, deine Leere zu füllen

Die beste Beziehung zwischen zwei Menschen ist die, in der beide selbständige, gereifte Personen sind. Dann entsteht keine Symbiose, in der der eine nicht ohne den anderen leben kann.

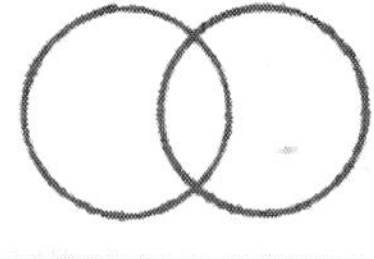

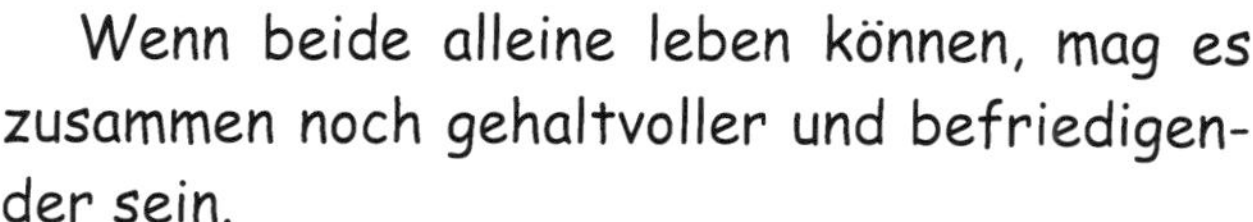

Wenn beide alleine leben können, mag es zusammen noch gehaltvoller und befriedigender sein.

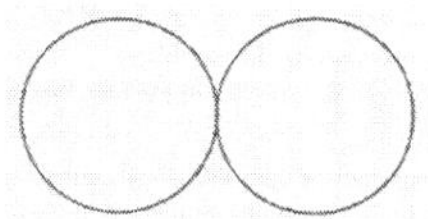

„Unvermischt und ungetrennt" ist das Symbol dafür, dargestellt in der Lemniskate, der liegenden Acht.

Auch Gemeinschaft kann und darf nicht dazu da sein, meine Leere zu füllen.

Was füllt meine Leere?

Laß mich los, damit ich zu dir kann

Wir nehmen Menschen nicht mehr wahr, wenn sie uns zu nahe kommen. Wenn wir nach dem Vogel greifen, fliegt er weg. Wenn wir ihm aber die Hand hinhalten, setzt er sich darauf. Diese Gesetzmäßigkeit gilt für jede Beziehung.

Wir Menschen haben eher die Tendenz, festzuhalten als loszulassen. Wir halten fest, ohne daran zu denken, daß wir uns alle verändern, wandeln. Die Zukunft ist grundsätzlich offen, aber wir können sie nicht ergreifen, wenn wir die Vergangenheit nicht loslassen. Da der Tod eine Realität in unserem Leben ist, heißt es, abschiedlich zu leben. Dabei müssen wir lernen, so loszulassen, daß wir unsere Identität nicht nur nicht verlieren, sondern sie bewußter erleben, damit wir spüren, daß wir durch alle Veränderung auch wir selbst bleiben. Wer nicht loslassen kann, wird nicht glücklich.

Todesangst wird überwunden durch Tötungslust. Im gemeinsamen Aufbruch zu Kampf oder Jagd reißt die Gemeinschaft den einzelnen mit und verwandelt ihn.

Kann ich den anderen loslassen?

„Eifersucht ist eine Leidenschaft, die mit Eifer sucht, was Leiden schafft" (Franz Grillparzer)

Eifersucht ist die schwarze Schwester der Liebe. Sie ist die Angst, etwas zu verlieren, was man zu besitzen meint, und das aus schwachem Selbstwertgefühl. Nagende Selbstwertängste gehören zur Eifersucht. Sie gehört als Affektzustand zum normalen Leben wie die Trauer. Wer in sich ruht, ist weniger eifersüchtig. Mit der Eifersucht verhält es sich wie mit der Liebe: Wenn sie nicht mehr steuerbar ist, schafft sie Leiden und wird zur Leidenschaft.

Bin ich eifersüchtig?

Wer vermag bedingungslos zu lieben?

Gottes Liebe ist bedingungslos. Menschliche Liebe ist mehr oder weniger mit Eigenliebe verwoben. Keine Mutter kann ihr Kind bedingungslos lieben, weil mit der Erziehung auch viele Erwartungen verbunden sind.

Völlige Selbstlosigkeit der Eltern kommt kaum vor, da nicht eigene Wünsche ihre Entscheidungen bestimmen wie zum Beispiel beim armen Müller im Grimmschen Märchen „Rumpelstilzchen", der dem König gegenüber keck behauptet, seine Tochter könne Stroh zu Gold spinnen. Die Grimmschen Märchen wie „Hänsel und Gretel", „Schneewittchen", „Die Gänsemagd" und andere zeigen im Hinblick auf elterliches Verhalten die Problematik der Beziehungen zwischen Kindern und Eltern.

Wer erwartet von sich, bedingungslos zu lieben?

Lieber mit dem Alten etwas Neues probieren, als mit dem Neuen beim Alten hängenbleiben

Wenn aus der Einigung, in der zwei eins sind, Entzweiung geworden ist, sollte man aus der gescheiterten Beziehung etwas lernen, sonst hakt es in der nächsten an derselben Stelle. Dazu muß man aber den eigenen Anteil am Scheitern der Beziehung einsehen und sich eingestehen; denn es gehören immer zwei dazu, wenn es schiefgeht.

Habe ich etwas aus gescheiterten Beziehungen gelernt?

Den Sünder lieben, die Sünde hassen

Eine Mutter wollte ihr Kommunionkind nicht zur Beichte schikken mit dem Argument, es sei kein schlechter Mensch. Ich erklärte der Mutter, daß das gute Kind trotzdem etwas tun kann, was böse ist. Das spürt es in der Regel auch an einem schlechten Gewissen.

Jesus hat den „Sünder" geliebt und ihn nicht auf seine Sünde reduziert; denn er ist noch mehr. So wie ein Mensch, der nicht mehr sehen kann, noch etwas anderes ist als ein Blinder.

Kann ich in einem „Blinden" mehr sehen?

„An Sie kommt man gar nicht 'ran!" „Sie sollen auch nicht an mich 'rankommen, sondern an sich!"

In einem Kurs, dessen Teilnehmerinnen ich ebensowenig kannte wie sie mich, hörte ich nach eineinhalb Tagen obigen Satz und antwortete entsprechend. Besinnungskurse sollen den Teilnehmenden helfen, ganz bei sich zu bleiben, nach Veränderbarem in sich selbst zu suchen und sich nicht ablenken zu lassen, indem sie den Kursleiter „aufs Korn nehmen".

Beschäftige ich mich mehr mit anderen als mit mir selbst?

Du darfst sein, wie du bist, mußt aber nicht so bleiben, meine Hilfe dabei bekommst du

Ein Mensch will angenommen sein, auch derjenige, dem es darum geht, an sich selbst etwas zu ändern. Wenn ich ihm dann noch sage, daß ich an ihn glaube, kann wirklich Wandlung geschehen. Ein Versteher ist ein Mensch, dem man die Wahrheit anvertrauen darf, ohne in Gefahr zu sein, verurteilt oder verworfen zu werden.

„Ein Mensch sieht, was vor Augen ist. Aber Gott sieht das Herz." (1 Sam 16,7) Viele Menschen haben jedoch ihr Urteil schon im Kopf, ohne zuvor richtig hingeschaut zu haben. Sie behaupten zum Beispiel, daß es zu allen Personengruppen eine einheitliche und allgemein gültige Beurteilung gebe. Es gibt sie aber nicht. Manch derartige Beurteilung mag zwar helfen, den komplizierten Alltag zu sortieren und zu vereinfachen, doch pauschale Urteile vernebeln die Realität. Sie machen sogar blind für den einzelnen Menschen, der einem gerade begegnet.

Man kann sich mit vielen Sinnen begegnen, zum Beispiel indem man sich das Ohr schenkt oder beim Handschlag die Wärme und Muskelspannung des anderen wahrnimmt. Diese Erfahrungen des Du sind aber nicht vergleichbar mit dem, was der menschliche Blick offenbart. Nicht grundlos nennt man das, was die Gegenwart ausmacht, den Augenblick. Man schaut sich auf die Nase und auf den Mund, aber man schaut sich niemals auf die Augen, sondern immer in sie hinein.

Wie begegne ich einem Menschen?

Nicht weil du das willst, sondern obwohl du das willst, tue ich es

Für Pubertierende, von denen die Eltern Folgsamkeit erwarten, kann es schwer sein, deren Anweisungen zu folgen. Möglicherweise gefällt ihnen die Forderung ja sogar, aber aus Trotz weigern sie sich, darauf einzugehen. Vielleicht ist es für die Pubertierenden hilfreich, sich obige Aussage zu eigen zu machen.

Kann ich dieses „obwohl" leben?

Ich bin nicht für dich, ich bin nicht gegen dich, ich bin für mich

Wer ganz für sich selbst und bei sich selbst ist, kann gut für andere und bei anderen sein. Er verzehrt sich dann womöglich für andere, läßt sich aber nicht verheizen. Er bleibt sich selbst treu.

Laut Transaktionsanalyse ist ein solcher Mensch ok und kann auch andere als ok betrachten. Die anderen drei OK-Positionen sind: Ich bin nicht ok, du bist ok – Ich bin ok, du bist nicht ok – Ich bin nicht ok, du bist nicht ok.

Welche Position trifft auf mich zu?

Sprache ist die Quelle der Mißverständnisse

Je nach Betonung werden Aussagen ins Gegenteil verkehrt. So besteht zum Beispiel ein markanter Unterschied zwischen der Aufforderung „Du sollst das Hindernis um**fahren**" und dem Auftrag „Du sollst es **um**fahren". Auch der Ausruf „Bitte nicht, aufhören" gibt einen völlig anderen Inhalt wieder als der Wunsch „Bitte, nicht aufhören".

Sprachliche Mißverständnisse tauchen nicht selten bei der Übersetzung fremdsprachlicher Texte oder auch bei der Beschäftigung mit älteren unbearbeiteten muttersprachlichen Originaltexten auf. Manchmal sollten wir das Nichtverstehen ertragen; denn die Erfahrung des Nichtverstehens ist offen für eigene Interpretationen. Wenn wir alles problemlos verstünden, erführen wir nicht mehr, daß Schrift vieldeutig sein kann und Buchstaben sich widersprechende Bedeutungen generieren können. Hebräische Schriftzeichen haben oft eine interpretationsbedürftige Mehrdeutigkeit, eine nackte Materialität, die zuallererst in Bedeutung gekleidet werden muß. Ein

Übersetzer geht das Risiko ein, von der Lebendigkeit der Sprache überholt zu werden.

Interessant ist ein Vergleich mit der Quantenphysik. Sie lehrt uns, daß jeder Beobachter Teil der Wirklichkeit ist, die er wahrnimmt. Je nach Versuchsanordnung zeigen sich die Elementarteilchen anders. Wir sind nicht die unbeteiligten Beobachter, die die objektive Wirklichkeit erkennen, sondern unser Denken und unsere Fragestellung verändern die Realität. Alles Reden ist biographisches Reden, objektives Reden ist nicht möglich.

Ich selbst habe die Erfahrung mit einem deutschen Text gemacht, der ins Französische übersetzt und dann aus dem Französischen ins Deutsche rückübersetzt war. Der Inhalt war kaum wiederzuerkennen.

Die deutschen Bischöfe haben zur Zeit die Schwierigkeit, in der von Rom genehmigten Übersetzung der lateinischen Meßtexte ins Deutsche verständliches Deutsch zu erkennen. Diesbezüglich zeigt Papst Franziskus allerdings ein Einsehen durch seine Veröffentlichung „Motu proprio, Magnum principium - Das große Prinzip, der wichtige Grundsatz". Noch schwieriger ist das Problem bei Koranübersetzungen.

Es ist schwer, alles zu verstehen. Wer will schon sagen, alles richtig verstanden zu haben. Auch in dem, was man glaubt verstanden zu haben, steckt immer noch das Unverstandene, das Unsagbare und das Geheimnis.

Wie objektiv bin ich beim Lesen?

Wer sprechen will, sollte etwas zu sagen haben

Die menschliche Sprache ist vermutlich aus dem Singen entstanden. Auch die ersten Laute eines Babys sind Singen. Vor dem bedeutungsvollen Sprechen liegt das reine Vokalisieren. Dieses entwickelt sich weiter zu einfachen Äußerungen.

Bei der Vielzahl von Sprachen ist das Verstehen, wenn es nicht die Muttersprache ist, oft sehr schwer. Die Kreuzzugspredigten von Bernhard von Clairvaux verstanden die Menschen, obwohl sie die Sprache nicht kannten. Anderssprachige Zuhörer wurden durch die Predigt, obwohl sie sie nicht verstehen konnten, offenbar mehr erbaut als durch den Dolmetscher. Er war überflüssig.

Ähnliches geschah auch beim Pfingstereignis: „Und alle wurden vom Heiligen Geist erfüllt und begannen, in anderen Sprachen zu reden, wie es der Geist ihnen eingab. [...] jeder hörte sie in seiner Sprache reden." (Apg. 2,4.)

Woran merke ich, ob ich etwas zu sagen habe?

„Schönheit liegt im Auge des Betrachters" (Thukydides)

Das ästhetische Bewußtsein des Betrachters, nicht aber die objektive Schönheit eines Berges, läßt diesen in seiner ganzen Pracht erscheinen. Das Naturschöne wird erst schön im Blick des Betrachters, der es aus dem Gesamtzusammenhang der Natur isoliert.

In uns scheint eine Art Sehnsucht nach Schönheit angelegt. Dazu gehört zum Beispiel die Vorliebe für Symmetrie. Der Goldene Schnitt ist seit der Antike ein wesentliches Leitmotiv unserer westlichen Kultur und der Harmonielehre. Physische Schönheit ist der objektiven Messung durchaus zugänglich.

Eine Mutter hält ihr eigenes Baby immer für das schönste der Welt.

Was ist für mich schön?

Was machen wir mit unseren Fragen?

Früher wurden in der Schule Fragen gestellt, deren Antworten man lernte, um Fragen später beantworten zu können.

Aus einem Artikel wird ein Interview, indem man ihn in Abschnitte aufteilt und zu den Abschnitten Fragen stellt. Hier liegt die Antwort vor der Frage.

Wo gibt es Antworten auf unsere Fragen? Die Kirche gibt oft Antworten auf nicht gestellte Fragen.

Auf manche Fragen, die wir nicht selbst beantworten können, wissen vielleicht andere eine Antwort. Was aber ist mit Fragen, auf die niemand eine Antwort weiß? Kann man über Dinge sprechen, die sich der Erfahrung entziehen? Wo finden wir Antwort auf die Frage nach Sterben und Tod? Wer weiß denn etwas über den Tod, außer daß er sicher ist, eben todsicher? Alles ist Spekulation. Das Phänomen des Todes entzieht sich im Gegensatz zum Sterben der Erörterung.

Doch auch das Sterben erleben wir, selbst wenn wir einen Sterbenden begleiten, immer nur aus zweiter Hand. Tritt der Tod dann ein, kann man nicht mehr von Erleben sprechen, und Berichtsmöglichkeiten bestehen ohnehin nicht mehr.

Fragen gehört zum Leben. Antworten werfen oft schon die nächsten Fragen auf. Der Drang nach Wissen steht im Vordergrund. Wenn es um Ideen geht, sind Fragen womöglich besser als Antworten. Wenn es mehr Fragen gibt, als Gurus, die eine Antwort parat haben, hilft nur, selbst einer zu werden. Parzival wurde von seiner Mutter dazu erzogen, nicht zu fragen. Das wurde ihm zum Verhängnis. Er mußte die Gralsburg wieder verlassen und einen mühsamen Weg gehen, um Gralskönig zu werden.

Wer fragt, der lügt nicht, sagt aber auch nicht die Wahrheit; er stellt sich jenseits von Wahrheit und Lüge. Antwort ist die Sache der anderen. Der Frager muß nie das Risiko der Sprachlosigkeit auf sich nehmen.

Wie gehe ich mit unbeantwortbaren Fragen um?

Rede nur, wenn du gefragt wirst, aber verhalte dich so, daß du gefragt wirst

Vieles kann verhindern, gefragt zu werden: ein abweisendes Wesen an den Tag legen, Desinteresse zeigen, zu sehr in sich gekehrt sein. Das Gegenteil ermutigt zu fragen: Interesse zeigen, eine offene Ausstrahlung haben, sich angenommen fühlen. Wenn jemand seine Frage mit den Worten „Darf ich Sie etwas fragen, oder haben Sie keine Zeit?" beginnt, dann liegt es daran, daß ich meinem Gegenüber den Eindruck vermittele, mit anderem beschäftigt zu sein. Aber auch Jesus konnte nur mit einer Person gleichzeitig sprechen.

Verhalte ich mich so, daß man mich fragt?

Prophet im eigenen Land

„Nirgends hat ein Prophet so wenig Ansehen wie in seiner Heimat." (Mk 6,4) Vermutlich ist das Nahvertraute durch seine Alltäglichkeit am meisten verborgen und viel schwerer erkennbar als das Ferne und Fremde. Fürchten wir im Fremden den Vertrauten?

Es gibt etwas, was nicht auszumerzen ist: Vorurteile. Zu solchen Urteilen gelangt man nicht durch rationale Überlegungen, sondern man übernimmt sie von anderen Autoritäten oder aus der Tradition. „Vorurteile sind schwerer zu zertrümmern als Atome." (Albert Einstein)

Wie vielen Menschen gegenüber mögen wir Vorurteile haben, fertige Urteile und damit keine Offenheit mehr. Was könnten wir alles erfahren, wenn wir nicht so schnell fertig wären mit den anderen, besonders wenn wir meinen, sie zu kennen.

Es gilt, ohne Wertung einem Menschen zu begegnen. Diese könnte ganz am Schluß einen Platz haben, erst recht, wenn ich Vorurteile habe, die beim Kennenlernen eines Menschen abgebaut werden können.

Habe ich Vorurteile?

Erst als ich deine Antwort hörte, habe ich meine Frage verstanden

Wie wertvoll ist es, wenn sich verwirklicht, was Friedrich Hölderlin in die Worte faßt: „Seit ein Gespräch wir sind / Und hören können voneinander." Wie oft reden wir aneinander vorbei, oder der eine wartet ungeduldig, daß der andere endlich aufhört zu reden, um sofort selbst etwas loszuwerden. Wie schade ist es, wenn wir sagen müssen: „Wir gingen auseinander, ohne uns verstanden zu haben."

Es ist eine Sternstunde, wenn mich jemand mit seiner Frage beschenkt und mir eine Antwort zutraut. Bei einem guten Gespräch kann es geschehen, daß etwas bisher Ungesagtes aufklingt, gleichsam eine neue Erkenntnis geboren wird. Wie bei einer leiblichen Geburt braucht es dazu auch hier zwei Menschen.

Jede Frage ist zugleich ein Suchen. Aber das Finden der Wahrheit könnte durch den Akt des Suchens ersetzt werden. Dabei ist zu bedenken: „Tröste dich, du würdest mich nicht suchen, wenn du mich nicht schon gefunden hättest." (Blaise Pascal) Man könnte ebensogut sagen: „Suchen ist fast gefunden!" Ein „fast" gibt stets Raum für Hoffnung. Eine alte Weisheit lautet: „Nicht weil der Stein existiert, sucht ihn der

Alchemist, sondern weil dieser ihn sucht, existiert er." Auf dem Grund der Dinge erwartet uns eine Frage, keine Antwort. Hier hilft nur der Glaube, der mehr ist als Wissen. Es geht um etwas, was weder beweisbar noch widerlegbar ist.

Um eine Frage zu stellen, muß ich reden können. Es gibt Menschen, die nicht wissen, was sie reden; es gibt solche, die reden nicht von dem, was sie wissen; andere wissen, was sie nicht reden und viele reden, was sie nicht wissen.

(Foto: Wikimedia Commons)

Nach Sokrates sollen wir beim Sprechen drei Siebe verwenden: Das erste Sieb ist die Wahrheit – prüfen, ob das, was ich erzählen will, wahr ist. Das zweite Sieb ist die Güte – prüfen, ob es gut für mich oder einen anderen ist. Das dritte Sieb ist die Notwendigkeit – prüfen, ob es wirklich notwendig ist.

„Wie kann ich wissen, was ich denke, bevor ich höre, was ich sage?" (Edward Morgan Forster) Aber manchmal formt sich die Idee erst beim Sprechen, und dann kommt sie dem, der da gesprochen hat, selbst seltsam vor. Gedanken entwikkeln sich im Gespräch. Martin Heidegger ist der Ansicht, wir sollten dem anderen dankbar sein, weil erst das Gegenüber uns denken läßt.

„Ich suche nicht - ich finde. Suchen - das ist Ausgehen von alten Beständen und ein Finden-Wollen von bereits Bekanntem im Neuen. Finden - das ist das völlig Neue! Alle Wege sind offen und was gefunden wird, ist unbekannt. Es ist ein Wagnis, ein heiliges Abenteuer! Die Ungewißheit solcher Wagnisse können eigentlich nur jene auf sich nehmen, die sich im Ungeborgenen geborgen wissen, die in die Ungewißheit, in die Führerlosigkeit geführt werden, die sich im Dunkeln einem unsichtbaren Stern überlassen, die sich vom Ziele ziehen lassen und nicht - menschlich beschränkt und eingeengt - das Ziel bestimmen." (Pablo Picasso)

Wann habe ich das letzte Mal ein wirkliches Gespräch erlebt?

Gutes Zuhören ist die intensivste Form sich zurückzunehmen

„Die Stimme bringt nur das hervor, was das Ohr hört. Das Ohr ist ‚ein königlicher Weg' nicht nur für das Sprechen, sondern auch für all die Prozesse der Anpassung des Menschen an Ich und Umwelt." (Alfred Tomatis) Das Ohr ist ein sensibleres Organ als das Auge, es ist empfindlicher und registriert Veränderungen schneller. Es geht nicht nur darum zu hören, was einer sagt, sondern auch aufzunehmen, was er fühlt.

Man kann Menschen zum Schweigen bringen, sie jedoch niemals zum Zuhören zwingen. Echtes Zuhören ist ein Geschenk. Wer gut zuhören kann, beweist auch Achtsamkeit und Empathie im Umgang mit anderen. „Zuhören wird so zum Auftakt echter Begegnung, letztlich zu einer Form des Liebens." (Erich Fromm)

Das sprechende Du kann aber eine solche Dominanz bekommen, daß das hörende Ich zum Objekt wird. Es muß zu einem Fließgleichgewicht kommen.

Ein Beispiel für gutes Zuhören, das auch aktives Zuhören genannt wird, ist das kleine Mädchen Momo; denn „sie lauschte Fragen so andächtig, als beobachte sie ihr Gegenüber mit den Ohren". Michael Ende: „Was die kleine Momo konnte wie kein anderer, das war das Zuhören.

Das ist doch nichts Besonderes, wird nun vielleicht mancher Leser sagen, zuhören kann doch jeder. Aber das ist ein Irrtum. Wirklich zuhören können nur recht wenige Menschen. Und so wie sie sich aufs Zuhören verstand, war es ganz und gar einmalig. Sie konnte so zuhören, daß dummen Leuten plötzlich sehr gescheite Gedanken kamen. Nicht etwa, weil sie etwas sagte oder fragte, was den anderen auf solche Gedanken brachte, nein, sie saß nur da und hörte einfach zu, mit aller Aufmerksamkeit und aller Anteilnahme. Dabei schaute sie den anderen mit ihren großen, dunklen Augen an, und der Betreffende fühlte, wie in ihm auf einmal Gedanken auftauchten, von denen er nie geahnt hatte, daß sie in ihm steckten. Sie konnte so zuhören, daß ratlose oder unentschlossene Leute auf einmal ganz genau wußten, was sie wollten."

Nach einem helfenden Gespräch freue ich mich über ein „Danke" meines Gesprächspartners, aber äußerst beeindrukkend ist vor allem, wenn der Hilfesuchende sich mit der Einsicht auf den Weg macht: „Wozu habe ich den Berater eigentlich gebraucht? Ich bin ja selbst darauf gekommen." Das Ideal eines Beraters ist, so aufzuklären, daß der Hilfesuchende seine Lage und deren Ursache erkennt und sich anschließend selbst zu helfen vermag, ohne von teuren Produkten und Dienstleistungen abhängig zu sein.

Gutes Zuhören ist erlernbar, wenn man den inneren und äußeren Lärm dämpfen kann und Stille und Schweigen geübt wird. Eine häufige Ursache für Mißverständnisse beruht darauf, daß wir gar nicht richtig zuhören.

Der fesselnde Redner wird gefeiert, der aktive, aufnehmende Zuhörer aber erscheint passiv.

Wann habe ich gutes, aktives Zuhören erlebt?

Stille ist mehr als eine Frage der Dezibel

Dezibel ist die Maßeinheit des Schalldrucks, Stille aber ist mehr als der Schalldruck. Die Wüstenväter durften an den Konzilen teilnehmen, weil sie aus der Stille kamen. Die frühen Theologen meinten, die größte Verehrung Gottes liege in der Stille. In vielen Religionen waren die Gründer, wie zum Beispiel Buddha, Mohammed oder Moses, Suchende, die sich zurückzogen, nachdachten und beteten. Dann kamen sie zurück und teilten ihre Erkenntnisse mit der Welt.

Stille ist nicht etwas, was zum üblichen Lärm irgendwie noch dazukommt, sondern so etwas wie die Matrix der Wirklichkeit, der wirkliche und wirkende Grundstoff des Daseins. Sie ist nicht nur draußen, sondern vor allem innen. Sie ist nicht nur in den großen Einsamkeiten, sie existiert überall.

Absolute Stille empfinden viele als unangenehm; denn der Mensch ist zu sehr darauf geeicht, sich durch Geräusche zu orientieren, um zum Beispiel herauszufinden, ob Gefahr droht. Der amerikanische Musiker John Cage komponierte das Musikstück „4'33", in dem viereinhalb Minuten lang kein Ton zu hören ist. Stille ist für jeden Menschen erlebbar, man muß nur danach suchen.

Wir hören, um das Sein zu hören. „Wir müssen die Leere suchen, die Leere von allem, was wir erworben haben, damit mehr Raum ist für die Wahrnehmung des Seins, das in uns ist." (Alfred Tomatis) Gehörlose erfahren die vollkommene Stille, sie verständigen sich mit der Gebärdensprache.

Ist Lärm ein unerwünschter Laut? Gehörschäden sind meßbar, Lärmempfindung ist es nicht. Wir können bestimmen, was wir hören möchten, indem wir uns auf die Geräusche konzentrieren. Entweder hören wir zu, oder es macht uns wahnsinnig. Lärm kann sehr leise sein, man muß ihn nur hören wollen. Laute, die ich benenne, werden liebenswert, wenn ich sie nur ertrage, stören sie mich. Nicht auf die Messung von Dezibel kommt es an, nicht auf die Unterscheidung zwischen Musik und Geräusch, sondern auf das bewußte Wahrnehmen der Klangstrukturen.

Wie gehe ich mit Stille und Lärm um?

Schweigen ist mehr

Arten des Schweigens sind unter anderen das Schweigen auf Grund von Dummheit, Geheimhaltung, Geduld oder eines stillen Herzens. Schweigen ist das Fundament des Redens, alles Reden kommt aus dem Schweigen.

Religion ist ohne Sprache nicht möglich. Aber in außerchristlichen Religionen gibt es Meditationsformen, in denen Wort und Sprache überwunden werden müssen bis in die Wortlosigkeit, bis in das totale Schweigen hinein. So ist es zum Beispiel im Zen-Buddhismus.

Im Zustand der Ruhe steht der Meditierende der Welt in vollkommener Gleichgültigkeit gegenüber, jeglichen Widerschein der materiellen Welt aus seinem Bewußtsein entlassend, ganz in die Wahrnehmung des unbegrenzten Raumes versunken.

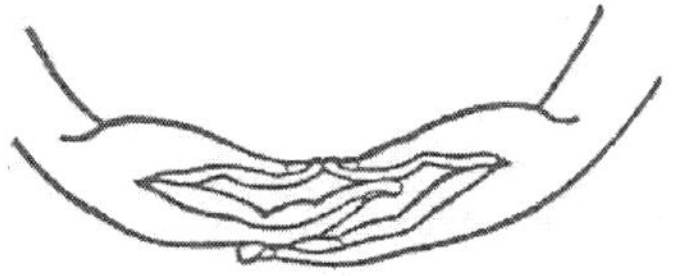

Die Geste der Meditation, in der die Hände entspannt ineinander ruhen, symbolisiert den Zustand tiefster Meditation, in welchem das gegenständ-

liche Bewußtsein aufgehoben ist.

Diese Gebärde nahm Buddha ein, als er sich unter einen Feigenbaum setzte und in tiefe Meditation versank. In dieser Haltung erreichte er den Zustand tiefer Versenkung, dessen erste Stufe sich durch ein Gefühl des Wohlbehagens charakterisieren ließ.

Die zweite Stufe bestand darin, daß die Geistestätigkeit aufhörte und bei einem inneren Stillwerden die Konzentration nur noch auf einen Gegenstand fixiert wurde. Die dritte Stufe führte zu Gleichmut, Andacht und Wissensklarheit. Die vierte Stufe, von den Buddhisten auch Nirwana genannt, beschreibt Buddha als einen Zustand, in dem alles Sehnen und Wünschen, alles zielgerichtete Handeln erloschen ist.

Durch Worte können wir nur einen Teil vom Ganzen haben und doch am Ganzen teilhaben. „Was wird aus den Worten, wenn ich schweige? Sie wachsen an zu schönen Bildern. Können Glück und Hoffnung schildern und den Schmerz der Sehnsucht mildern. Das wird aus den Worten, wenn ich schweige." (Katharina Gerwens)

Meditation ist eine Erfahrung, deren Gehalt vorher nicht fixiert werden kann. Sie scheint auf den Grund zu stoßen, wo Abgrenzungen keine Gültigkeit mehr haben. Es geht um einen gemeinsamen Wurzelboden letzter Grunderfahrung.

Meditation ist das „Fitness-Studio" des Geistes. Dort wird das Schwert der Achtsamkeit geschärft. Aber sie ist nur ein Werkzeug, um im Alltag nachhaltig mehr Lebensfreude zu erfahren!

Stille ist nicht Abwesenheit von Lärm, der Leib und Seele krank machen kann, sondern eindringliche Präsenz. Das Wort und das Gebet brauchen die Aura des Schweigens, nicht nur der Stille. Wie durch Pausen in der Musik kann das Schweigen auch in einen Text eindringen. Das Gebet muß keine Aussage sein, sondern lediglich eine unartikulierte Offenheit, eine innere Grundeinstellung, ein Bewußtsein von Transzendenz, wobei das Wort „Gott" nicht genannt werden muß. Man schweigt über Gott vor Gott. Gott ist eine „Stimme verschwebenden Schweigens" (s. 1 Kö 19,12; Übersetzung Martin Buber).

„Wenn es nur einmal so ganz stille wäre. Wenn das Zufällige und Ungefähre verstummte und das nachbarliche Lachen, wenn das Geräusch, das meine Sinne machen, mich nicht so sehr verhinderte am Wachen –: Dann könnte ich in einem tausendfachen Gedanken bis an deinen Rand dich denken und dich besitzen (nur ein Lächeln lang), um dich an alles Leben zu verschenken wie einen Dank." (Rainer Maria Rilke)

Kann ich schweigen?

Informationsflut unserer Zeit

Information verbraucht die Aufmerksamkeit ihrer Empfänger. Deshalb erzeugt der Reichtum an Information eine Armut an Aufmerksamkeit. Es braucht ein „Fasten" bezüglich der Informationsflut. Im Zeitalter der Medienvielfalt ist dies sehr schwer wegen der Angst, etwas zu verpassen.

Wie kann ich mich vor der Informationsflut schützen?

Es ist nicht so wichtig, was ich sage, sondern wie es bei den anderen ankommt - der Ton macht die Musik

Es gilt, den richtigen Kanal zu finden, um das Gegenüber zu erreichen. Wenn dann noch der richtige Ton angeschlagen wird, mag die Botschaft ankommen und Früchte tragen.

Voraussetzung ist die Fähigkeit, sich in den anderen hineinzuversetzen. Bei unterschiedlichen Gesprächspartnern kann das sehr anstrengend sein.

Finde ich in jedem Gespräch den richtigen Kanal und Ton?

Nicht „Du bist ...", sondern „Ich habe den Eindruck, Du ..."

Für ein gutes Feedback gibt es viele Regeln. Am günstigsten ist es, wenn es erbeten wird. In dem, was ich dann anspreche, sollte ich meinen Eindruck äußern und nicht sagen: „Du bist ..." (s. Nicht „aber", sondern „und" S. 41)

Kann ich mich in ein Feedback einbeziehen?

Das richtige Wort am falschen Ort und zur falschen Zeit gesagt, ist schlimmer als nichts zu sagen

Es ist nicht einfach, den richtigen Zeitpunkt und Ort zu finden, um einem Menschen etwas Wichtiges zu sagen. Ohne bereit dafür zu sein, können zum Beispiel manche Menschen die Wahrheit nicht vertragen.

Das Problem der Höflichkeit erschwert, die rechte Form und den guten Augenblick für das Sagen der Wahrheit auch im Alltag zu finden. Aber auch die Höflichkeit kann eine Maske sein. Sie schützt die Person, die sie trägt, aber auch diejenige, die die Wahrheit noch nicht aushalten kann und darum ebenfalls eine Maske trägt.

Habe ich dafür ein Gespür?

Sprechenden Menschen ist zu helfen

Das stimmt, aber es kann auch der Satz gelten: „Wenn ich sagen würde, was ich möchte, würdest du es tun, und dann wäre es nicht mehr deins." Das ist vertrackt; denn es könnte auch heißen: „Wenn du mich lieben würdest, wüßtest du was ich brauche." Es gilt folgende Sentenz einzuüben: „Liebe bedeutet, vom anderen aus zu denken, zu urteilen und zu handeln." Wer über sich spricht, kann keine Vorwürfe machen.

Manchen Menschen hilft der Grundsatz „Nicht schlucken, sondern spucken!"; denn das Geschluckte setzt sich fest und führt zu Krankheiten.

Wage ich es, um Hilfe zu bitten?

Sache und Beziehung trennen!

Konflikte zeigen, wo Veränderungen notwendig sind. Dabei ist zwischen Sache und Beziehung zu unterscheiden. Es muß einer Beziehung nicht schaden, wenn in der Sache ein Meinungsunterschied besteht. Daß der eine anders denkt als der andere, macht ihn nicht zum Feind, sondern zum Partner.

Diese Unterscheidung fällt den Menschen leichter, die in ihrer Erziehung erfahren haben, daß sie als Mensch nicht nur auf Grund ihrer sachlichen Äußerungen gleichgestellt wurden.

Kann ich zwischen Beziehung und Sache unterscheiden?

Es ist toll, daß du NEIN sagen kannst, aber den Rasen mähst du trotzdem

Es gibt eine Spiritualität des Neinsagens, und diese muß geübt werden. Das ist sehr schwer für ein Kind, das in der Familie nicht „Nein" sagen durfte.

In einem Haushalt sind die Aufgaben verteilt. Der Junge übernimmt das Rasenmähen. Nun sagt dieser eines Tages: „Nein! Ich tue das nicht mehr!" Darauf der Vater: „Du übernimmst die verteilten Aufgaben! Ich finde aber gut, daß du „Nein" sagen kannst."

Statt zu sagen: „Du mußt erst deine Hausaufgaben machen, und dann kannst du deine Freunde treffen", was ein Nein hervorrufen wird, sollte man sagen: „Du möchtest sicher deine Hausaufgaben fertig haben, wenn du deine Freunde triffst."

Kann ich „Nein" sagen?

Ent-Täuschung macht eine Täuschung offenbar

Wie bei Ent-Rümpelung Gerümpel ent-sorgt wird, so bei Ent-Täuschung die Täuschung. Danach ist klare Sicht. „Du hast mich enttäuscht!" bedeutet dann, daß die Täuschung bei mir liegt. Eine Ent-Täuschung ist eine Befreiung von einer Täuschung, einer Illusion, in der wir gefangen waren.

Enttäuschungen sind eine gute Gelegenheit, sich selbst besser kennenzulernen; denn bei jeder Enttäuschung stoßen wir auf den Kern der Realität. Immer wenn wir enttäuscht werden, können wir sicher sein, daß unsere Wünsche, Bedürfnisse und Sehnsüchte auf den harten Fels der Realität geprallt sind.

Wer von sich selbst enttäuscht ist, sollte sein eigenes Ideal kritisch hinterfragen.

Wie gehe ich mit Täuschungen um?

Der Blick der Anderen

Andere haben Talente in mir gesehen und an mich geglaubt, sodaß ich Aufgaben übertragen bekam, die ich selbst nie angestrebt hätte. Besonders an die Aufgabe eines Spirituals hätte ich niemals gedacht. Dadurch bin ich zwar nie Pfarrer gewesen, was ich zwar auch bewältigt hätte, aber die „Arbeit" direkt mit Menschen paßt besser zu mir. Nachdem ich von meiner neuen Aufgabe als Spiritual erfahren hatte, machte ich mich selbst auf den Weg zur Selbstwerdung. Mir war klar, daß ich andere nur begleiten kann, wenn ich auch an mir selbst arbeite.

Für die Praxis der Beratung gilt: Pflege ist all das, was einem anderen hilft zu wachsen. Es ist wie bei einem Gärtner, der zwar keine Pflanze erschafft, aber Bedingungen zum Wachstum ermöglicht.

Habe ich den Blick für andere?

Vergleichen kommt vom Teufel

Wir haben zu messen gelernt, um vergleichen zu können, aber auch Distanzierung ermöglicht Vergleichen. Vergleichen kann gut sein zum Sammeln von Informationen, es ist schädlich, wenn es zur Selbstaufwertung oder -abwertung verwendet wird. Gutes Vergleichen kann zur Weiterentwicklung führen, zu der Frage: „Was kann ich von anderen lernen, wie kann ich wie sie werden?" Schlechtes Vergleichen verführt dazu, sich mit dem zu vergleichen, was man nicht ist.

So begann es schon im Paradies: Adam und Eva sollten sich auf Anraten der Schlange mit Gott vergleichen (Gen 3,4f). Warum wollten sie nicht diejenigen sein, die sie waren?

Neid ist eine Variante des Vergleichs. Um unsere Leistungen einschätzen zu können, müssen wir uns vergleichen (s. „Neid muß man sich erst einmal verdienen" S. 149).

Niederländer sprechen von „gutem Neid". Dieser besteht in einem Vergleich, der dazu führt, daß wir uns weiterentwickeln; denn wen ich beneide, kann ich auch gewissermaßen als Vorbild nehmen, das es aber nicht blind zu kopieren gilt. Der „gute Neid" ist dann eine Triebfeder zum Erfolg.

„Das Vergleichen ist das Ende des Glücks und der Anfang der Unzufriedenheit." (Søren Kierkegaard)

Sowohl Idolen als auch Heiligen nachzueifern gibt Anlaß zum Vergleichen. Wir sollten niemanden nachahmen, sondern Jesus nachfolgen. Er ruft uns nicht in die Nachahmung. Das nach der Bibel wichtigste Buch der Christenheit des Thomas von Kempen heißt nicht „Nachahmung Christi" sondern „Nachfolge Christi",

„Vor dem Ende sprach Rabbi Sussja: ‚In der kommenden Welt wird man mich nicht fragen: Warum bist du nicht Mose gewesen? Man wird mich fragen: Warum bist du nicht Sussja gewesen?'" (Martin Buber)

Vor Gott sind wir ein Original, so werden wir geboren und sollen wir sein, sterben aber oft als Kopie. „Jeden mit anderer Stimme ruft Gott." (Hans Carossa) Was wir selbst nicht zu leisten vermögen, erwarten wir von Idolen, mit denen wir uns vergleichen.

Keine zwei Menschen sind vollkommen identisch, nicht einmal eineiige Zwillinge, sonst wären sie Kopien. Wir sollen identisch sein mit dem Bild, das Gott von uns hat. Dann sind wir ein Original.

Es ist kein guter Rat für Menschen, denen es schlecht geht, auf diejenigen zu schauen, denen es noch schlechter geht, ganz abgesehen davon, daß jeder sein Schlechtgehen anders empfindet.

Vergleiche anzustellen ist ein gutes Mittel, sein eigenes Glück zu verderben. Glück ist eine Sichtweise auf die Dinge. Viele sehen ihr Glück nur in der Zukunft. Vergleiche werden dem je Spezifischen nicht gerecht.

Vielleicht ist es eines der größten Geheimnisse des Menschen, gewiß aber eines seiner zweifelhaftesten, alles, was ihm in dieser Welt begegnet, meßbar zu machen

Kann ich auf das Vergleichen verzichten?

Neid muß man sich erst einmal verdienen

Wenn Menschen auf mich neidisch sind, schließe ich daraus, daß ich in einem Punkt besser bin als sie. Neid führt dazu, vom anderen bestimmt zu werden. Neid ist ein zerstörerisches Gefühl der Unzufriedenheit und Ungerechtigkeit. Er ist eine erfolgversprechende Anleitung zum Unglücklichsein. Neid ist Antipathie und gehört zu den sieben Todsünden, seine Begleiterin ist die Eifersucht (s. „Eifersucht ist eine Leidenschaft, die mit Eifer sucht, was Leiden schafft" S. 127).

Das Gutsein kann als Vorwurf aufgefaßt werden: „Wieso schaffst du das und ich schaffe das nicht?" Wer mit sich selbst im Großen und Ganzen im Reinen ist, kann anderen etwas gönnen und hat sein Kindheitsgefühl des Auch-haben-Wollens überwunden.

Schwierig sind Menschen, die gar nicht neidisch werden können, weil niemand besser ist als sie.

„Der Neid ist die aufrichtigste Form der Anerkennung." (Wilhelm Busch)

Neid will nicht wie die Habgier in erster Linie besitzen, was anderen gehört, sondern will nur, daß diese es nicht haben. Ein neidischer Mensch ist nicht durch ein Objekt zu sättigen.

Kann ich neidisch werden?

Feinde müssen zu Gegnern werden

Zu den Polaritäten unseres Lebens gehören das Alleinsein und als Gegenüber das Mit-anderen-Sein. Ein abgespaltenes Gegenüber wird zum Feind, der bedroht. Wenn er zum Gegner wird und damit zum Gegenüber, kann man von ihm lernen. Aber dazu müssen wir alle Aggressionen, die wir einem Feind gegenüber haben, abbauen.

Halte ich Gegner aus?

Das Weitergeben von Einschärfungen ist mein Verständnis von Erbsünde

Wir haben es weder geerbt, noch ist es Sünde, was wir „Erbsünde" nennen. Theologen halten den Begriff „Erbsünde" für äußerst unglücklich und schlagen „Vorpersonale Unheilssituation" vor. Doch das mit Erbsünde Gemeinte schleppen wir ohne unser Zutun vom Mutterleib an mit uns herum. Es sind Einschärfungen, die Eltern ihren Kindern „eintrichtern".

Was wir an Einschärfungen, die Psychologie nennt es Skript, mitbekommen haben und an die nächste Generation weitergeben, hat mit einer Art Vererbung zu tun. Es ist ausgesprochen schwer, diese „Vererbungskette" zu durchbrechen. Es ist die schwerste Arbeit an uns selbst, die es gibt, aber auch die lohnendste Investition.

Arbeite ich an meinem Skript?

Wie Mütter so sind und bleiben

Die Bedeutung der Mutter für ihr Kind kann nicht hoch genug eingeschätzt werden. Eine Theorie besagt, die Quelle aller Neurosen und seelischen Erkrankungen liege in der Trennung von der Mutter. Mutter und Kind ist die menschliche Urbeziehung, aus der wir alle stammen.

„Die Mutter als Schicksal" ist der Titel eines Buches von Felix Schottlaender. Wir können uns unsere Eltern nicht aussuchen. Eine wichtige Arbeit besteht darin, sich mit der Herkunftsfamilie auszusöhnen und niemand mehr dafür verantwortlich zu machen, wie es einem geht. Das ist der wichtigste Punkt der Selbständigkeit, um wirklich erwachsen zu werden. Wer sich mit seinem vergangenen Leben aussöhnt, versöhnt sich mit sich selbst.

„Gebt mir bessere Mütter, und ich gebe euch eine bessere Welt." (Augustinus von Hippo)

Wie Sterben ein Prozeß ist (s. Alt werden, aber nicht alt sein S. 249), so ist es auch die Geburt. Mit der Befruchtung der Eizelle beginnt der Lebensprozeß eines Menschen. Daher ist es falsch zu sagen, das „Leben eines Menschen" beginne mit der befruchteten Eizelle. Sie ist „menschliches Leben" aber noch nicht das „Leben eines Menschen". Sie ist kein Individuum (das Unteilbare), weil sie sich teilt und aus jeder der beiden Tochterzellen ein Mensch entstehen kann, eineiige Zwillinge sind somit „geklont". Auch im Vier- und Achtzellstadium kann aus jeder der vier oder acht Zellen ein Mensch entstehen. Erst ab der Nidation (Einnistung) sollte man von einem Embryo, einem Individuum, sprechen. Der Fötus ist kein simpler unbewußter Automat, der sich im Uterus entwickelt, sondern er besitzt ein emotionales Eigenleben, aus dem sich die Basis des Ichbewußtseins entwickelt.

Am Anfang trennen Babys nicht zwischen sich und der Außenwelt. Das „Kuscheltier" ist Ersatz für eine Hälfte der Plazenta der Mutter. Die Säuglinge empfinden sich nicht als Individuum und schon gar nicht als eines, das frei entscheiden kann. Für sie ist der Wille der Mutter ihr eigenes Anliegen. Diese Lebensweise vollzieht sich während der ersten drei Lebensjahre.

Das Sprechen der Mutter mit dem Kind bedeutet, daß die Dinge und die inneren wie die äußeren Vorgänge in der Welt, die für das Kind zunächst rätselhaft und überwältigend sind, verstehbar werden und einen Namen bekommen.

Nicht die Zahl der Kinder ist entscheidend für die Art, wie das Kind sich entwickelt, sondern die Beziehung zwischen Eltern und Kind. Ein Problem liegt in der großen Nähe zwischen der Mutter und einem einzigen Kind. Einzelkinder sind nicht komplizierter, aber offenbar ihre Mütter. Wir müssen in der Mutter sowohl die Heilige als auch die Hexe akzeptieren. Völlig selbstlose Eltern gibt es kaum.

Die hinduistische Göttin Kali (die Schwarze) gebiert und frißt ihre Kinder. Das gleiche Thema behandelt auch das Grimmsche Märchen „Hänsel und Gretel".

Da Mütter eine eigene Geschichte haben mit unbewältigten Konflikten und Kränkungen, machen sie auch Fehler.

Wie sehe ich meine Mutter?

Verzeihen

Verletzungen tun nicht mehr so weh, wenn man verzeiht

Nur wer bereit ist, widersprüchliche Probleme auszuhalten, kann auch verzeihen. Verzeihen heißt, aus der Opferrolle herauszutreten und auf eine Rache oder Vergeltung zu verzichten.

Muß der Täter sein Verbrechen innerlich auch bereuen? Reue hat sowohl die Vergangenheit als auch die Zukunft im Blick. Die Anerkennung der Schuld muß den Vorsatz der Umkehr beinhalten. Im Geschehen der Reue bekommt die Vergangenheit einen neuen Sinn. Ohne Reue lernen wir nichts.

Kann ich verzeihen oder bin ich nachtragend?

Die Fähigkeit, zu vergeben und Vergebung anzunehmen, ist ein Geschenk

Vergeben hat nichts mit Begnadigung zu tun. Begnadigung erfolgt nach Gesetzesbruch, Vergebung oder Verzeihen erfolgen aus Liebe. Vergeben ist nicht vergeblich. Wer vergibt, gibt einen eigenen Anspruch auf.

Es ist keine echte Vergebung, wenn sie nicht in Freiheit gewährt wird. Verzeihen darf nicht an Bedingungen geknüpft werden.

Echte Vergebung gibt es nur, wenn auch die Möglichkeit des Nichtvergebens besteht. Nach der Vergebung kann ein neues Leben in Freiheit und in Hoffnung beginnen.

Von welcher Möglichkeit mache ich Gebrauch?

„Meinen Hass bekommt ihr nicht!“ («Vous n'aurez pas ma haine!» Antoine Leiris)

Verlag Blanvalet: „Antoine Leiris hat bei den Anschlägen von Paris am 13. November 2015 seine Frau und die Mutter seines Kindes verloren. Sie wurde an diesem Tag mit 89 weiteren Personen im Konzertsaal Le Bataclan Opfer der Terroranschläge in Paris. Während die Welt geschockt und in tiefer Trauer versuchte, eine Erklärung für das Unfassbare zu finden, postete der Journalist auf Facebook einen offenen Brief. In bewegenden Worten wandte er sich darin an die Attentäter und verweigerte ‚den toten Seelen' seinen Hass - und den seines damals siebzehn Monate alten Sohnes Melvil. Die Botschaft ging um die Welt. Er, der an jenem Tag die Liebe seines Lebens verlor, hatte nur eine Waffe: seine Worte. Das Grauen, der Verlust und die Trauer haben Antoine Leiris' Leben erschüttert. Ehrlich und ergreifend schildert er Momente aus einem zerstörten und doch so zärtlichen Alltag zwischen Vater und Sohn - und sagt damals wie heute, dass das Leben trotzdem weitergehen soll. Antoine Leiris trotzt dem Terror und der Gewalt mit einer bewegenden und hoffnungsvollen Botschaft: ‚Meinen Hass bekommt ihr nicht'.“ (s. „Der starke Mann ist stärker ohne Gewalt“ S. 219)

Gewalt ist eine verfehlte Form der Kommunikation. Kinder lassen sich lieber schlagen, als mit Mißachtung in die Ecke stellen.

Wer bekommt meinen Haß?

Den anderen nicht entschuldigen, sondern ihm verzeihen

Man kann sich nicht entschuldigen, sondern nur um Verzeihung bitten. Ent-schuldigen bedeutet „eine Schuld entfernen", und das ist nicht möglich. Entschuldigen und Vergeben nach einem Schuldspruch sind einander konträr. Schuld bleibt Schuld. Ein Entgegenkommen ist es zu sagen: „Ich verstehe dich", was aber noch kein Verzeihen, also Vergeben ist. In der Fähigkeit, zwischen Verstehen und Verzeihen zu unterscheiden, bewährt sich eine feste Urteilskraft.

Wie oft verwende ich den Begriff „Entschuldigung" statt „Verzeihung"?

Vergeben ja – vergessen nein

„Vergeben und vergessen", sofern dies möglich ist, fällt leichter als nur zu vergeben, ohne den Vorfall zu vergessen. Beim Vergeben behalte ich das Geschehene frei von negativen Nachwirkungen in Erinnerung und bin nicht nachtragend. (s. Manche Paare „bestreiten" ihr Leben S. 122)

Kann ich vergeben, ohne zu vergessen?

Ich bin nicht der Grund, falls doch, wird es sich zeigen

Wir suchen in der Regel einen Grund für unser Handeln. Dabei kann es geschehen, daß wir ein falsches Objekt aussuchen und dadurch Unrecht geschieht. Es wäre gut, wenn dann der Betroffene sagen könnte: „Ich bin nicht der Grund, falls doch, wird es sich zeigen."

Habe ich zu einer solchen Aussage die nötige Gelassenheit?

Hans-Karl Seeger
Sehnsucht
aber wonach?
Eins zu werden mit mir selbst
und mit allem, was ich nicht bin

III. Ich als mein SELBST

Individuum und soziales Wesen

„Erkenne dich selbst!" (Delphi)

Die Inschrift „Γνωθι σεαυτόν Gnōthi seautón - Erkenne dich selbst" befand sich auf einer Säule am Apollotempel in Delphi. Sie wird dem griechischen Philosophen Thales zugeschrieben. Platon zitiert diesen Spruch des öfteren. Laut Aristoteles ist er einer der bekanntesten Sprüche der Antike.

Die berühmte Inschrift war der Rat, sich der begrenzten menschlichen Möglichkeiten bewußt zu werden.

Der Mensch verkennt allzu oft seine Sterblichkeit, wenn er meint, er könne etwas erreichen, was ihm ein Leben wie bei den Göttern verschafft.

Jacques Lacan behauptet, der Mensch habe im Unbewußten gelebt, ehe er sich im Spiegel „erkannt" habe.

„Andere zu erkennen ist Weisheit, sich selbst zu erkennen ist Erleuchtung." (Laotse)

„Es ist leichter, zum Mars vorzudringen als zu sich selbst." (Carl Gustav Jung)

Wie auf einem See bewegen sich viele Menschen in ihrem Leben nur an der Oberfläche, oberhalb der Realität des Lebens, ohne den tiefen Grund im Wasser kennenzulernen. Was diesen aber wirklich ausmacht, begreifen sie nicht. Sich selbst auf den Grund zu kommen, ist ein lebenslanger Prozeß. Dieser

Grund des Menschen ist letztlich ein Geheimnis, dem man sich aber nähern kann.

Im zweiten Lebensjahr können Kinder sich selbst als Objekte in den Augen der anderen vorstellen. Das zeigen jene berühmt gewordenen Experimente, bei denen man Kinder ohne ihr Wissen mit einem auffallenden Farbklecks im Gesicht markiert und dann vor einen Spiegel gesetzt hat. Sie haben sich direkt selbst erkannt. Selbstwahrnehmung vor dem Spiegel verweist auch auf die Fähigkeit, sich in andere hineinzuversetzen und deren Absichten und Gefühle nachzuempfinden. Wer sich nicht selbst wahrnehmen kann, dem mangelt es auch an der Kompetenz, Verhalten einander anzupassen.

Ich kann mich nur selbst erkennen, wenn ich mich liebe. Dann habe ich keine Angst, auch meinem Schatten zu begegnen.

Man sollte sich selber kennen, wenn es auch nicht dazu dient, die Wahrheit zu finden, so doch wenigstens dazu, sein Leben zu ordnen. Nach Carl Gustav Jung ist Selbstwerdung ein sehr schmerzlicher Weg, den sich ein Mensch nicht freiwillig aussucht, sondern auf den er durch Krisen gezwungen wird. Wenn wir uns selbst fehlen, fehlt uns alles.

Was habe ich von mir bereits erkannt?

„Das Leben lehrt uns, wer wir sind" (Salman Rushdie)

Zahlreiche Menschen bewegt irgendwann die Frage: „Was machst du eigentlich mit deinem Leben?" Viele wachsen in dem Glauben auf, eines Tages berühmt zu werden und auf diese Weise vor dem bewahrt zu bleiben, was das eigentliche Leben ausmacht (s. Der Unterschied zwischen Potestas und Auctoritas S. 229). Aber auch Profit und Gewinn gelten als eine Art sozialer Wertschätzung.

Als Kind lebt man in einem eng umrissenen Raum und handelt entsprechend den dort geltenden Regeln. Das Kind spürt bald, wie „der Hase läuft". Ist das beim Erwachsenen viel anders? Ob die Vorstellung von einer globalen Welt wieder auf die von einer einzelnen Nation zurückschrumpft, weil wir für die Globalisierung gar nicht reif sind? Ob es möglich ist, ein einzelner Bürger zu sein und ständig an all das zu denken, was sich in der gesamten Welt ereignet?

„So etwas wie Gesellschaft gibt es nicht. Es gibt nur einzelne Männer und Frauen und Familie. Jeder soll zuerst für sich selbst sorgen." (Margret Thatcher) Das führt aber zu Feindschaftserklärungen, die sich in konzentrischen Kreisen ausweiten gegen Mitschüler, Schule, Staat, Gesellschaft, ja gegen die Menschheit schlechthin, und dann gibt es Klagen über ein nicht gelebtes Leben und fahle Zukunftsaussichten.

Wie reif bin ich für die Globalisierung?

„Werde, der Du bist!" (Pindar)

Bei der Geburt ist der Mensch noch nicht im geringsten das, was er noch werden kann. Es erfordert Mut, den Weg zur Selbstwerdung zu beschreiten. Einige werden lieber eine Kopie als ein Original. Verehrung von Vorbildern birgt eine gewisse Gefahr in sich. Gewinnbringend für Kinder ist das Buch von Mira Lobe „Das kleine ICH bin ICH". Treue zu sich selbst ist das Schwerste (s. Die Treue zu sich selbst ist das Schwerste S. 166).

„In jedem lebt ein Bild des, der er werden soll; solang er dies nicht ist, ist nicht sein Frieden voll." (Angelus Silesius) Die größte Versuchung ist, nicht derjenige zu sein, der man ist.

Wir haben Angst, daß uns jemand durchschaut. Hinter einer Maske bleibt unser wirkliches Ich verborgen. Menschen verstecken sich aus ganz unterschiedlichen Gründen hinter einer Maske. Die einen, weil sie sich wirklich verhüllen wollen, die anderen versuchen, genau das Gegenteil zu erreichen: Sie wollen sich enthüllen und mit Hilfe der Maske signalisieren, sie seien eigentlich ein ganz anderer Mensch. Die Maske ist eine gefahrlose Möglichkeit, seine Phantasien auszuleben. „Persona", wovon unser Begriff Persönlichkeit abgeleitet ist, war die Maske der Schauspieler, durch die deren Stimme hindurchtönte (lat. = personare). Oft befinden wir uns in Situationen, in denen wir meinen, uns mit einer Maske schützen zu müssen. Wichtig ist, die Maske auch wieder abzunehmen, um unser wahres Ich nicht zu verlieren.

Jeder Mensch kennt den Wunsch, einmal aus dem Alltag auszubrechen und ein ganz anderes Leben zu führen. Im Karneval geschieht dann oft eine merkwürdige Mutation zum Narren. Schon mit Minimalrequisiten ist eine ungeahnte Verwandlung zu erzielen. Es steckt alles in uns.

„Eigentlich bin ich ganz anders, aber ich komme so selten dazu. [...] Ich wollte ein Heiliger werden, aber immer kam etwas dazwischen." (Ödön von Horváth)

Um derjenige zu werden, der ich bin, hilft die Selbstverwirklichung, die von Egoismus zu unterscheiden ist. In dem Prozeß geht das Ich unter, aber es entsteht etwas Neues: das Selbst. Der Mensch wird verwandelt. Er wandelt sich so lange, bis er sein wahres Selbst zeigen mag.

Die Natur ist ein großer Organismus, dessen Ganzes mit allen seinen Teilformen in lebendiger Beziehung steht. Es entsteht ein immerwährender Strom. In der Prozeßtheologie sind nicht „Sein" oder „Substanz" die grundlegenden Kategorien, sondern „Werden" und „Ereignis". Daher spricht man von Prozessualität. Sie beschreibt die Dynamik von Handlungen, die miteinander in Bezug stehen.

Der Narziß liebt alles, was mit dem eigenen Ich zu tun hat. Er ist stark eingenommen von Phantasien eigener Macht, eigener Schönheit und vielem mehr. Selbstwertgefühl kann leicht in Narzißmus umkippen.

Es geht darum, in unserem Seelenleben das, was wir bisher noch nicht kannten oder wozu wir durch Vergessen oder Verdrängen den Zugang verloren haben, wiederzufinden. Viele in unserem Seelenleben eingeprägte Bilder hindern uns daran, zu dem zu werden, der wir sein könnten. Dazu gehören Blickverengungen, stereotype Menschen-, Welt- und Feindbilder oder auch die Gewohnheit, die Realitäten so hinzunehmen, wie sie sind, statt Veränderungen in Betracht zu ziehen.

Die Selbstverwirklichung kann aber auch mißglücken, wenn wir zum Beispiel wie Kinder auf dem Töpfchen mit 50% drükken und mit 50% zurückhalten und dann sagen: „Ich drücke ja, aber es kommt nichts."

In der mystischen Transzendenzerfahrung findet sich das Selbst, das eins ist mit dem ALL-EINEN. Solange man meint, man sei nur der Tropfen und nicht der Ozean, besteht eine Trennung. Aber in dem Moment, da der Tropfen denkt, er sei der Ozean in der Weise des Tropfens, wird er zum Ozean.

Es hilft nicht, sich größer zu machen, aber auch nicht kleiner als man ist. Sich größer zu machen ist Hochmut, sich kleiner zu machen falsche Demut. „Sich klein zu machen dient nicht der Welt." (Nelson Mandela) „Mach dich nicht so klein, so groß bist du gar nicht." (jüdischer Humor) (s. „Mach dich nicht so klein, so groß bist du gar nicht" S. 240).

Die rechte körperliche Haltung liegt zwischen Hochnäsigkeit und buckeliger Demut. Im Stehen ist dabei die Fontanelle auf dem Kopf die höchste Stelle. Caesar formulierte: „Lieber in einem Dorf der erste als in Rom der zweite sein."

Wer bin ich?

„Selbst-los sein" gibt es nicht, ohne ein Selbst zu sein

Wer noch kein Selbst ist, kann es nicht loslassen. Ein junger Mensch muß es erst noch bilden. Letztlich aber bleibt das eine lebenslange Aufgabe. Wer sind wir wirklich? Was macht den Kern unseres Selbst aus? Wer aber ein Selbst entwickelt hat und nicht nur etwas, sondern von sich selbst gibt, wird dadurch nicht „sich selbst los", sondern in seinem Selbst bereichert. Es geht im doppelten Sinn um ein Sich-Verlassen, jenes Sich-Anvertrauen, das glücklich macht.

In unserer Zeit hat sich der Begriff Selbstverwirklichung gebildet, und man setzt ihn gleich mit Egotrip. Hinzu kommt, daß doch die Bibel von Selbstverleugnung spricht (Mt 16,24). Die Lösung liegt darin, unser eigenwilliges Ego zu verleugnen, um unser ganzes Selbst verwirklichen zu können

Was der selbstverhaftete Egoist für sein Selbst hält, ist bloß der Kerker, der sein wirkliches Selbst gefangenhält. Selbstfindung schließt Selbstverleugnung im Sinn von Verzicht auf verkehrte Lebenseinstellungen ein.

Sich selbst kennenlernen ereignet sich in einer vertieften, spürenden, klärenden Weise. Nicht umsonst gilt Selbstfindung als hohes Ziel eines gelingenden Lebens. Wie aber soll man sich finden, wenn man sich noch nicht einmal wahrnimmt?

Wir sehen uns gern als selbstlos Handelnde und machen uns nicht klar, daß immer ein Teil unserer Ängste und Wünsche unser Verhalten mitbestimmt.

Wage ich das Unternehmen Selbstverwirklichung?

Mach es wie Gott: Werde Mensch!

„Aber wolle nicht wie Gott werden", müßte hinzugefügt werden. Aus den vielen Möglichkeiten des Sündenfalls hat man in der Tradition den „Apfelklau" (Gen 3,1-24) gewählt. Zur heutigen Zeit paßte besser der „Turmbau zu Babel" (Gen 11,1-9). „Auf, bauen wir uns eine Stadt und einen Turm mit einer Spitze bis in den Himmel!" (Gen 11,4)

Eine Hypothese lautet, die entscheidende Verhaltensänderung in der endgültigen Entwicklung zum Menschen sei der Erwerb der Sprache und damit der Fähigkeit zu einer differenzierten Kommunikation gewesen.

Menschsein heißt immer auch Mensch werden. „Leben, das ist langsam geboren werden." (Antoine de Saint-Exupéry) Für uns Menschen gibt es nichts Erhabeneres, als nach besten Kräften dem einzelnen als Geburtshelfer zur Seite zu stehen.

Woher der Mensch stammt, ist noch ein Geheimnis, auch wie er sich entwickelt hat zu dem, was er heute ist. Wir können keinen Beginn der Entwicklung zum Menschen festlegen, nur Gabelungen im Stammbaum der Lebewesen. So ist nicht auszuschließen, daß sich der moderne Mensch in verschiedenen Regionen der Erde gleichzeitig entwickelt hat.

„Der Mensch ist und bleibt Geschöpf Gottes, auch wenn er nicht direkt aus dem Lehm der Erde geformt oder auf ein „Es werde!" Gottes ex nihilo [aus dem Nichts] geschaffen, sondern aus den von Gott begründeten Anfängen des Lebens in einer von ihm gelenkten, jahrmilliardenlangen Entwicklung entstanden ist. Die peculiaris creatio hominis [besondere Erschaffung des Menschen] bestand in jener Mutation im Schoße eines weiblichen Vormenschen, durch die dessen Nachkommen die Bereitung für eine geistige Seele gegeben und ihm sein biologisches Lebensprinzip in ein geistiges gewandelt wurde." (Wilhelm Schamoni)

Was tue ich für meine Menschwerdung?

Durch Gebärden die Transzendenz zum Sprechen bringen

Ein unruhiger Liturge, der nicht völlig bei der Sache ist, verunsichert die Gemeinde und erschwert den Mitvollzug der Eucharistie. Ist er jedoch völlig konzentriert und strahlt stille Gelöstheit aus, hilft er den Anwesenden, selbst gelöst an der Feier teilzunehmen.

Aus der gesammelten Haltung können Gebärden erwachsen, die sich den Mitfeiernden ganz natürlich erschließen. Fehlende Gebärden weisen auf einen Mangel an Wirklichkeit im Vollzug und verkrampfte Gebärden auf innere Erstarrung hin. Da in der Gebärde etwas aufleuchten kann, darf es uns nicht gleichgültig sein, wie wir uns gebärden. Wirkliches Leben wird sich immer wieder auch leibhaft ausdrücken. Gebärde ist keine Äußerlichkeit, sondern Ausdruck des leibhaftigen Geistes des ganzen Menschen.

Fußwallfahrten beinhalten Gebärden von besonderer Bedeutung. Gebärdenreich kann auch ein Kreuzweg einen Berg hinauf sein. Wichtig ist, ganz in allen Gebärden aufzugehen.

Es gibt Inhalte des Erlebens von solcher Bannkraft, daß sie einfach auf die Knie zwingen, wie es Willy Brandt am 7. Dezember 1970 in Warschau erlebt hat, als er sich vor dem Warschauer Ghetto-Ehrenmal spontan niederkniete.

Ein Anstoß zu einer Gebärde kommt meistens von innen. Eine Frau wollte von Karlfried Graf Dürckheim wissen, wie man beten solle. Er fragte zurück, ob sie knien könne. Die Frau ging fast erbost ins Hotel, kniete sich hin und wußte nun worum es ging.

Was lösen bei mir Gebärden aus?

Keinen mehr dafür verantwortlich machen, wie es mir geht

Der Weg der Wandlung eines Menschen beginnt damit, sich mit der Vergangenheit auszusöhnen. Es ist schwer, für sein Leben die eigene Verantwortung zu übernehmen. Selbst Therapeuten hört man sagen: „Bei den Eltern konntest du nur so werden." Werden vielleicht, aber dabei bleiben muß man nicht. Wichtig ist, sich mit der eigenen Vergangenheit und dem eigenen Lebenskonzept zu versöhnen, wenn nötig auch mit Hilfestellung. In der Beziehung gilt der sonst auch problematische Satz „Jeder ist seines Glückes Schmied" (s. Wie Mütter so sind und bleiben S. 151).

Übernehme ich Verantwortung für meine Entwicklung?

Entwicklungsschritte: Erkennen - Annehmen – Verwandeln

Wer sich ändern will, muß zunächst seine Situation erkennen. Er muß vor allem seinen Schatten kennenlernen und zu den „Leichen im Keller" stehen. „Gefahr erkannt, Gefahr gebannt" lautet eine alte Weisheit.

Das Erkannte muß aber auch angenommen werden. Erst danach folgt die Verwandlung, zu der man selbst beitragen kann.

Gleichzeitig ist sie aber auch ein Geschenk von oben, ein Sich-verwandeln-lassen.

Welchen der Schritte bin ich schon gegangen?

Man kann einen Hund nicht zum Jagen tragen

Ein Jagdhund ist dazu geschaffen zu jagen, er tut es aus eigenem Antrieb. So müssen auch wir aus eigenem Antrieb an uns arbeiten. Es reicht nicht einmal, es wegen eines anderen aus Liebe zu tun.

Das Tragen zum Jagen würde auch kaum helfen; denn es geht beim Ziel des Jagens um eine Therapie, die das Leben verändert. Davor hat der betreffende Mensch oft Angst; denn er fürchtet sich vor dem wirklichen Leben mehr als vor dem Tod (s. Manche Menschen sterben mit 17 Jahren und werden mit 70 Jahren endlich beerdigt S. 264).

Wie steht es bei mir mit dieser Angst?

Die Treue zu sich selbst ist das Schwerste

Um treu zu sein, müßte man wissen, wer man eigentlich ist. Ob das aber alle wissen wollen? Vermutlich dürfen wir laut Friedrich von Schiller auch nicht alles wissen: „Der Mensch versuche die Götter nicht, und wage nimmer und nimmer zu schauen, was sie gnädig bedecken mit Nacht und Grauen."

Aber oft dürfen wir weiter gehen als nur bis zu dem Punkt, an dem unsere Angst uns stoppt. Angst kann auch ein Wegweiser sein. (s. „Der Weg ist das Ziel" S. 191)

Wie weit gehe ich?

Bei Suizidgefährdung nützt es nichts, anderen zu versprechen, es nicht zu tun, die gefährdete Person muß es sich selbst versprechen

Alle Verantwortung für den Vollzug der eigenständigen aktiven Selbsttötung bleibt beim Vollziehenden selbst, aber eine doppelte Rücksichtnahme von seiner Seite wäre wünschenswert: Auf sich selbst mit der Frage, ob es fair ist, sich solche Gewalt anzutun, insbesondere denjenigen Stimmen im eigenen Selbst, die womöglich anderer Meinung sind. Auf andere mit der Frage, ob genügend bedacht worden ist, was dieser äußerste Schritt für sie bedeuten wird. Denn vor allem ein solcher Tod ruft eine nicht enden wollende Unruhe der Lebenden hervor: Lag es an mir? Was habe ich falsch gemacht? Habe ich etwas übersehen? Was hätte ich tun können?

Habe ich für mich, wenn ich mich gefährdet fühle, einen ähnlichen Vertrag gemacht?

Was nichts kostet, ist nichts wert

Viele Sprüche, unter anderen „Vor den Erfolg haben die Götter den Schweiß gesetzt" oder „Per aspera ad astra – durch das Raue zu den Sternen", geben die Wahrheit wieder. Wahres Glück findet sich durch Überwinden von Hindernissen, Schwierigkeiten sowie Durststrecken und nicht durch die unmittelbare Befriedigung von Neigungen. Nur durch Anstrengung wachsen Kräfte, nie durch das angenehme Leben, wie etwa durch Erlebnisse, die nur konsumiert werden.

Wie sehe ich das?

„Erfolg ist keiner der Namen Gottes" (Martin Buber)

Viele Menschen leben von ihren Erfolgen und sind deprimiert, wenn etwas nicht gelingt. Aber Erfolg macht mich nicht aus. Erfolg ist wie vieles andere in unserem Leben etwas, was wir **haben** können, aber nichts, was wesentlich zu unserem **Sein** gehört (s. Nicht alles haben, sondern ganz sein S. 178). Eltern lieben in der Regel ihre Kinder unabhängig vom Erfolg in der Schule.

Erfolg gibt es nur unter einem bestimmten Gesichtspunkt. Am leichtesten ist er zu bestimmen, wo gezählt und gemessen wird. Aber auch scheinbar eindeutige Zahlen bedürfen der Deutung. Erfolge haben ihre Nachfolgeprobleme, die man spät erkennt. Des einen Erfolg kann des anderen Kummer sein: „Wat dem een sin Uhl, is dem anneren sin Nachtigall!".

Bin ich auf Erfolge angewiesen?

„Sunt lacrimae rerum – Die Dinge haben ihre Tränen" (Vergil)

„Auf dem Grund jeden Lächelns liegt eine Träne." (Charlie Chaplin) Tränen haben ihre eigene Sprache. Sie gehören zur Sprache der Seele. Da kommt heraus, was tief in unserem Inneren verborgen ist. Es kommt etwas zur Sprache, was Worte und Verstand nicht auszudrücken vermögen. Mancher hat vielleicht schon die Erfahrung gemacht, daß man sich frei und erleichtert fühlt, wenn man den Tränen einfach ihren Lauf lassen kann. Es ist, als flösse mit ihnen die Last weg, die einen fast erdrückt hätte.

Die größte Trauer entsteht vermutlich beim Sterben eines lieben Menschen. Trauer ermöglicht es, uns in einen psychischen Prozeß einzulassen, der uns hilft, den Verlust zu verarbeiten. Wir lösen uns dadurch so sehr, daß wir auch den Verstorbenen freigeben können. Wir müssen trauern, weil zum menschlichen Leben die Zeit und damit auch der Tod gehören. Müßten wir nicht immer wieder Abschied nehmen, verlöre das, was ist, an Wert.

Tränen der Freude und des Glücks lassen den salzigen Beigeschmack für einen Augenblick vergessen. Die Tränen der Trauer, der Enttäuschung, der Wut, des Schmerzes, der Verzweiflung, der Sorge und der Einsamkeit sind demgegenüber umso bitterer.

Männer weinen eher in der Einsamkeit, Frauen auch in der Öffentlichkeit.

Vermag ich zu weinen?

Nicht einen Körper haben, sondern ein Leib sein

Der Körper ist etwas, was wir von außen untersuchen, messen und objektiv beschreiben können. Der Leib hingegen ist untrennbar mit unserem Bewußtsein verbunden: Er ist der fühlende und gefühlte Leib.

Gegenüber dem Begriff Körper wird der Begriff Leib häufig auf spirituelle Aspekte enggeführt. Der Körper ist ein Instrument der Arbeit und der Lust. Der Leib ist vielmehr der Mensch selbst in der Weise, wie dieser in Raum und Zeit „da" ist.

Die Gegenüberstellung von „Körper haben" und „Leib sein" unterscheidet nicht nur Körper und Leib, sondern auch Haben und Sein (s. „Nicht alles haben, sondern ganz sein" S. 178). Der Begriff des Leibes ist mit dem Wort Leben verbunden. Der

Leib meint also das Lebendige, Gelebte und Gespürte. Das Wort Körper hingegen, entlehnt aus dem lateinischen corpus = Körper, Leib, bezeichnet damit primär den materiellen Gegenstand etwa der Anatomie und Physiologie. Wir leben aber immer „körperloser"; denn in den wenigsten Berufen ist Muskelkraft noch wichtig. Vieles erledigen Maschinen, und wir spüren unseren Körper nur noch selten. Dafür treiben wir extreme Sportarten und rackern uns in Fitness-Studios ab. Wir sind keine körperlosen Engel, die manche sich als kosmische Intelligenz vorstellen, als ein Bewußtsein außerhalb des Menschen.

Im 17. Jahrhundert entstand die reduktionistische Vorstellung vom Menschen als Maschine. Der geheiligte Körper als Ebenbild Gottes wurde zum Ebenbild industrieller Produktion und damit zur biologischen Maschine.

Der eigene Körper ist, wenn man ihn durchspürt, ein Leib. Wenn der Geist den Leib voll durchdringt, dann ergibt sich eine Einheit von Materie und Geist. Bei intensiver Leiberfahrung kommen die Gedanken zum Stillstand. Vergangenheit und Zukunft spielen keine Rolle, nur die Empfindung des Augenblicks zählt.

„το μεν σωμα εστιν ημιν σημα·- To men **so**ma estin hemin **se**ma. - Der Körper ist für uns ein Grab." (Platon) Das altgriechische Wortspiel **so**ma (Körper) und **se**ma (Grab) dokumentiert eine leibfeindliche Vorstellung, deswegen wollten die Griechen von der Auferstehung des Leibes nichts wissen (Apg 17,32).

„Tue deinem Leib etwas Gutes, damit die Seele Lust bekommt, darin zu wohnen." (Teresa von Avila) Wann kann man von einer Beseelung des Menschen innerhalb der Entwicklungsgeschichte sprechen? Die katholische Dogmatik kritisiert die Vorstellung, die Seele habe sich parallel zur Evolution entwickelt. Papst Pius XII. hat eine Evolution der Seele ausgeschlossen. Die Menschen früherer Epochen wußten, daß die Luft die Verbindung zwischen dem seelischen Innen- und Außenraum herstellt. Die Seele lebt im Element der Luft. Ulrich Lüke spricht von Beseelung des Menschen, wenn dieser eine persönliche Beziehung zu einer Gottheit hat, eine Transzendenzerfahrung.

Geistliches Leben ereignet sich in der Einheit von Leib und Seele. Es geschieht nicht nur etwas für die Seele, wie der Begriff Seelsorge suggeriert, sondern es ist eine Äußerung des ganzen Menschen. Als körperhaft Seiendes ist der Mensch in den Kosmos eingebunden. Er ist kein aus einer anderen Welt herabgestiegener Fremdling. Die Transzendenz des Geistes wird durch diese Immanenz in der Welt keineswegs verdunkelt. Wir dürfen nicht nur von „Psychosomatik" reden, sondern müssen sie auch leben. Wissenschaften, die mit dem Menschen zu tun haben, sind entweder Natur- oder Geisteswissenschaften. Heute besteht die Chance für eine dritte: die Wissenschaft vom Menschen.

„Verherrlicht Gott in eurem Leibe!" (1 Kor 6,20)

Wie erfahre ich mein Leibsein?

„Mensch, lerne tanzen, sonst wissen die Engel im Himmel mit dir nichts anzufangen" (Augustinus von Hippo zugeschrieben)

„Tanz versetzt in eine Art Rausch, in welchem die Gemüter die Verstellung vergessen." (Adolph von Knigge) Wer tanzt, spürt seinen Körper mit einer Sinnlichkeit, die kopfbetonten Menschen Angst einjagt; wer tanzt, kann auch leicht aus der Reihe tanzen.

Die Geschichte der Zivilisation ist nach Norbert Elias eine Geschichte der zunehmenden Körper- und Affektkontrollen und der Verinnerlichung von äußeren Zwängen. Wir aber möchten uns lösen von den uns zu Boden drückenden Realitäten, möchten abheben von der lähmenden Erdenschwere. Der Tanz kommt diesen unseren Sehnsüchten und Hoffnungen entgegen; denn er kann befreiend wirken. Er löst Verkrampfungen sowie Verkrustungen und schüttelt aufgebürdete Lasten ab.

Augustinus richtet den Blick auf den Himmel. Der drehende Tanz der muslimischen Derwische versetzt in religiöse Ekstase. Sie sagen: „Wenn ich nicht tanzen kann, kann ich nicht beten."

Die christliche Morallehre des Mittelalters verteufelte alle Formen des Tanzes. Heute werden Meditationstänze in die Liturgie integriert.

Was bewirkt der Tanz bei mir?

Einatmen und Ausatmen – Vergiß das Atmen nicht!

Atmen ist weitaus mehr als Luftholen. Luft bekommt der gesunde Mensch in einer gesunden Umgebung in der Regel immer.

Beim Atmen sind unser Leib und unsere Seele beteiligt. Vitale und seelisch-geistige Seinsweisen äußern sich in unserer Art zu atmen. Handelt es sich um ein schweres Hineinfließen oder ein leichtes Einfließen der Luft in unseren Körper? Ziehen wir uns beim Atmen eng zusammen oder dehnen wir uns weit in den Raum hinein aus?

Einatmen und Ausatmen gehören so selbstverständlich zum Menschen wie das Leben selbst. Einatmen ist das erste, was wir nach der Geburt selbständig tun, Ausatmen das letzte im

Sterbeprozeß. Atem ist unser ständiger Begleiter. Er ist nicht nur Austausch von Kohlendioxyd und Sauerstoff, sondern es handelt sich um ein ganzheitliches Geschehen. Das Leben regeneriert sich. Lebenskraft kommt in den ganzen Leib und Durchatmen tut auch der Seele gut. Im Gegensatz zum Herzschlag läßt sich der Atem mit dem Willen regulieren.

Das Atmen ist der einzige lebenswichtige Vorgang in unserem Körper, der sowohl willkürlich gesteuert werden als auch unwillkürlich programmiert ablaufen kann.

So nutzt man den Atem für bestimmte Zwecke. Man kann zum Beispiel mittels einer suggestiven Atemberuhigung Emotionen zum Abklingen bringen oder sie durch forciertes Atmen wieder freisetzten.

Schwierigkeiten bereitet den meisten Menschen das richtige Ausatmen. Doch nur dann, wenn wir möglichst viel verbrauchte Luft ausatmen, kann der Blutkreislauf ausreichend frischen Sauerstoff tanken. Rhythmische Atmung massiert außerdem die Bauchorgane und lindert so Magen- und Darmbeschwerden.

Beim Jesusgebet spielt der Atem eine große Rolle: „So lausche ich auf meinen Atem, gleichsam als dem Odem Gottes in mir, und lasse vom Atem her, wie vom Heiligen Geist selber rein innerlich gesprochen, in einem beständigen Fließen ruhig und sanft die Worte kommen: ‚Herr Jesus Christus, erbarme dich meiner!', wobei sich die Worte bald von allein auf das Ein- und Ausatmen verteilen." (Emmanuel Jungclaussen)

Ist mein Atem im Fluß?

Ich verlasse mich nicht!

Der Ausspruch „Ich verlasse mich nicht!" bedeutet, das Leben in diesem Augenblick als ein einzigartiges Geschenk und von unschätzbarem Wert zu würdigen, indem ich es lebe. Es geht nicht darum, an einem Ort anzukommen, wo alles besser oder vollkommen ist. Der spirituelle Weg führt nicht in den Himmel, sondern an den einzigen Ort, wo ich „da sein" kann: im Jetzt bei mir.

Sich auf jemanden verlassen zu können, hilft, sich selbst nicht zu verlassen. Aber wer hält mich vollständig aus außer Gott? Da er mich nicht verläßt, verlasse ich mich nicht. Ich bleibe bei mir und bei IHM. Bin ich mir selbst nicht dann am nächsten, wenn ich gerade nicht von Äußerem gestützt und getragen werde?

„Ich bin in meinem Element!" Diese Redensart verwenden wir, wenn wir uns in Einklang mit uns selbst fühlen.

Den Kindern gibt man in jungen Jahren Wurzeln und Flügel. Ohne eine gesunde Trennung wird niemand ein tüchtiger Erwachsener. Zum Erwachsenwerden gehört die Fähigkeit, die Grenzen und Schwächen der Eltern zu sehen und zu integrieren. Selbst Jesus weiß darum: „Darum wird der Mann Vater und Mutter verlassen und sich an seine Frau binden." (Mt 19,4)

Manche müssen die Welt ihrer Eltern verlassen, um sich frei zu fühlen. Die angeborene gesellschaftliche Identität wird abgelegt. Darauf basiert die Freiheit. Andere aber kopieren lediglich ihre Eltern.

Was mache ich?

Alleinsein, aber nicht einsam

Die Begriffe „allein sein" und „einsam sein" werden oft synonym verwendet, sind aber zu unterscheiden. Ein Grundproblem der menschlichen Existenz besteht in der Einsamkeit, obwohl wir Gemeinschaftswesen sind. Einsam sein ist wie in einer Wüste oder Einöde leben. Man kann aber auch inmitten eines belebten Raumes einsam sein. Überfluß und Behaglichkeit des Lebens können über die Leere im Innern nicht hinwegtäuschen. Laut Marcel Proust hat in der Wüste die Flucht vor sich selber ein Ende. „Ich brauche dir nur eine einzige Durchquerung der Wüste aufzuerlegen, damit der Mensch in dir zum Vorschein kommt - wie ein Samenkorn, das aus seiner Hülse bricht - und damit sich der Geist und das Herz entfalten." (Antoine de Saint-Exupéry)

Alleinsein dagegen ist etwas grundsätzlich anderes; denn es bedeutet tiefstes Einssein mit dem All, das der Transzendenz zugehört, welche die Christen Gott nennen. Einsamkeit ist ein religiöses Problem. Nur die Wirklichkeit Gottes hebt die Einsamkeit auf. Die Erfahrung Gottes liegt aber jenseits des Fürwahrhaltens. Gott ist nur dort lebendig, wo man eine Geschichte mit ihm hat, wo das eigene Leben durch seine Gegenwart bestimmt wird.

„Bete, daß Deine Einsamkeit der Stachel werde, etwas zu finden, wofür Du leben kannst - und groß genug, um dafür zu sterben." (Dag Hammerskjöld)

Wer einsam ist, ist im Grunde nicht allein, wenn er dem Einsamsein einen höheren Sinn zugesteht. Keiner kann weise sein, der die Erfahrung der Einsamkeit nicht gemacht hat. „Das ganze Unglück der Menschen rührt allein daher, daß sie nicht ruhig in einem Zimmer zu bleiben vermögen." (Blaise Pascal) „Der Adler fliegt allein, der Rabe scharenweise, Gesellschaft braucht der Tor und Einsamkeit der Weise." (Friedrich Rückert) Dagegen meint Michael Allmaier: „Auch Käuze fliegen allein. Sie kommen bloß nicht sehr hoch."

Es gibt die Einsamkeit der Geburt und des Sterbens. Wir sind einsam in der Eizelle, aber nicht allein; sterben einsam, aber nicht allein. Auch wenn wir Menschen um uns herum haben, können wir einsam sein, wenn echte gegenseitige Ansprache fehlt. Ein äußerlich sehr umsorgter Mensch kann innerlich dennoch einsam sein. Traurig ist Einsamkeit zu zweit.

Es gilt, aus dem Ring der Einsamkeit auszubrechen und den Anschluß ans Leben zu gewinnen. Trotzdem sollen wir uns die Möglichkeit bewahren, auch in Gegenwart eines anderen allein zu sein. Letztendlich sind wir alle einsam. Leichter zu ertragen ist dies in einer guten Beziehung.

Einerseits kann Einsamkeit dazu verführen, immer mehr um sich selbst zu kreisen, andererseits kann sie aber auch motivieren, eigene Bedürfnisse wahrzunehmen und Kontakte zu pflegen. „Wer nicht allein sein kann, der hüte sich vor der Gemeinschaft. [...] Wer nicht in der Gemeinschaft steht, der hüte sich vor dem Alleinsein." (Dietrich Bonhoeffer)

Individualisierung und Selbstbestimmung des einzelnen sind nicht nur unbedingt Errungenschaften unserer Zivilisation. Mehr und mehr zeigen sich auch die Schattenseiten: Einsamkeit, Isolation und Bindungsverluste.

Der Mensch sehnt sich danach, in ein sinnvolles Ganzes eingebettet zu sein, eine Ganzheitserfahrung zu machen.

Einsamkeit ist wie Hunger ein Zeichen dafür, daß ein Mangel besteht und man etwas unternehmen sollte. Bei Hunger fehlt es uns an Nahrung, bei Einsamkeit an sozialen Beziehungen. In der Zelle der Einsamkeit muß die Tür von innen geöffnet werden.

Anders als die unfreiwillige Einsamkeit kann der vorübergehende, selbst gewählte Abstand von anderen Menschen eine Quelle der Ruhe und der Kreativität sein.

„So fand ich es überall und immerdar: Wo Großes zu schaffen war, stand der

Erste allein. Kein Fels im Meer konnte einsamer sein." (Christian Morgenstern)

Wann fühle ich mich einsam?

Existiere ich als Mann nur von Kopf bis Kinn und der Rest ist zum Halten der Hosenträger?

Nach Otto von Bismarck sollte der ganzheitliche Mann über die drei H verfügen: Hirn, Herz und Hoden. „Frommer" kommt das in der Mandorla zum Ausdruck, in der Christus in den Ecken von den vier Evangelistensymbolen umgeben ist: Mensch, Adler, Löwe und Stier. Der Mensch entspricht dem ganzen Wesen; der Adler dem Hirn (Kopf); der Löwe dem Herzen; der Stier den Hoden. Aber wir gleichen als Menschen oft demjenigen mit den Schubladen von Salvador Dali. Das Bild hat der Künstler nach der im Hintergrund zu erkennenden Giraffe benannt.

(Foto: Wikimedia Commons)

Bin ich ein Schubladenmensch?

Nicht alles haben, sondern Ganz sein

Vom Haben zum Sein zu kommen, ist nicht leicht. Der Umgang mit Besitz und Reichtum sollte nach der Devise geschehen: Nicht „Alles haben", sondern „Ganz sein". Häufig will man das, was man nicht hat. Manche Menschen scheuen sich, mehr zu wollen, als sie bereits haben. „Haben" vermindert sich im Gebrauch, „Sein" dagegen vermehrt sich. Es gibt genug für die Bedürfnisse aller Menschen, aber nicht genug für die Gier eines einzigen. Nichts ist genug für den, dem genug zu wenig ist.

Die Existenz des „Habens" ist das Übel unserer Zivilisation, die des „Seins" eine Möglichkeit für ein erfülltes, nicht entfremdetes Leben.

Nach Jean-Jacques Rousseau ist die Gleichheit der Menschen seit der Einführung von Arbeitsteilung und Privateigentum dem Konkurrenzkampf der Besitzverhältnisse ausgesetzt. Die ursprünglich gute Selbstliebe schlug in Selbstsucht um.

Wer aus dem Druck des Alltags in die Stille geht, erliegt leicht der Versuchung, daß auch die Erfahrung der Stille etwas bringen, also nützlich sein muß. Wer diesem Druck erliegt, fällt aus dem Sein heraus; denn er will ja etwas haben.

„Wandle vor mir und sei ganz!", sprach Gott zu Abraham (Gen 17,1). Mit dem hebräischen Urwort תמים - tamim ist „ganz" im Sinne von „vollständig" gemeint und nicht das moralische „rechtschaffen" oder „untadelig", wie in manchen Übersetzungen zu lesen. Es geht nicht um Tugendhaftigkeit, sondern um Ganzsein.

Entsprechend wird die Übersetzung von Jesu Forderung „Seid vollkommen, wie euer himmlischer Vater vollkommen ist" (Mt 5,48) falsch verstanden. Das griechische τέλειός teleios bedeutet „vollständig, ganz". So vollkommen wie Gott können wir als Menschen nicht sein.

Alles hängt mit allem zusammen, auch im Menschen. Lebendigsein heißt, sich mit allem, was man ist, auf den Weg zu machen. Wenn wir noch nicht gestorben sind, fehlt uns immer irgendetwas; denn „Es muß im Leben mehr als alles geben" (Maurice Sendak) (s. Es muß im Leben mehr als alles geben S. 113).

Das Ziel des Menschen sollte darin bestehen, sich von der Existenzweise des Habens zu befreien, um zum vollen Sein zu gelangen. Es gilt das Pauluswort: „Haben als hätte man nicht." (1 Kor 7,29-31)

Bin ich mit dem Haben eher zufrieden als mit dem Sein?

Wer bin ich, wenn alles weg ist?

Im Krieg war es und ist es auf der Welt reale Wirklichkeit: Da ist nach einem Bombenangriff plötzlich alles weg. Ebenso kann dies bei einem Brand oder einer Überschwemmung geschehen. Wer bin ich dann noch? Aber auch, wenn man bestohlen wurde oder auf dem Computer alle Daten verschwunden sind, stellt sich manchem diese Frage.

Mein Analytiker freute sich, wenn ich mit einem Traum zu ihm kam, in dem ich nach einigen Szenen völlig nackt dastand, ohne Kleidung, ohne Gepäck, ja auch ohne Papiere. Da mußte ich die Frage beantworten: „Wer bin ich, wenn alles weg ist?" Mir fiel das Märchen „Des Kaisers neue Kleider" von Hans Christian Andersen ein.

Aber was macht mich dann aus?

Bei sich zu Hause sein

Wo kommst Du her (weg), wo bist Du zu Hause?

So werde ich häufig gefragt und antworte: „Das frage ich mich auch." So wird der Hintersinn dieser Frage präsent. Hier geht es nicht um den Wohnsitz, nicht einmal um den Stammbaum; denn gefragt ist: „Wer bin ich überhaupt, und wo ist mein Ursprung, wo bleibe ich?"

Umso dringender wird die Frage, angesichts der Tatsache, daß wir heute, verbunden mit einem Zweckdenken, Kinder „machen" können. Aber es bleibt die Frage: „Woher bin ich?", und nicht nur gemäß dem vorherrschenden Zweckdenken: „Wofür bin ich?"

Weiter führt die Frage: „Warum ist jeder Mensch auf Liebe, Lob und Akzeptanz angewiesen und ansprechbar?" Es fragt sich, ob die folgende Antwort ausreichend ist: „Aus der Erfahrung wohliger Geborgenheit im Mutterleib."

Die Feier eines Geburtstages ist ein Anlaß nachzudenken. Sie führt zum Gedanken der Transzendenz. Vor meiner irdischen Existenz war ich in Gott geborgen. Ich bin kein Zufallsprodukt der Evolution. Ich existiere in Gott ewig und sehne mich danach zurück, wieder ganz eins mit IHM zu sein.

Andreas Knapp:

wer

wer hat den urknall gehört
und das erste auge gesehen
wer hat die sterne in den himmel geschleudert
und die sonne vorgeglüht
wer hat das leben farbenfroh gemalt

und des todes dunkel beigemischt
wer hat den vögeln das singen gelehrt
und den menschen die freude daran
wer gibt uns ein zuhause
und lässt uns doch an heimweh sterben
wer nur wer

Welche Antwort habe ich auf diese Fragen?

„Heute besuche ich mich, hoffentlich bin ich zu Hause" (Karl Valentin)

„ich bin - auf der suche - nach mir - daher bin ich - vorübergehend - nicht anzutreffen - bis dahin ist - was aussieht - wie ich nur die verpackung" (Hans-Curt Flemming)

Wer nicht weiß, wo er zu Hause ist, verliert sich auf Reisen. Vielleicht erleben wir Reisen auch als eine Art Versprechen auf ein noch nicht gelebtes Leben. Die unbequemste Art der Fortbewegung ist das Insichgehen. Wer vor sich selbst flieht, kommt nie ans Ziel. Es geht um die Suche nach dem verlorenen Selbst im Fremden, die Reise in den inneren Raum. Wir kommen zu uns selbst nur durch die Begegnung mit dem Fremden, den verleugneten und verdrängten Anteilen in unserem Selbst.

Wieviel Eigenes ist notwendig, um vor dem Fremden keine Angst zu haben? Das Eigene wird zur Fremde, wenn wir es verlassen. Das Fremde aber kann zum Eigenen werden; denn es gehört immer schon zu uns und ist nur noch nicht im Blick, weil wir es noch nicht ertragen konnten. (s. In der Ferne lernt man die Heimat kennen und schätzen S. 183)

Bin ich bei mir zu Hause?

Dialog mit sich selbst

Wir können den inneren Dialog über unsere widerstrebenden Gefühle auch als Ressourcen begreifen. Wer in der Lage ist, sich selbst angstfrei zuzuhören und das innere Pro und Contra zuzulassen und vorsichtig abzuwägen, trifft anschließend authentischere Entscheidungen und erreicht vielleicht sogar eine Sicherheit in der Unsicherheit. Jede getroffene Entscheidung schiebt sich vor eine nicht gelebte Alternative.

Führe ich einen Dialog mit mir?

Herr im eigenen Lebenshaus sein vom Dachstübchen bis zum Keller, einschließlich der 13. Kammer

Unser Leben ist mit einem Haus zu vergleichen, in dem wir wohnen. In der Regel bewohnen wir aber nur die gute Stube. Im Keller liegen die Leichen und auf dem Dachboden spuken die Geister. Es geht darum, das ganze Haus zu bewohnen, einschließlich der 13. Kammer, von der die Grimmschen Märchen „Das Marienkind" und „Blaubart" erzählen (s. Du kannst Gott nur so lieben, wie du dich selbst zu lieben vermagst S. 41 u. Die Treue zu sich selbst ist das Schwerste S. 166).

Was bewohne ich in meinem Lebenshaus?

Freie Wahl zwischen Marktplatz und Zelle

Das gab es nicht immer; denn früher lebten, wie auch heute noch in Notsituationen, viele Menschen in einem Raum zusammen. Der eigene Raum ist eine wesentliche Konstruktion der sozialen Emanzipation.

Wir alle pendeln zwischen den Polen „aufbrechen wollen" und „zu Hause sein wollen". Beides ist wichtig. Wie soll man sich ohne das Aufbrechen weiterentwickeln? Ohne ein Zuhause aber fehlt auch etwas, die Geborgenheit, auf der die Sicherheit für ein zufriedenes Leben gründet. Wir brauchen eine Geborgenheit, aus der wir schaffen können.

Wenn ich bei mir nicht zu Hause bin, fühle ich mich wie in einer Zelle und will auf den Marktplatz und umgekehrt. Es sollte nicht dazu kommen, daß ich da, wo ich bin, nicht sein will.

Fühle ich mich wohl, wo ich bin?

In der Ferne lernt man die Heimat kennen und schätzen

„Hab so viel g'wollt und hab so viel g'fundn, die Sehnsucht is' ma ‚blieben. Weit draußen lernt a junges Herz, die Hoamat erst zu lieben." (voXXclub)

Die Angst vor dem Fremden ist dem Menschen und fast allen Lebewesen genetisch mitgegeben. Säuglinge beginnen mit sechs Monaten zu fremdeln.

Heimat ist der Ort, an dem das „Wir" Bedeutung bekommt. Verstehen und verstanden werden ist Heimat auf Grund einer gemeinsamen Sprache. Heimat ist für den einzelnen aber auch eine bestimmte Region auf dem Erdball mit einer regionalen Kulturausformung und einer landschaftlichen Gestalt.

Ein schwäbisches Sprichwort lautet: „Wer nit fortgeht, kommt nie heim." Aber es heißt auch: „Die Ferne ist nie dort, wo man sich gerade befindet." Wer reist, bringt einfach nur dadurch, daß er fortgeht, eine Geschichte in Gang. Er wird in fremde Geschichten verwickelt und die eigene wickelt sich aus. Im Fremden wird Eigenes wach, im Eigenen das Fremde. Wer unterwegs ist, erfährt immer beides und lernt, daß die wirkliche Welt aus lauter Gegensätzen besteht. Den Fremden zu lieben, ist eine Konsequenz des Monotheismus. Der Gott der Juden trägt den Titel „Freund der Fremdlinge".

Die Kindheit liegt hinter mir und der Tod liegt vor mir. Wo ist der Ort, an den ich gehöre, der Mittelpunkt? Zwischen aushäusig und anheimelnd, zwischen fremd und eigen hat jeder seinen Mittelpunkt. Wir sollten um die Mitte herumgehen, hundertmal, tausendmal, ein Leben lang in wechselnder Nähe und Distanz, ein paar Schritte darauf zu, ein paar Schritte davon weg. Es ist schwer, aus der Mitte heraus zwischen Erstarrung und Erschlaffung zu leben.

Man braucht den Blick von außen, um die Heimat zu erkennen. Von innen ist sie nur Selbstverständlichkeit. Es schärft sich der Blick auf das Eigene erst in der Beschäftigung mit dem Anderen.

Im Kleinen Prinzen läßt Antoine de Saint-Exupéry den Weichensteller sagen: „Man ist nie zufrieden dort, wo man ist."

Wie wichtig ist mir die Heimat?

Sich verzehren, aber nicht verheizen lassen

Ich kann mich in einer Aufgabe für Menschen und Dinge verzehren. Wenn dies mit einer gesunden Intention verbunden ist, fällt es nicht schwer. Jakob diente nochmals sieben Jahre, um Rachel zu bekommen, da ihm für die ersten sieben Jahre Lea untergeschoben worden war. Die sieben Jahre vergingen wie wenige Tage bei der Liebe, die er für Rachel empfand (Gen 29,20).

Kann ich mich gegen das „Verheizenlassen" wehren?

Der eine hat viel im Schaufenster, der andere hat mehr im Lager

Beim Prüfen dessen, was ein Mensch „drauf hat", sind zwei Feststellungen zu machen: Da ist einer, der sehr beeindruckt, aber bei näherem Hinschauen hat er nur etwas im Schaufenster, jedoch nichts im Lager. Bei anderen ist es umgekehrt.

Wie ist es bei mir?

Seinen Weg finden

Was ist mein Weg?

Vermutlich gibt es für jeden Menschen einen bestimmten Weg. Eine Weltumseglung mag für manche der kürzeste Weg zu sich selbst sein. Der Philosoph Immanuel Kant hat seine Heimatstadt Königsberg nie verlassen.

Wie finde ich meinen Weg?

Es gibt zwei Weisen, auf den Weg zu kommen: Staunen und Leiden

Kinder finden ins Leben über das Staunen. Es ist beneidenswert, wie sehr sie staunen können. Staunen hat immer etwas Geheimnisvolles an sich; denn es entzündet sich an etwas Neuem, noch nie Dagewesenem. Später, wenn der sogenannte „Ernst des Lebens" beginnt, gewöhnt man den Kindern das Staunen ab. Dann muß uns das Leiden auf den Weg bringen.

Für Aristoteles ist das Erstaunen über nicht leicht zu erklärende Sachverhalte der Ausgangspunkt aller wissenschaftlichen Erkenntnis. Jesus sagt, das Himmelreich gehöre den Kindern (vgl. Mt 18,3). Aber wir werden lieber kindisch.

Atome staunen nicht, staunen kann nur eine Kombination von Atomen, die irgendwann ICH sagt und staunt bis zum letzten Atemzug über die Phänomene und Zusammenhänge des Lebens.

Leiden wird schnell als Strafe angesehen, dabei ist es eine Voraussetzung für Reifen und Wachsen. Wir müssen aus dem Mutterschoß, um Mensch zu werden; wir werden entwöhnt; wir müssen aus dem Elternhaus in die Schule und Ausbildung; wir haben Altern, Krankheit und Tod anzunehmen und vieles mehr, all das ist sehr leidvoll.

Daß man in der Welt leben kann, beruht nicht nur auf den Schaffenden, sondern auch auf den Duldenden und Leidenden. Stünde dem Menschen nicht der Weg des Leidens offen, wäre alle Sinn-Erfüllung des Lebens unmöglich. Lust gibt den Dingen Oberfläche und Glanz, der Schmerz aber Tiefe und Gehalt. Fehlt die Leidensdimension, zerreibt sich die Seele an der Oberfläche. Ein Schaffen nur für die Lust verliert sich in Beliebigkeit, es wird ziellos und kraftlos. Erst der Leidensanteil schließt eine Gesellschaft zu einer Ganzheit zusammen und gibt dem einzelnen und der Gesamtheit Richtung und Zukunft.

Die unendliche Energie der Sehnsucht kann am ehesten im Leiden aufbrechen. „Die eigene Sehnsucht und die Not ist die Spiegelschrift der Verheißungen Gottes." (Simone Weil)

„Und doch, wenn du lange gegangen bist, bleibt das Wunder nicht aus." (Hilde Domin)

Wir sprechen häufig von unserem „Lebensweg" und wissen, daß dieser nicht immer eine breite, gerade Straße ist und war, sondern ein verschlungener Weg durch eine vielgestaltige Landschaft. Öffnen wir uns dem Wunder des Lebens!

Wie sehr kann ich staunen?

Steine auf dem Weg

Je nach Temperament reagieren wir anders auf einen großen Stein, den man uns in den Weg gelegt hat.

Der Sanguiniker wird heiter in seiner ungetrübten Art über den Stein hinweg hüpfen oder klettern.

Der Choleriker wird des unerwarteten Hindernisses wegen in Rage geraten und womöglich versuchen, den Stein mit einem Kraftakt aus dem Weg zu räumen.

Der Melancholiker wird beim Anblick des Steins seine Reise in Frage stellen und sich traurig auf den Stein setzen, um sein Vorhaben zu überdenken.

Der Phlegmatiker geht Konflikten mit unnötig großem Aufwand aus dem Weg, er wird einen großen Bogen um den Stein machen oder sich auf ihm ausruhen.

Es gilt, einem Hindernis auch eine positive Seite abzugewinnen.

Welches Temperament bestimmt mein Verhalten?

Die Kunst spazierenzugehen

Ein Spaziergang durch Bern mit seinem Kollegen Ernst Mach war für Albert Einstein ein Aha-Erlebnis. Er erlangte ein neues Verständnis der Grundbegriffe der Physik. Die Bewegung des Gehens hatte auch seine Gedanken in Bewegung gebracht; denn sie führt dazu, daß sich die Gehirnhälften vernetzen.

In Griechenland gab es die Schule der Peripatetiker = Umhergeher. Der Unterricht fand im Peripatos, einer Wandelhalle, statt. Wir gehen heute noch einem Gedanken nach. Dazu dienen in Klöstern die Kreuzgänge.

Was geschieht mit mir im Gehen?

Segen der Langsamkeit

Das Macht- und Verwüstungsinstrument der Moderne ist die Geschwindigkeit. Im Laufe der Geschichte hat sich gezeigt, daß der Mensch die Geschwindigkeit mehr liebt als die Langsamkeit, daß er immer wieder Mittel und Wege findet, sich und seine Welt zu beschleunigen. Die Realität verschwindet im Rückspiegel der immer schneller werdenden Verkehrsmittel.

Unser Gehirn braucht immer wieder Zeiten des Nichtstuns, aber nicht zum Ausruhen, sondern um sich gesund sortieren zu können. Ein gewisser Leerlauf im Kopf ist für unsere geistige Stabilität unabdingbar.

Wer oder was bremst mich?

„Nicht wissend den Weg, geh ich den Weg, mit geöffneten Händen, mit vollem Vertrauen“ (Zen-Spruch)

Ein solches Gehen ist der Weg eines Pilgers, der, um sich selbst zu finden, zu heiligen Stätten aufbricht.

Das Leben als Pilgerweg und mithin das Pilgern läßt sich als symbolisches Handeln verstehen, das die Ausrichtung des ganzen Lebens auf Gott hin sinnbildhaft verleiblicht.

„Der Weg wächst im Gehen unter deinen Füßen, wie durch ein Wunder.“ (Reinhold Schneider)

Bereits Seneca wußte, daß eine Reise noch keine Garantie für eine Verwandlung ist; denn er formulierte: „tecum fugis = du nimmst dich selber mit.“ „Das unruhige Herz ist die Wurzel der Pilgerschaft. Im Menschen lebt eine Sehnsucht, die ihn hinaustreibt aus dem Einerlei des Alltags und aus der Enge seiner gewohnten Umgebung. Immer lockt ihn das andere, das Fremde. Doch alles Neue, das er unterwegs sieht, kann ihn niemals ganz erfüllen. Seine Sehnsucht ist größer. Im Grunde seines Herzens sucht er ruhelos den ganz Anderen, und alle Wege, zu denen der Mensch aufbricht, zeigen ihm an, daß sein ganzes leben ein Weg ist, ein Pilgerweg zu Gott.“ (Augustinus von Hippo)

Viele meinen, sie müßten sich, um ihren Weg zu finden, an einem Wegweiser orientieren, an einer Schulmeinung, einem Dogma, einer Lehre, die ihnen einmal nahegebracht worden ist. So könnten sie die Richtung nicht verlieren.

Wer aber einen Weg, einen offenen und unbekannten, wirklich geht und nicht nur bedenkt, läßt ihn und alle Wegweiser mit jedem weiteren Schritt hinter sich.

Wann bin ich das letzte Mal gepilgert?

„Das Geheimnis des Tores ist das Hindurchschreiten"

So stand es über dem Eingangstor eines Pfadfinderinnenlagers. Die Leiterinnen hatten sich etwas dabei gedacht; denn es ist das Tor zum Geheimnis der Hoffnung. Als Kurat griff ich in der Lagerzeit das Thema immer wieder auf, angefangen von Jesu Wort „Ich bin die Tür" (Joh 10,9) bis zu dem Ausruf: „Porta patet, magis cor – Das Tor steht offen, noch mehr das Herz." Ich habe bei den Niederen Weihen noch die Weihe des Ostiariers empfangen. Vor der Liturgiereform gab es für die Männer, die Priester werden wollten, vier Niedere Weihen: Ostiarier (Türhüter/Pfortendienst), Lektor (Vorleser), Exorzist (Teufelsbeschwörer/Amt der Befreiung von der Gewalt des bösen Feindes) und Akolyth (Altardiener/ Gehilfe des Subdiakons). Seit der Liturgiereform gibt es nur noch die Weihe zum Diakon und als Ersatz für die Niederen Weihen eine Beauftragung zum Lektor und Kommunionhelfer. Rudolf Schwarz, Architekturprofessor und Kirchenbauer, spricht vom Mysterium der Schwelle. Dieses berücksichtigt er auch in seinen Kirchbauten. In der Kirche wohnt Christus als Mittler auf der Schwelle. Sie scheidet das diesseitige Volk von Gottes unzugänglichem jenseitigen Raum. Die Gebete betreten die Schwelle aus dem Diesseits, Gottes Antwort überschreitet sie aus dem Jenseits.

Das Türmotiv ist ein zentrales Thema der Grabmalkunst. Aus dem Grabtor kann ein Triumphbogen zum Himmel werden und ein besonders hervorstechendes Zeichen für den Übertritt ins Jenseits sein. Im Tor stoßen das Begrenzte und das Grenzenlose aneinander.

Die Japaner füllen das Schriftzeichen für Tor mit aussagekräftigen Inhalten. Man nennt das ganze Bild Ideogramm.

門 閾 開 間 閃 聞 闇 問

1 2 3 4 5 6 7 8

Das Ideogramm 1 ist als Tor einfach und bildhaft verständlich. Mit der Füllung für „irgendwer" wird Ideogramm 2 zum Zeichen für „Schwelle". Im Ideogramm 3 entsteht durch die Füllung mit einem „Schlüssel" das Zeichen für „öffnen". Im 4. Ideogramm wird die „Sonne" eingefügt und bedeutet so „Zwischenraum". In der Sonne leuchtet der Mensch. Ideogramm 5 bedeutet nun „leuchten". Ideogramm 6 enthält das Zeichen „Ohr" und bedeutet „hören", über die Schwelle hinüberhören. Ideogramm 7 mit dem Zeichen für den musikalischen „Ton" bedeutet, für uns schwer verständlich, Dunkelheit. Im Ideogramm 8 ist das Zeichen „Mund" unter den Bogen gestellt. An der Schwelle wird das Sprechen zur „Frage".

Was empfinde ich beim Durchschreiten eines Tores?

Der Weg ist das Ziel

Dieser Satz entstand, als nur noch das Ziel wichtig war. Den Weg galt es möglichst schnell hinter sich zu lassen. Aber das Ziel ist mehr als der Weg, weil es alles in sich faßt, was während des Weges auseinanderliegt.

Das Ziel ist das Ziel, der Weg führt zum Ziel, er kann es nicht ersetzen, er entsteht beim Gehen auf ein Ziel zu. Das

Ziel des Weges ist nicht sein Ende, sondern ein Ort der Wandlung. Jeder spirituelle Pfad ist Weg und Ziel zugleich. Das Ziel enthält in sich Sinn, Orientierung und Unvorhersagbarkeit. Das Glück liegt aber schon am Weg, nicht erst am Ziel. Die Erfahrungen, die ich auf dem Weg mache, sind das Eigentliche: Ein Weg, der mich mit mir selbst und dem Leben insgesamt in Beziehung bringt. Das Ziel, also der Sinn, liegt in seinem Tun und nicht in dessen Ende. Lange gab die Orientierung auf ein Ziel hin dem Leben einen Sinn, aber wehe, wenn das Ziel erreicht ist und somit ersatzlos entfällt!

„Wenn man auf ein Ziel zugeht, ist es äußerst wichtig, auf den Weg zu achten. Denn der Weg lehrt uns am besten, ans Ziel zu gelangen, und bereichert uns, während wir ihn zurücklegen." (Paulo Coelho) Es ist nicht wichtig, angekommen zu sein, sondern die Anker zu lichten. Nur so läßt sich das Neue entdecken.

In Zeiten des Wohlstandes können Reiseziele sehr weit gesteckt sein. Wer aber schätzt das Privileg, grenzenlos die Erde entdecken zu dürfen? Wesentlich ist nicht die Menge der zurückgelegten Kilometer und nicht das prestigeträchtige ferne Ziel, sondern allein das Gefühl, eine individuelle Entscheidung treffen zu können, wann und wohin man sich auf den Weg macht.

Petrus fragt auf seiner Suche nach einem Lebensweg nicht „Wohin", sondern „Zu wem sollen wir gehen?" (Joh 6,68). Der Weg des Christen hat kein abstraktes Ziel, sondern ist geprägt durch die Person Jesu selbst, der von sich sagt: „Ich bin der Weg." (Joh 14,6)

Wer aber kein Ziel hat und ohne Ziel unterwegs ist, wird den Weg nicht finden. Der Willige achtet auf Zeichen am Weg, die Synchronizitäten, und erkennt dann die Richtung (s. „Der Mensch denkt, Gott lenkt" S. 244). Wege, die in die Zukunft führen, liegen nie als Wege vor uns. Sie werden zu Wegen erst dadurch, daß wir sie gehen.

„Sobald Du Dich auf den Weg machst, öffnet der Horizont seine Grenzen." (Kyrilla Spiecker)

Der Mensch setzt sich ein Ziel. Der ziellose Mensch lebt in einem spannungslosen Jetzt, die Zeit wird zur Langeweile. Normalerweise haben wir ein Ziel und einen Weg vor Augen. Es kann aber auch sein, daß ein Ziel nicht das Ziel der Reise ist. Es gibt ein Reisen, um nicht anzukommen. Reise also, um unterwegs zu bleiben bis zuletzt!

Jeder neue Weg steht unter der Hoffnung, einen Wegbegleiter zu finden, der Wegweiser sein kann. Letztlich muß der Mensch seinen Weg allein gehen. So hat das Bild des Weges eine dunkle Kehrseite: Die Einsamkeit, die aber im Aufgehobensein im ALL-EINEN aufgelöst wird.

Was ist mir wichtig, der Weg oder das Ziel?

„Wie geht es Ihnen?"
„Wenn ich liege, geht es, Herr Doktor!"

Wie der Vogel fliegt und der Fisch schwimmt, so ist der Mensch ein Fußgänger; er hat Beine und Füße, aber keine Wurzeln. Der Mensch ist kein Baum, dessen Wurzeln immer in der gleichen Erde verankert sind. Die vielfältige Verwendung des Wortes „gehen" zeigt, wie sehr dem Menschen das Gehen eigen ist.

Manche Menschen sind der Ansicht, in 200 Jahren seien die Beine „wegevolutioniert", weil wir sie nicht mehr benötigen.

Schon Kinder verlernen das Gehen; denn sie werden nicht selten nur noch gefahren.

Verlerne auch ich das Gehen?

Ein Labyrinth ist kein Irrgarten

Das Labyrinth ist vermutlich ursprünglich ein antikes Tanzritual. Verschlungen ist der Weg, verirren aber kann man sich darin nicht. Der Weg führt immer zum Ziel. Der Weg dorthin verläuft nicht gerade. In zahlreichen Pendelbewegungen schreiten wir den Raum aus, der unserem Leben zugedacht ist. Kaum hat man das Labyrinth betreten, beginnt das „Prinzip Umweg". Was wird, wenn ich schließlich die Mitte erreiche, dort auf mich warten? Bin ich dann am Ziel oder am Ende?

Sobald man die Zeichnung mit dem Labyrinth der Kathedrale von Chartres etwas von sich weghält, wird man an den Punkten, an denen es schwierig wird, den Wendepunkten, wo man vor die Wand läuft und umdrehen muß, immer feststellen, daß man das Kreuz vor Augen hat. Dieses Labyrinth ist letztlich eine Kreuzmeditation und vermittelt mir die Botschaft: Ich bin nicht allein unterwegs, ich kann mich diesem Labyrinth anvertrauen. Jesus geht den Kreuzweg mit.

Das Labyrinth von Chartres kann mir verdeutlichen, daß mir ein Suchweg vorgezeichnet ist. Ich bin zuweilen der Mitte nahe, habe aber noch einen weiten Weg zu gehen. Dieser Weg führt mich wieder von der Mitte weg bis an den Rand. Aber wenn ich meine, an den Rand geraten und der Mitte fern zu sein, kann sich erweisen, daß ich gerade dort unmittelbar vor meinem Ziel stehe.

Tänze auf den Spuren des Labyrinths lassen uns Umkehr und Richtungswechsel erfahren. Der Weg des Lebens führt nicht geradlinig auf ein Ziel zu. Oft sind es schmerzhafte Wegveränderungen und unbewußte Wegweisungen, die unseren Lebensweg bestimmen. Das Labyrinth weist nicht nur einen Entwicklungsweg zur Mitte des Seins, sondern auch aus der Erfahrung der Mitte hinaus zurück in das Leben.

Was bleibt, ist die entscheidende Umkehr, derselbe Weg zurück, hinaus ins Freie. Derselbe Weg und doch nicht; denn die Blickrichtung ist eine andere. Der Weg ist zur Erfahrung geworden. Wie jedes Symbol, ist auch das Labyrinth nicht restlos auszudeuten. Mit jeder Wende in meinem Leben sagt es mir, daß ich noch unterwegs bin. Wenn ich ungeduldig werde, erinnert es mich daran, daß sich nur auf Umwegen Erfahrungen sammeln lassen. Vor allem aber lehrt es mich, daß die verschlungenen Wege keine Irrwege sind, sondern notwendig und unabänderlich, wie der Lauf des Jahres.

Die gerade Strecke ist das gefährlichste Labyrinth, das aber nicht mit einem Irrgarten zu verwechseln ist.

„Falsch oder richtig?", lautet die ständige Frage der Welt. „Bleibe nicht stehen!", ist die Antwort des Labyrinths. „Jenseits von richtig und falsch liegt ein Ort, dort treffen wir uns." (Dschalal ad-Din Muhammad Rumi)

Habe ich schon einmal ein Labyrinth beschritten?

Wer aus der Bahn geworfen wird, findet seinen Weg

Ein Weg kann auch mit Umwegen verbunden sein. Ob wir ihn gehen müssen, damit wir das Gefühl haben, wir könnten unseren Weg frei wählen? „An den Scheidewegen des Lebens stehen keine Wegweiser." (Charlie Chaplin)

Wir können auf dem Weg an einen Abgrund geraten, diesen sollten wir als Möglichkeit eines völligen Neubeginns verstehen. Das Neue übertrifft jedes Mal das zuvor Erreichte, ohne jedoch jemals ganz einzuholen, wonach wir letztlich streben.

Im Alter sollte man mit seinem Lebensweg ausgesöhnt sein, damit, daß man einen bestimmten Weg und keinen anderen gegangen ist, aber auch damit, daß man manche Wege gar nicht gesehen hat.

Mit 30 Jahren sind die wichtigsten Weichen gestellt. Es gilt dann, in der Bahn zu bleiben und höchstens die Geschwindigkeit zu regulieren.

Manche Menschen haben ein Stück Umweg, wie zum Beispiel den Eintritt in ein Kloster, in dem sie auch vor manchem bewahrt wurden, gebraucht, um den eigenen Weg zu finden.

Manchmal muß man vom Weg abkommen, wenn man nicht auf der Strecke bleiben will. Eine Niederlage ist ein Sieg, wenn sie den Ausgangspunkt für etwas Neues bildet. Verlierer sind klüger als zuvor.

Wie steht es um meinen Weg?

Der Angst dürfen wir nicht ausweichen, sie ist vielmehr ein Wegweiser, dem wir folgen sollten

Verbunden mit der Sehnsucht bleibt die diffuse Angst vor Unbekanntem und Neuem, im Gegensatz zur Furcht vor Konkretem. Angst ist die Spannung zwischen „Jetzt" und „Dann". Insofern ist Angst ein Wegweiser zu dem, wohin wir streben sollten: aus der Enge in die Weite zu ungelebtem Leben. Dort, wo man Angst spürt, liegt der jeweils nächste Entwicklungsschritt. Angst ist eine angeborene Fähigkeit, sich bei Gefahr richtig zu verhalten. Somit ist sie eine zum Leben gehörende Schutzfunktion. Vor der Angst davonzulaufen, nützt nichts. Wer sich ihrer entledigen möchte, muß sich ihr stellen und neues Verhalten einüben.

Es ist unser Licht, nicht unsere Dunkelheit, was uns am meisten erschreckt. Wenn wir unser Licht leuchten lassen, geben wir anderen damit die Erlaubnis, dasselbe zu tun. Wenn wir von unserer Angst befreit sind, befreit unsere Gegenwart auch andere.

Angst vor dem Fremden ist mißlungene Auseinandersetzung mit verdrängten Regungen, dem Fremden in uns. Es gilt, das Fremde als Eigenes anzuerkennen (s. In der Ferne lernt man die Heimat kennen und schätzen S. 183).

Wo die Angst ist, da geht es lang. Wenn Angst zur Vermeidung führt, wird es noch schlimmer. Angst ist auch ein Signal dafür, daß die Seele etwas verändern will. Deswegen nicht vor der Angst stehenbleiben, sondern durch sie hindurchgehen, in dieses Gefühl hineingehen und es bewältigen, um daran zu reifen. Angst ist ein inneres Stehenbleiben an der Schwelle zur Wandlung und Veränderung, doch die Sehnsucht nach dem Ziel sollte immer 1% größer sein als die Angst vor dem Weg dorthin; denn der Treibstoff auf dem Weg zum Ziel ist die Sehnsucht.

In unserer Zeit nimmt nicht nur die Angst zu, sondern auch ihre Ursachen vervielfältigen sich in alarmierender Weise. Angst schützt uns, damit wir uns nicht bedenkenlos Gefahren aussetzen.

Wie gehe ich mit meiner Angst um?

Angst und Furcht

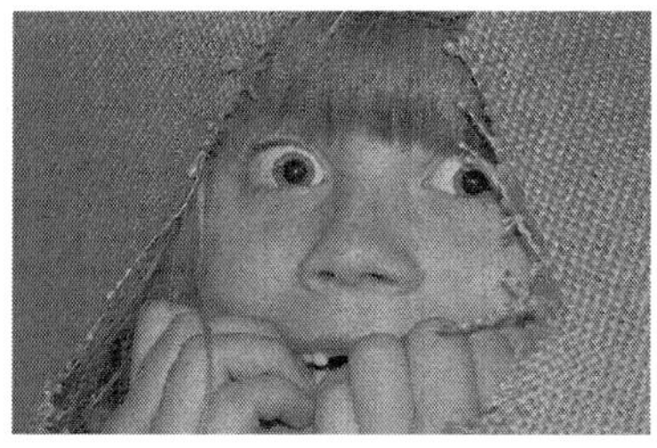

Angst leitet sich von dem lateinischen Substantiv angor = Beklemmung ab. Sie gehört unvermeidlich zu unserem Leben. Sie ist unbestimmter Natur, ein diffuses, gegenstandsloses Grundgefühl. Oft weiß ich nicht einmal genau, wovor ich Angst habe.

Furcht (lat. = timor) ist eine konkrete, faßbare Bedrohung, die auf eine bestimmte Situation gerichtet ist. Ich weiß genau, wovor ich mich fürchte.

Therapeutisch ist die Möglichkeit der Wandlung von inhaltlich unbestimmter oder verselbständigter Angst in Furcht von Bedeutung, weil damit die Reflexion der Bedrohung angeregt wird, die Risiken, Chancen und Auswege einbezieht. Sie ermöglicht zweckmäßiges und gelassenes Reagieren. Gelassenheit ist die Frucht des Akzeptierens des Risikos und im Extremfall sogar das der eigenen Vernichtung, zum Beispiel bei japanischen Kamikaze-Fliegern oder terroristischen Selbstmordattentätern.

Ängste begleiten den Menschen seit Anbeginn und beeinflussen sein Wahrnehmen und Urteilen sowie sein Tun und Lassen. Sie gilt es zu erkennen und zu verstehen; denn als Berater können sie uns warnen, aber als Beherrscher uns dumm und unfrei machen. Angst gehört wie Schmerz zu den ureigenen Warnern, die Gefahren für Leib und Leben anzeigen. Angst ist ein Schutz vor unbedachtem Handeln, sie bewertet Situationen nach ihrem Gefahrengrad. Und doch sollten wir uns Herausforderungen stellen. Angst ist eine hilfreiche Reaktion. Angst und Attraktion gehen eng zusammen.

Freude ist der mächtigste Gegner der Angst. Positive Emotionen erweitern das Blickfeld, Angst bewirkt das Gegenteil. Wer lacht, hat keine Angst.

Wie gehe ich mit meiner Angst um?

Nicht vorletzte Ziele bereits zu letzten Zielen machen

„Mach mich griffsicher in der richtigen Zeiteinteilung, schenke mir das Fingerspitzengefühl, um herauszufinden, was erstrangig und was zweitrangig ist." (Antoine de Saint-Exupéry)

Da wir das letzte Ziel unseres irdischen Lebens aus den Augen verloren haben, wollen wir den Himmel schon auf Erden erlangen. Alle Versuche, dies zu erreichen, waren bisher erfolglos.

Habe ich das entsprechende Fingerspitzengefühl?

Tugenden

Tugenden, die nicht ins Auge fallen

„Die Tugend hat für den Schutz des persönlichen und sozialen Lebens die gleiche Bedeutung wie der Instinkt für die Tiere. Sie ist die Triebkraft des Lebens. Es ist eine Dummheit, nicht tugendhaft zu sein, genauso töricht, als ob man einen Verbrennungsmotor mit Wasser anstatt Benzin antreiben oder Sand in das Öl einer Maschine mischen wollte." (Alexis Carrel)

Tugend kommt von taugen und ist mit Fähigkeit und Tüchtigkeit verbunden. Tugend appelliert an etwas herausragend Positives, an die Kraft des menschlichen Herzens und Geistes.

Es gibt Tugenden, die spielen sich im Inneren des Menschen als Kampf ab. So beschaffen ist die Tapferkeit des Herzens.

„Tapfer ist der Löwenzwinger, tapfrer, wer sich selbst bezwang." (Friedrich von Schiller)

„Die Siege laden ihn nicht ein. Sein Wachstum ist: der Tiefbesiegte von immer Größerem zu sein." (Rainer Maria Rilke)

Das rechte Maß wird bei Platon zur Kardinaltugend der Besonnenheit, und bei Aristoteles zur Tugend der rechten Mitte. Jeder Mensch hat seine eigene Mitte. Aber er ist aus der Mitte herausgefallen, er ist aus dem Gleichgewicht geraten. Er schwankt hin und her zwischen zuviel und zuwenig, zu schnell und zu langsam, zu hoch und zu tief. Das Maß der rechten Mitte wiederzufinden, ist seine vornehmste Aufgabe (s. Alles mit Maß! S. 209). Von jeder Tugend gibt es zwei Untugenden: ein Zuviel und ein Zuwenig (s. „Von jeder Tugend gibt es zwei Untugenden: ein Zuviel und ein Zuwenig" S. 208). Beim Essen sind es die Hungersnot und der Butterberg, der Überfluß und die Rationierung.

Welche Tugenden schreibe ich mir zu?

„Humor ist, wenn man trotzdem lacht" (Otto Julius Bierbaum)

„Jedes Ding hat drei Seiten: eine positive, eine negative und eine komische." (Karl Valentin)

Humor ist eine ernste Sache und die Gabe eines Menschen, den Unzulänglichkeiten der Welt und aussichtslosen Gegebenheiten mit heiterer Gelassenheit zu begegnen. Er stärkt die Widerstandskraft und ist ein wertvolles Mittel bei Problemen aller Art.

Er läßt Schmerzen besser ertragen und hilft, sich selbst nicht so wichtig zu nehmen, vor allem wenn man über sich selbst lachen kann. Humorvolle Menschen haben die Gabe, mit einem Scherz eine verfahrene Situation zu entkrampfen.

Zu unterscheiden ist zwischen einem positiv-wohlwollenden und einem aggressiven, negativ-verletzenden Humor.

Humor ist ein gutes Antistreßmittel: Bei herzhaftem Gelächter wird die Ausschüttung der Streßhormone Cortisol und Adrenalin gebremst, zugleich wird die Produktion entlastender Morphine und Endorphine mit ihrer opiatartigen Wirkung freigesetzt. Nicht zuletzt finden sich im Speichel von Menschen, die ausgiebig gelacht haben, vermehrt Immunglobuline; diese stärken die Abwehrkräfte.

„Der geheime Quell von Humor selbst ist nicht Freude, sondern Leid. Im Himmel gibt es keinen Humor." (Mark Twain)

Wenn ein Mensch lacht, dann ist das ein zunächst vom Gesicht und gleich darauf vom gesamten Körper besitzergreifendes körperliches Ereignis.

Lachen ist wie Niesen und Schluckauf eine konvulsivische Bewegung, die wir ersehnen und vor der wir uns gleichzeitig fürchten; denn sie führt uns mitunter zu einer autonomiegefährdenden Erschütterung.

Lachen ist eine unkontrollierbar ablaufende Bewegung. Wenn wir in Lachen ausbrechen, hat der Verstand keine Trümpfe mehr zum Ausspielen, sind alle Manieren passé und Mimik und Gestik laufen aus dem Ruder.

Lachen ist vielschichtig, es drückt fröhliche Heiterkeit aus, kann aber auch abgrundtiefe Aggression signalisieren. Lachen kann heilen, erhellen, überwinden helfen, es kann Starrgewordenes aufbrechen, Angst und Schwäche verdecken und überspielen, es kann aber auch kränken, verletzen und beschämen. Es gibt auch die Angst vor dem Lachen, die Angst, sich lächerlich zu machen. Lachen gehört genauso zum Menschen wie die Tatsache, daß es ihm manchmal vergeht.

Es gibt aber auch den Ausruf „Ich könnte mich totlachen". Das Verb „sich totlachen" geht auf eine der unmenschlichsten Folterqualen zurück. In den grausamen Bauernkriegen der Reformationszeit wurden die Rebellen an einen Baum gefesselt, und eine Ziege leckte die mit Salz bestrichenen Fußsohlen des wehrlosen Opfers so lange, bis dieses sich wirklich totgelacht hatte.

Lachen ist kann auch gefährlich sein und hat eine subversive Potenz. Wer lacht, glaubt nicht an den Unterschied zwischen richtig und falsch, wahr und unwahr. Unten und oben, rechts und links geraten in Bewegung. Der Lachende verliert die Balance, manchmal sogar den aufrechten Gang. Aber wer nicht lachen kann, ist kein Mensch.

„Lachen tötet die Furcht und ohne Furcht kann es keinen Glauben geben. Wer keine Furcht vor dem Teufel hat, der braucht keinen Gott mehr. [...] dann können wir auch über Gott lachen." (Umberto Eco)

Wann habe ich das letzte Mal gelacht?

„Oh, ich bin klug und weise, und mich betrügt man nicht" (Albert Lortzing)

Es gibt einen Unterschied zwischen Weisheit und Klugheit. Der Weg der Weisheit ist vergleichbar mit einer Entdeckungsreise in die eigene Tiefe, dort, wo die Weisheit wohnt. Sie beruht auf Lebenserfahrung, Einsicht und tiefem Verstehen. Der weise Mensch hat gelernt, die Widersprüche und Unsicherheiten des Lebens zu erkennen, auszuhalten und in sich in Harmonie zu bringen. Weisheit ist die Kunst, im Einklang mit dem Göttlichen zu leben. Weise Menschen sind fähig, Leid und Schicksal in Sinn zu verwandeln. Weisheit verleiht den Menschen eine würdevolle Ausstrahlung. Ein weiser Mensch würde von sich selbst nie sagen, er sei weise; denn er empfindet sich selbst immer auf dem Weg.

Im Unterschied zur Klugheit beruht Weisheit auf einem umfassenden Verstehen und Wissen um Ursprung, Sinn und Ziel der Welt. Weisheit läßt sich nicht lernen. Sie ist die Summe der Lebenserfahrung des wachen Geistes.

Heute geht es mehr um Wissensanhäufung als um Weisheit. Man kann intelligent sein, ohne weise zu sein. Ein kluger Mensch muß noch nicht weise sein. Der weise Mensch liest nicht nur in Büchern, sondern im Leben selbst.

„Wer kann was Dummes, wer was Kluges denken, das nicht die Vorwelt schon gedacht?" (Johann Wolfgang von Goethe)

Der Trend zur ewigen Jugend läßt keinen Platz mehr für die Pflege der Weisheit. Wo ist die Bescheidenheit und Demut, wie sie die Weisheit fordert, das Eingeständnis, daß man eigentlich nichts weiß? „Scio me nihil scire - Ich weiß, daß ich nichts weiß." (Sokrates)

Strebe ich nach Weisheit?

Halte Ordnung, und die Ordnung wird dich erhalten

„Ordnung ist etwas Künstliches, das Natürliche ist das Chaos." (Arthur Schnitzler) Chaos stellte die vollkommene Ganzheit dar, als Gott die Welt erschuf (Gen 1) (s. Keine Ordnung ohne Chaos - kein Chaos ohne Ordnung S. 206). Ein ausgewogenes Pendeln zwischen Ordnung und Chaos ist die beste Voraussetzung für Kreativität. Von einem leeren Schreibtisch ist noch nie etwas Vernünftiges ausgegangen. Wenn ein unordentlicher Schreibtisch einen unordentlichen Geist repräsentiert, was sagt dann ein leerer Schreibtisch über den Menschen aus, der ihn benutzt?

Die zahlreichen Redewendungen zum Thema Ordnung bringen immer nur einen Aspekt zum Ausdruck: „Ordnung ist das halbe Leben", was aber ist mit der anderen Hälfte? Sie speist sich aus einem freien Überschuß, zum Beispiel der Leichtigkeit des Seins, dem schöpferischen Freiraum, in dem ungeordnet und unzensiert phantasiert, gedacht und spekuliert werden kann, in dem die Welt erst einmal wieder bewußt durcheinandergewürfelt werden darf, mit ungewissem Ausgang.

„Wer Ordnung hält, ist nur zu faul zum Suchen." Der Suchende findet aber etwas, was er gar nicht gesucht hat und doch für ihn wichtig ist.

Eine Ordnung um ihrer selbst willen lähmt. Unordnung kann der Spielraum von Kreativität sein. Eine persönliche Ordnung muß nicht diejenige sein, in der sich andere zurechtfinden. Unordnung bringt Dinge zusammen, die normalerweise räumlich voneinander getrennt sind und deren Zusammenkommen Neues entstehen läßt. Wenn alle Ordnungen aufgelöst sind und alles Mögliche zur letzten Verbindlichkeit wird, sind einige Menschen durch die Fülle von Möglichkeiten offenbar so verunsichert, daß sie Halt in dem absoluten Symbol „Gott" suchen.

Für fast alle Dinge, die wir besitzen, haben wir andere Dinge erfunden, in die diese Dinge eingeordnet werden sollen. Bücher sollen zum Beispiel ins Bücherregal, Schuhe ins Schuhregal und Kleider in den Schrank. Indem wir die Dinge ordnen und verbergen, reduzieren wir die sichtbare Komplexität im Zimmer. Wenn Dinge sich nicht an den für sie bestimmten Orten befinden, sondern offen herumliegen, wirkt das Zimmer gleich unordentlich. Unsere Zeit erfährt einen Zuwachs an

Dingen. Man muß also sehr viel mehr Zeit aufwenden, um alle Utensilien in einer gewissen Ordnung zu halten. „Gebraucht der Zeit, sie geht so schnell von hinnen, doch Ordnung lehrt euch Zeit gewinnen." (Johann Wolfgang von Goethe)

Wie sieht mein Ordnungssystem aus?

Sammeln heißt Entscheidungen treffen und loslassen können

Sammeln war einmal eine Überlebenssicherung, heute geschieht es vielfach aus Freude. Zu unterscheiden ist gesundes Sammeln von Sammelzwang, einem pathologischen Horten. Der Unterschied liegt in der Qualität, nicht in der Quantität. Wir sollten also überprüfen, ob unser Sammeln eine Kompensationsfunktion hat und was wir in dem Fall alles loslassen müßten; denn unser Glaube sagt uns: In Gottes Zukunft werden wir nichts anderes mehr „haben und brauchen" als Gott allein. Die Ausschließlichkeit dieser Liebe ist die größte Einschließlichkeit.

Wozu neige ich?

Schenken ohne Hintergedanken

Geschenke können schnell auf den Gedanken bringen, wie kann ich mich revanchieren? Dabei testet man, wieviel das Geschenk wert ist und mißt die Wertschätzung. Schenken will eine positive Haltung gegenüber dem Beschenkten ausdrücken. Es will nichts zu erreichen suchen. Wer sich revanchieren will, handelt, als gäbe er das Geschenk zurück. Das rechte Schenken wird erst erfüllt durch das rechte Annehmen.

Wie halte ich es mit dem Schenken und Beschenktwerden?

Keine Ordnung ohne Chaos – kein Chaos ohne Ordnung

Leben ist eine Gratwanderung auf der Grenze zwischen Ordnung und Chaos, die schließlich zum Tod führt. Schönheit ist eine Synthese von Ordnung und Verfall. Sie entsteht überall dort, wo das Chaos in die Ordnung oder wo die Ordnung in das Chaos mündet; Schönheit ist also die offene „Ordnung des Überganges".

Chaos kann die Geburt von etwas Neuem ankündigen, das sich sonst nicht inkarnieren könnte. Nach der Bibel war im Anfang das Chaos (Gen 1). Es gilt, das kreative Chaos zu schätzen; denn es können unvermutete und nicht programmierbare Ergebnisse davon ausgehen. Jenseits aller notwendigen betrieblichen Ordnungsstrukturen braucht es Freiräume, um kreative und innovative Prozesse überhaupt zu ermöglichen. Für Kinder ist dies eine Selbstverständlichkeit.

„Man muß noch Chaos in sich haben, um einen tanzenden Stern gebären zu können." (Friedrich Nietzsche)

Zwar wertet der menschliche Verstand zumeist das Chaos als etwas Destruktives, doch in der Natur setzt dieser schöpferische Zustand durch seine spontanen und unerschöpflichen Variationsmöglichkeiten völlig neue Entwicklungen in Gang. Bei genauerem Hinsehen offenbart sich das Wesen des Chaos in der Natur als Alltäglichkeit, jedoch ohne daß deshalb die jeweiligen Systeme zusammenbrechen.

Obwohl von Naturgesetzen beherrscht, gleiten bestimmte Systeme plötzlich ab und werden unberechenbar. Das gängige physikalische Weltbild hatte für solche Extravaganzen keinen Platz, schienen doch Isaac Newtons Gesetze alles Geschehen exakt vorhersagbar zu machen und alle Systeme sich linear zu entwickeln: Kleine Ursache, kleine Wirkung, große Ursache, große Wirkung.

Der amerikanische Meteorologe Edward N. Lorenz nannte das Phänomen „Schmetterlingseffekt". Der Flügelschlag eines Schmetterlings in Australien kann theoretisch einen Hurrikan in Amerika auslösen, ein drastischer Fall von nichtlinearem Verhalten, bei dem sich kleine Änderungen in den Startbedingungen zu großen Wirkungen aufschaukeln. Die Chaosforschung hat Grundlagen für das Verständnis von determinierten, aber nicht vorhersagbaren Systemen geschaffen. Dazu gehört zum Beispiel die Roulette-Kugel.

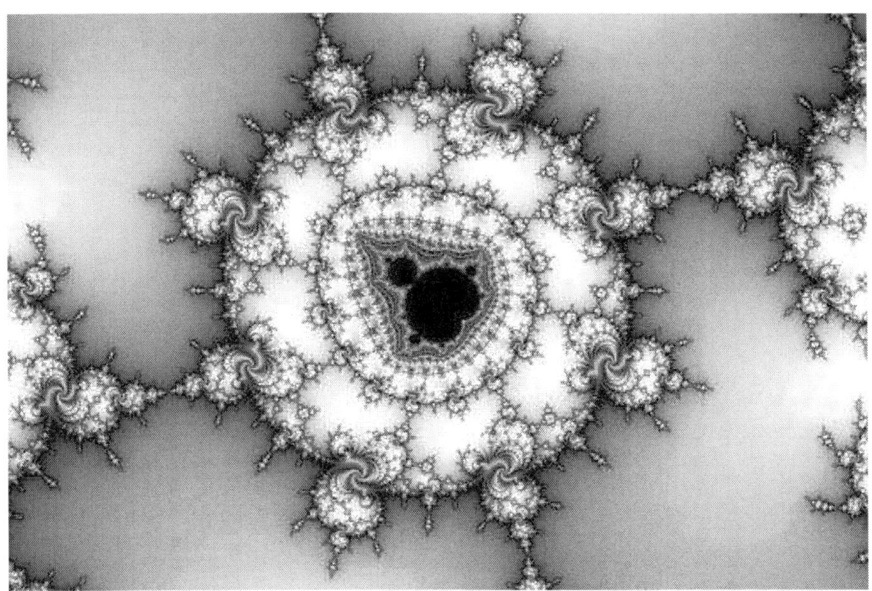

Der Mathematiker Benoît Mandelbrot fand eine Methode, wie sich scheinbar völlig unregelmäßige Gebilde mathematisch beschreiben lassen. Damit zeigt sich im größten Chaos eine gewisse Ordnung. Das „Apfelmännchen", die Mandelbrot-Menge, ist ein berühmtes Fraktal, das aus einer bestimmten Anzahl von verkleinerten Kopien seiner selbst besteht.

Je mehr die Ordnung überbewertet wird, desto zwangsläufiger ruft sie das Interesse am Chaos hervor. Ordnung ohne ein Element von Chaos wirkt steril, Chaos ohne ein Element von Ordnung ist unerträglich. Von dem griechischen Feldherrn Timaleon ist die Aussage überliefert: „Mir fehlt hier das häßliche Stück, das die Wohnung gemütlich macht."

Sind bei mir Ordnung und Chaos ausgewogen?

Von jeder Tugend gibt es zwei Untugenden: ein Zuviel und ein Zuwenig

(s. Tugenden, die nicht ins Auge fallen S. 199)

Die Hoffnung ist zum Beispiel ausgerichtet auf eine Erfüllung in der Zukunft. Ein hoffnungsloser Mensch wird entweder von einer vorausgenommenen Nichterfüllung bestimmt, das ist Verzweiflung, oder aber von der vorausgenommenen Erfüllung, das ist Hochmut und Vermessenheit. Daher ist das Ende des Judas Verzweiflung (vgl. Mt 27,3-10; Apg 1,15-20) und das Verhalten der Juden Hochmut, wenn sie auf die Nachkommenschaft von Abraham pochen (vgl. Mt 3,9; Lk 3,8).

Glauben ist die Vision der Gegenwart im Zustand der Schwangerschaft, so wie Hoffnung die Gegenwart der Zukunft ist. Wer die Hoffnung aufgibt, gibt damit auch den Glauben auf. Die Hoffnung soll sich nicht als ein Gefühl, sondern als ein Handeln in der Gegenwart zeigen. Wie Glauben kein Wissen ist (s. Glauben und Wissen S. 76), so redet man auch nicht von Hoffnung, wenn man weiß, daß etwas mit Notwendigkeit und Sicherheit eintreffen wird. Man hofft weder auf den Einbruch der Nacht noch auf den Anbruch des Tages.

„Hoffnung ist nicht die Überzeugung, dass etwas gut ausgeht, sondern die Gewißheit, dass etwas einen Sinn hat, egal wie es ausgeht." (Václav Havel)

Die Grundregel für einen harmonischen Lebensstil ist das Maßhalten. Es ist eine alte lateinische Weisheit, daß zwischen den Extremen das Sichere des Lebens ruht. Die Extreme reiben sich, zwischen ihnen aber sind die Reibungspunkte am geringsten. Wer sich vom Zuviel und Zuwenig gleichweit entfernt hält, wandelt in der goldenen Mitte, die in Zufriedenheit mündet. Für Aristoteles ist Tüchtigkeit die richtige Mitte zwischen zwei Extremen. Für Hildegard von Bingen ist „Maßhalten in allem" entscheidend (s. Alles mit Maß! S. 209).

Zu viel des Guten ist eben nicht gut.

„Gibst du jemand weniger als er von dir braucht, so bist du ein Dieb. Gibt du jemand mehr, als er von dir braucht, so bist du ein Mörder." (Ruth Cohn)

Wozu neige ich?

Gift ist in der Regel eine Frage der Quantität, nicht der Qualität

Gift ist, abgesehen von Quecksilber, Zyankali und ähnlichem, nicht eine Frage der Qualität sondern der Quantität eines Stoffes. Man kann sich mit einem Liter reinem H_2O umbringen.

„Alle Dinge sind Gift, und nichts ist ohne Gift. Allein die Dosis macht, daß ein Ding kein Gift ist." (Paracelsus) Früher hat man die heilende oder helfende Wirkung richtig dosierter Giftstoffe oft eher zufällig entdeckt.

Wie dosiere ich?

Alles mit Maß!

Fast alle Schwierigkeiten im Leben beruhen auf Verstößen gegen das rechte Maß. Sich danach ausrichten bewahrt vor dem Zu-Viel und Zu-Wenig. Der reiche Jüngling im Evangelium (Mt 19,16-22) kann nicht von seinem Reichtum lassen. Er ist ein frommer Mann, er hält alle Gebote, und das sind und waren im

Judentum nicht wenige. Um sie auch wirklich alle zu halten, mußte er immer wieder in den heiligen Büchern lesen, und dazu brauchte er viel Zeit. Diese hatte er, weil er nicht zu arbeiten brauchte; denn er war ja reich. Arbeiten - Geld verdienen - das taten andere für ihn. Um das ewige Leben zu gewinnen, stützte er sich auf das Halten der Gebote. Er kann Jesus nicht folgen, weil er schon alles hat. Es fehlt ihm die Sehnsucht nach dem Mehr als Alles (s. Es muß im Leben mehr als alles geben S. 113)

Es kann auch sein, daß er keine Zeit mehr hätte, jeden Tag die über 600 Gebote und Verbote der Juden zu studieren, die er gewissenhaft halten will, während andere für ihn arbeiten. Er müßte dann selbst arbeiten und hätte dann keine Zeit mehr für das Bibellesen.

Halte ich genügend Maß?

Wahrheit der Sprichwörter

Sprichwörter geben Menschen Erklärungen, Deutungen für Phänomene, oft sogar Hilfestellung für das Leben. Sie haben aber das Potential für positive und negative Wirkungen. Sie erfordern, interpretiert zu werden, worin ein Spielraum für die Deutung besteht. Sie haben vor allem überlebt, weil sie einen Kern von Wahrheit enthalten.

Wie verwende ich Sprichwörter?

Sinnvolles Leben durch volle Sinne

Das gilt vor allem für das Hören und Sehen, die als die höheren, geistigen Sinne angesehen werden, während Fühlen/Tasten, Schmecken und Riechen als die eher leiblichen Sinne gelten. Riechstoffe sind vermutlich so alt wie die Menschheit.

Der Geruchssinn hat sehr alte unmittelbare Verbindungen im Gehirn, kein anderer Sinn geht so direkt dorthin wie das Riechen. Bereits in grauer Vorzeit wurden bei religiösen Zeremonien wohlriechende Hölzer und Baumrinden verbrannt. Das Riechen ist unser ältestes Gedächtnis. Manche Gerüche haben die Kraft, uns spontan auf eine Erinnerungsreise zu schicken. Wahrnehmen können wir die Geruchsvielfalt der Umwelt dank 350 verschiedener Riechrezeptoren. Nicht selten kennzeichnen wir einen Menschen, den wir nicht leiden können mit den Worten: „Ich kann ihn nicht riechen."

Das Ohr ist das einzige menschliche Organ, das seine volle Größe erreicht, bevor ein Kind geboren wird. Bereits nach der Hälfte der Schwangerschaft ist es voll ausgebildet. Ein Fötus kann also schon vor seiner Geburt hören: die Geräusche im Uterus der Mutter und ihren Herzschlag, ihre Magen- und Darmfunktionen, ihre Worte und Gespräche und schließlich auch die Geräusche der Außenwelt. Nach der Geburt stellt die Sprache der Mutter für das Kind etwas Vertrautes dar. „Das Leben bejahen, heißt, es zu erhorchen, heißt, ihm zu gehorchen." (Alfred Tomatis)

Der Hörsinn begleitet den sterbenden Menschen bis zuletzt. Auf Grund von Nahtod-Berichten nimmt man an, daß der Sterbende auch nach dem letzten Ausatmen im Hören noch eine Zeitlang seine unmittelbare Umgebung wahrnimmt. Daher ist es wichtig noch **mit** ihm zu sprechen und nicht mit anderen **über** ihn.

Künstler haben das Geschehen der geistgewirkten Empfängnis Jesu im Sinnbild über das Ohr dargestellt. Das Ohr gilt als Symbol für das weibliche Genital, insofern gibt es im übertragenen Sinn auch eine Geburt durch das Ohr. Wir hören bestimmte Dinge, setzen uns damit auseinander und gebären neue Gedanken.

Das Sehorgan ermöglicht Mensch und Tier, weit in die Ferne zu schauen. Wir Menschen aber wollen nicht an der Oberfläche bleiben, wir möchten das Innere erkennen. „Zum Sehen geboren, zum Schauen bestellt", formuliert es Johann Wolfgang von Goethe in seinem Gedicht „Türmerlied". „Da sind mir die Augen aufgegangen", sagt jemand, nachdem er etwas richtig erkannt hat. Wer sich keine Zeit zum Hinschauen nimmt, wird niemals etwas sehen.

Sehen erreicht nur das Äußere der Dinge, Hören dringt ins Innere ein und vermag damit das Wesenhafte zu erfassen. Beim Auge ist aber weniger wichtig, was es anschaut, als das, was aus ihm herausschaut. Wenn zwei Menschen einander in die Augen blicken, kommt es zu einer unmittelbaren, sinnlichübersinnlichen Begegnung vom Ich zum Ich, wie bei einem physischen Händedruck. Die persönlichen Gefühle werden direkt angesprochen.

Da das Sehen im Bewußtsein am Vordergründigsten wirkt und die anderen Sinneswahrnehmungen mehr oder weniger ins Unterschwellige oder Hintergründige zurückdrängt, haben wir Angst vor dem Verlust des Augenlichtes. Das Ohr jedoch ist dem Auge vielfach überlegen. Es ist bekannt, daß Gehörlosigkeit oft weitaus schwerwiegendere Folgen im Seelenleben des Menschen hat als Blindheit.

Die Augen beschränken uns auf einen Ausschnitt der Welt, mit den Ohren greifen wir nach hinten aus und stimmen uns auf die schwingende Lebensfülle des·ganzen Raumes ein. Es ist eine Illusion zu meinen, man verbände sich über das Sehen mit der Welt. Von der Welt in ihrem wahren Sein, mit der wir uns gerade bei geschlossenen Augen besonders intensiv als eins erleben können, fallen wir durch das Öffnen der Augen wieder zurück ins Getrenntsein.

Alle Erfahrung, alle Einsicht und alles Verstehen stehen und fallen mit den Sinnen. Ist unser Glaube nicht allzu sehr von unserem Verstand abhängig?

Wie erfahre ich das Hören und Sehen?

Wenn ich nichts erwarte, werde ich immer beschenkt

Erwartungen werden selten erfüllt. Ausnahmen sind Placebos und Nocebos. Laut der Placeboforschung handelt es sich bei einem Placebo „um eine Scheinsubstanz oder -behandlung, die die positiven Wirkungen eines Arzneimittels oder einer Intervention nachzuahmen vermag, ohne aber dabei das spezifische Arzneimittel oder die spezifische Behandlungsmethode zu beinhalten". Ein Placebo ist vermutlich das effektivste Heilmittel, das je erdacht wurde.

„In seiner Wirkung handelt es sich beim Noceboeffekt um das Gegenstück zum Placeboeffekt. Unter der Noceboantwort werden diejenigen negativen Effekte einer Therapie zusammengefasst, die nicht durch die direkte Wirkung eines aktiven Arzneistoffes auf den Körper oder andere behandlungsspezifische Bedingungen hervorgerufen werden, sondern durch sogenannte Nocebomechanismen. Die Noceboantwort kann sich durch eine Symptomerzeugung, -verschlimmerung oder durch die Verhinderung einer Symptomverbesserung äußern."

In den Bereich der negativen Erwartungen gehört die sich selbst erfüllende Prophezeiung. Die größte Ausnahme ist die Erwartung als Vorfreude, die die größte Freude sein kann.

Kann ich auf Erwartungen verzichten?

Umsonst ist nicht immer umsonst

Es gibt Dinge, die sind zugleich „gratis" und „frustra" - geschenkt und doch vergeblich, also im doppelten Sinn umsonst. Beim Loskauf kann beides eintreten. Er war umsonst, wenn ich eine Niete gezogen habe, aber auch, wenn ich ein Auto mit dem geringen Einsatz für das Los gewonnen habe, also fast umsonst.

So ist es den Jüngern Jesu ergangen. Nach Jesu Kreuzigung schien alles umsonst, und doch erfuhren sie dadurch die Liebe ihres Herrn bis in den Tod. Jesu Hingabe war umsonst und doch nicht umsonst.

Was bekomme ich umsonst?

Dankbarkeit und Demut beim Essen

Was der Mensch mit der Speise aufnimmt, was er sich einverleibt, wird buchstäblich Bestandteil seines Leibes; dabei werden mineralische, pflanzliche und tierische Stoffe in Elemente des menschlichen Leibes verwandelt. Nahrungsaufnahme ist eine Form von Verwandlung, die wir vor dem Leben zu verantworten haben. Niemand, der etwas ißt, kann von sich behaupten, er trage nicht dazu bei, daß andere Lebewesen darunter leiden müßten. Das gilt in bezug auf Tiere ebenso wie auf Pflanzen.

Daß wir von und durch andere leben, müssen wir in Demut anerkennen; dazu braucht es wohl eine bestimmte Rechtfertigung, die darin besteht, das Aufgenommene in menschliche Substanz zu verwandeln. Wer das nicht tut, dem „liegt es schwer im Magen", dem bleibt es unbekömmlich, egal um welche Art von Materie es sich handelt. Das Gericht, das wir essen, wird uns gleichzeitig zum Gericht. Es ist nicht unwichtig, was wir essen, aber vor allem ist es wichtig, wie wir essen, das heißt in welcher Gesinnung, in welchem Bewußtsein. Jesus hat davon gesprochen, daß es seinen Jüngern nicht schade, wenn sie tödliches Gift tränken (vgl. Mk 16,18). Ein Mensch, der eine hohe Bewußtseinsstufe erreicht hat, der wirklich ein geistlich-geistiger Mensch ist, bringt die Intensität auf, das Gift sofort abzusondern oder aufzulösen. Grigori Rasputin zum Beispiel konnte nicht vergiftet werden. Aber in der Regel bekommt uns schon ein schweres Essen nicht, weil wir es nicht einmal fertigbringen, das Fett sofort abzusondern. Alles, was wir nicht verwandeln, setzt sich in unserem Organismus als schädliche Ablagerung fest.

Nach einem Fasten ist es leichter, Nahrung wieder bewußt zu genießen und zu erkennen, daß sie vor allem dem Erhalt des

Leibes gilt, gleichsam eine „Treibstoffzufuhr" ist. Aber nicht selten ist Essen auch nur eine Ersatzbefriedigung.

Neben der Notwendigkeit der Nahrungsaufnahme ist auch die Kommunikation ein Aspekt des Essens, das dadurch zum Mahlhalten wird. Essen sollte immer ein Genuß sein; denn so entgeht es der Gefahr, in bloßes Einverleiben abzugleiten.

Wie sind meine Eßgewohnheiten?

Durch Fasten wie neu geboren

Fasten entschlackt und kann läutern, wohingegen Hungern in Aggressivität umschlagen kann. Statt Verzicht, der meist mit Askese assoziiert wird, erfahren wir beim Fasten geistlich-geistige Befreiung von Leerlauf und Verschwendung. Es geht um eine Technik der achtsameren Lebensführung. Mit weniger auszukommen als andere, macht keinen besseren Menschen, aber einen unabhängigeren.

Fasten bedeutet „Sein-lassen", Befreiung von Zwängen und Blockaden, von Gewohnheiten und eingeschliffenen Verhaltensweisen. Im Fasten merkt man, daß es einen Hunger gibt, der mit Essen nichts zu tun hat, sondern die Sehnsucht nach Höherem bewußt macht. Es kommt die Frage auf: „Was ist mein eigentliches Lebens-Mittel?" Fasten bietet eine körperliche Unterstützung, damit die Umkehr zu Gott gelingt.

Nach dem Fasten kann Genuß neu definiert werden. Maßlosigkeit führt selten zu Genuß. Etwas Besonderes wird Essen erst in der Kombination mit Verzicht. Wer sich einschränkt, sieht die Dinge, die er dann noch hat, viel klarer.

Habe ich schon Erfahrung mit dem Fasten gemacht?

Was trinken die Menschen, die einen Wein von 1867 trinken?

Das Etikett! Hier greift der alte Unterschied zwischen Schein und Sein. Daß der Wein möglicherweise inzwischen zu Essig geworden ist, schmecken die Verkoster nicht. Für angeblich besonders edle Tropfen zahlen sogenannte Weinkenner Unsummen. Natürlich munden ihnen die 100-Euro-Schlucke vorzüglich, solange sie den Preis kennen.

Erkenntnis ist der Weg zum Sein und damit zugleich Durchdringung und Überwindung des Scheins. Das Sein liebt es sich zu verbergen. Es beansprucht die Attribute eines Gottes.

Bin ich fähig, zwischen Schein und Sein zu unterscheiden?

Äußere Beschränkung führt zu innerer Freiheit

Freiheit beinhaltet das Recht, sich von anderen zu unterscheiden, aber auch die Möglichkeit, im Gewohnten zu bleiben. Freiheit ist das Aufrechterhalten von Zusammensein und Getrenntsein. Autonom ist, wer diese Spannung aushält.

Das alles aber wird hinfällig, wenn es laut dem Neurowissenschaftler Wolf Singer beim Menschen keine Willensfreiheit gibt; denn „Keiner kann anders, als er ist". Andere Forscher, wie zum Beispiel der Philosoph Rüdiger Safranski, sind der Meinung, der Wille sei das Organ der Freiheit. Der Mensch selbst ist Schauplatz von geistigen Einwirkungen auf den Leib. So kann die Kraft der Begeisterung für eine Sache, also ein geistiges Vermögen, stärker als die leibliche Schwere sein.

Nach Ansicht des amerikanischen Philosophen John R. Searle können wir uns „unser Leben nicht mehr erklären, wenn wir die Voraussetzung von Freiheit aufgeben müssen, können nicht handeln ohne die Voraussetzung eines freien Willens", und Schuldgefühle wären heiße Luft; „denn wir hätten sowieso nichts ändern können".

Bin ich frei?

In der Bindung liegt die größte Freiheit

Nur ich selbst kann mich freigeben, aber es gilt, sich zu befreien ohne Entwurzelung. Freiheit kann aber auch als Belastung empfunden werden. Man ist dann lieber unfrei und läßt andere für sich entscheiden. Aus einem Kindergarten: „Fräulein, müssen wir wieder tun, was wir wollen oder dürfen wir tun, was Du willst?"

Anthony Quinn als Alexis Sorbas: „Ein Mann braucht eine Portion Wahnsinn, weil er sonst nicht die Courage hat auszubrechen, um frei zu sein." (Nikos Kazantzakis)

Es gibt keine wirksame Abgrenzung ohne Hingabe und keine wirkliche Hingabe ohne Abgrenzung. Die meisten Beziehungskonflikte beruhen darauf, daß entweder Hingabe mit Selbstverlust oder Abgrenzung mit Abwehr verwechselt wird.

Die größte Freiheit liegt in der Bindung an Gott.

Welche Freiheit genieße ich?

Von einem Extrem ins andere fallen

Wir haben alle Neigung zu einem Extrem. Es ist wie bei einem Auto, das eine Unwucht hat. Wenn mir dieses Extrem bewußt wird und ich mich ihm entziehen will, dann verfalle ich leicht in das andere Extrem. In der Mitte der Straße zu bleiben, statt in einem Straßengraben zu landen, ist nicht so leicht. Wir sollten Vertreter der „Extremen Mitte" sein.

Das Wort „Minister" hatte bei Franz von Assisi die Bedeutung „Diener". Ein „Allgemeiner Diener" hieß „generalis minister". Daraus wurden der „General" und der „Minister", Bezeichnungen für Ämter, die im allgemeinen Bewußtsein gerade das Gegenteil dessen beinhalten, was Franz wollte; denn er war strikt gegen Spitzenpositionen, Vollmacht, Reichtum und Ansehen. Nur noch im Begriff und in der Rolle des „Ministranten" lebt fort, was Franz mit seiner Aufforderung „Nicht Herren über Knechte sein, sondern Knechte für Herren" gemeint hat.

Zu welcher Seite neige ich?

„Der starke Mann ist stärker ohne Gewalt" (Bertolt Brecht)

Sigmund Freud ist der Meinung, das Aggressionspotential im Menschen sei nicht zu bändigen. Es gibt aber keine Liebe ohne Aggressionen (lat. aggredi = angreifen/darangehen/in Angriff nehmen), kein schöpferisches Leben ohne die Lust, etwas anzupacken, etwas in Angriff zu nehmen. Nicht die Aggression ist das Problem. Es gilt vielmehr, zu unterscheiden zwischen guter und schlechter, zwischen gestalteter und integrierter Potenz einerseits und zerstörerischer nicht integrierter andererseits.

Es ist möglich, daß schlummernde Gewaltbereitschaft durch äußere Umstände geweckt wird, weil es eine Sehnsucht nach Gewalt gibt. Ohne diese Umstände wäre vielleicht ein Mensch sein Leben lang friedfertig geblieben. Es gibt aber auch eine Überforderung im Frieden, wodurch das Aggressionspotential wächst und es zu einem Ersatzkrieg kommen kann.

Miterlebte oder angeschaute Gewalt erregt nicht nur Entsetzen und Empörung, sondern auch Lust. Zumindest macht sie Lust auf Gegen-Gewalt. Als schützende und sühnende, gerechte und gute Gewalt genießen wir sie, auch wenn wir als gut erzogene Menschen wissen, daß wir sie nicht genießen dürfen. Wer sich vom Genuß der Gewalt frei zu wissen glaubt, prüfe an sich selbst: Verabscheue ich die Hiebe gegen den Angreifer genauso wie die gegen sein Opfer?

Es kann aber auch sein, daß Gewaltanwendung weder Anlaß noch Ziel braucht, sie genügt und rechtfertigt sich selbst. Der neue Typ des Gewalttäters macht die Suche nach den klassischen Beweggründen überflüssig, weil er keine mehr kennt. Täter und Opfer begegnen sich zufällig, und was aus ihrer Begegnung wird, bleibt ebenfalls dem Zufall überlassen. Zunehmend wird Gewalt nicht mehr als Mittel zum Zweck begriffen, sondern als Chance, sich auszuleben, sich durchzusetzen, ein Gefühl von Stärke auszukosten und Überlegenheit zu demonstrieren.

Integrierte Aggression hat Antoine Leiris in Frankreich erwiesen, der 2015 den Mördern seiner ermordeten Frau zurief: „Vous n'aurez pas ma haine - Meinen Hass bekommt ihr nicht!" (s. „Meinen Hass bekommt ihr nicht! (Antoine Leiris)": S. 154).

Karl Leisner schrieb 1945 nach fünfeinhalb Jahren Haft im KZ als letzten Satz in sein Tagebuch: „Segne auch, Höchster, meine Feinde!" (s. Böses tun und Gutes erreichen S. 66).

Wie gehe ich mit meinen Aggressionen um?

Den Tiger reiten, den Drachen zähmen, nicht töten

Alle Menschen haben auch eine dunkle Seite in sich, die unterschiedliche Namen trägt. Tiger und Drache gehören dazu. Nur wollen das nicht alle sehen. Der Umgang damit differiert im Westen und Osten.

Das Böse ist meist als Drache dargestellt. Viele Heilige, allen voran Michael und Georg, aber auch Viktor, gehen mit Waffen auf das Ungeheuer los.

Mit einem Drachen dargestellte Frauen allerdings, wie zum Beispiel Margareta und Martha, tun nichts dergleichen. Sie führen das Untier in der Regel an einem Seidenband.

Das entspricht der Vorstellung des Ostens; denn dort gilt es, den Drachen zu zähmen. Wir können den Drachen nicht besiegen, aber wir können unser Herz zu den himmlischen Mächten, den Engeln erheben, die uns zu Hilfe kommen. Den Drachen erleben wir, er ruft nach der Offenbarung des Engels in uns.

Der Drache symbolisiert unseren Schatten, den wir nicht wahrhaben wollen. Es gilt, die Triebkräfte in uns zu sublimieren, das heißt, die Kräfte des Triebes in geistige Energie umzuwandeln (s. Mit dem eigenen Schatten leben und ihn verwandeln S. 227).

Wie gehe ich mit meinem Schatten um?

Zweierlei hilft beim Überleben

Um im KZ zu überleben, waren zwei Einstellungen hilfreich: „Ich komme hier heraus, und dann werde ich mich rächen." Viktor Frankl formulierte in seinem Buch „Trotzdem Ja zum Leben sagen": „Ich komme hier heraus, weil ich noch Pläne habe."

Wodurch könnte ich überleben?

Mutig kann der nicht werden, der nichts riskiert

Mit diesem Satz ist kein Russisches Roulett gemeint, das Lust zur Selbstzerstörung ist. Mut gibt es nicht ohne den Glauben, gehalten und aufgefangen zu werden. Aber auch da gibt es wie bei allem ein Zuviel und ein Zuwenig.

Wer weiß schon von sich, wozu er fähig ist? Es gibt nichts, was ich nicht auch hätte tun können. Manchmal kommt im Traum zum Vorschein, was alles in uns schlummert. Es könnte sein, daß wir gleichzeitig ein Dr. Jekyll und Mr. Hyde sind.

„Ich sehe keinen Fehler begehen, den ich nicht auch begangen hätte." (Johann Wolfgang von Goethe)

Habe ich schon einmal etwas riskiert?

„Du mußt Dein Leben ändern" (Rainer Maria Rilke)

Das ist leichter, wenn Ergriffenheit oder Betroffenheit zu diesem Entschluß führen, wie Rainer Maria Rilke es wohl bei der Betrachtung des „Archaischen Torsos Apollos" erlebt hat.

Er sieht im Torso das Ganze und ist erschüttert von der Schönheit (s. Im Teil das Ganze sehen S. 112).

Der moderne Mensch gewichtet sein religiöses Leben weniger nach Regelmäßigkeit als vielmehr nach Betroffenheit.

Durch was fühle ich mich animiert, mein Leben zu ändern?

Die drei Evangelischen Räte sollten für alle gelten

Die katholische Kirche kennt für die Ordenschristen die drei Evangelischen Räte Armut – Gehorsam – Ehelosigkeit als Gelübde, für die Weltpriester als Versprechen.

Wenn wir den Inhalt und Sinn dieser Räte erfassen, leuchtet es ein, daß sie im Grunde für alle Menschen gelten; denn „das letzte Hemd hat keine Taschen". Was wir vor dem Sterben besaßen, sollten wir besitzen, als besäßen wir es nicht (vgl. 1 Kor 7,29–31). Der letzte und tiefste Gehorsam beinhaltet die Zustimmung zum Sterben. Die Ehelosigkeit besagt, daß im Himmel nicht mehr geheiratet oder verheiratet wird (vgl. Mt 22,30; Mk 12,25; Lk 20,34f), auf Erden aber die Sexualität sowohl in der Ehe als auch in der Ehelosigkeit keusch gelebt werden sollte. „Ehe und Ehelosigkeit sind zwei Grundweisen des Lebenszeugnisses für die Liebe Gottes, die man deshalb nicht gegeneinander ausspielen darf, die vielmehr wechselseitig aufeinander angewiesen sind." (Kurt Koch)

Für alle Menschen gilt, daß sie auch glücklich sein können, ohne alles zu besitzen, alle Macht der Welt zu haben und ihre Sexualität voll auszuleben; denn das ständige Mehr-haben-Wollen wird früher oder später als leer empfunden, weil es nie an ein Ziel kommt.

Wie stehe ich dazu?

Man kann von allem süchtig werden, selbst vom Beten

Der Süchtige gleicht einem Menschen, der einen Brand mit Benzin zu löschen versucht, wahnwitzig hoffend, daß doch einmal die Menge der Flüssigkeit ausreichen muß, den Brand zu löschen. Dabei bemerkt er gar nicht, daß das eingesetzte Mittel der Grund für das Brennen ist.

Die Eskalation der Suchterkrankung besteht darin, daß der Suchtkranke die Folgen seines Tuns, nämlich den unkontrollierten Mißbrauch eines Mittels, mit exakt diesem Mittel beseitigen will.

Wird der Mensch abhängig, weil es ihm schlecht geht, oder geht es dem Menschen schlecht, weil er Drogen nimmt? Für jeden Abhängigen muß die Biographie neu geschrieben werden. Diesbezüglich gibt es nur Erklärungsversuche für den Einzelfall. „Drogensucht kommt von betäubten Träumen und verdrängten Sehnsüchten." (Annette Voigt)

„Niemand würde rauchen, wenn auf der Welt nicht etwas Wesentliches fehlen würde." (Martin Walser)

„Wem es aber an Gott nicht genügt, der ist allzu habgierig." (Augustinus von Hippo)

Sucht ist gelernte Daseinsverweigerung. Es läßt sich nicht angeben, wann und warum sie einsetzt. Der Süchtige flieht nicht nur vor der ihn bedrängenden Lebenswirklichkeit, sondern auf Dauer wird er auch die beglückenden Angebote des Lebens zurückweisen.

Der Süchtige ist nicht nur der Konsument eines betäubenden Stoffes, und das kann alles sein, selbst das Beten, sondern er lebt in einer pervertierten Welt. Das alleinige Absetzen der Droge bedeutet noch keine Heilung, sondern ist unverzichtbare Voraussetzung für ein auf Dauer korrigiertes, nüchternes und unbetäubtes Denken und Fühlen.

Wer mit einer Sucht aufräumen will, muß „sterben können", muß radikal neu anfangen wollen. Eine Sucht läßt sich als Spiegelschrift entziffern, als falsch erfüllte Sehnsucht.

Zu welcher Sucht neige ich?

Wer es nur versuchen will, tut es nicht

Oft höre ich, wenn es um eine Veränderung geht, den Satz: „Ich versuche es!" Dabei drückt bereits die Stimme nicht genügend Entschlossenheit aus. Es muß ein entschiedener Wille zur Erfüllung des Vorsatzes bestehen.

Was versuche ich nur?

„Non scholae sed vitae discimus" Nicht für die Schule, sondern für das Leben lernen wir (Seneca)

Die Schule vermittelt Lerninhalte. Aber sie sollte dem Schüler ebenfalls beibringen, sich im Leben zurechtzufinden. Das gilt später auch für jede weitere Ausbildung. Es geht um den Mißstand einer zu wenig am praktischen Leben orientierten Ausbildung, die auf das Leben vorbereitet. Der konkrete Alltagsbezug zum Erlernten sollte nicht fehlen. Die Schule kann nicht alle Fragen des Lebens klären, aber den Schülern die Werkzeuge mitgeben, die sie brauchen, um sich die Antworten selbst zu suchen.

Welche Erfahrung habe ich damit?

To-do-Liste oder Not-to-do-Liste?

Eine To-do-Liste ist bekannt. Sie entsteht in der Regel, wenn man mit dem zu Erledigenden nicht fertig wird.

Wie ist es mit einer Not-to-do-Liste, in der Dinge stehen, die an einem Tag „erfolgreich" nicht abgearbeitet wurden, weil ich mir statt dessen zum Beispiel eine Ruhepause gegönnt habe? Man fragt sich: „Wie schaufele ich mich frei? Wie gewinne ich einen Überblick über meine Aktivitäten?" Wer etwas ewig vor sich herschiebt, sollte sich fragen, was ihn davon abhält, es zu erledigen.

Zur Not-to-do-Liste gehört, sich nicht von jeder eintreffenden Mail ablenken zu lassen und sich statt dessen auf wichtige Dinge zu konzentrieren.

Auf der Not-to-do-Liste sollte auch das stehen, was wir gar nicht schaffen müssen. Was ist wirklich wichtig? Was sind berechtigte, was sind unberechtigte Ansprüche? Selbst die berechtigten Ansprüche sind so zahlreich, daß sie nicht alle erfüllt werden können und man „Nein" sagen muß (s. Es ist toll, daß du NEIN sagen kannst, aber den Rasen mähst du trotzdem S. 146).

Wie gehe ich mit dem Problem um?

Wer sich nicht zu helfen weiß, ist nicht wert, in Verlegenheit zu geraten (Niederrheinisches Zitat)

Zunächst gilt es, sich klarzumachen, daß es keine Probleme, sondern nur Herausforderungen gibt. Ein Beispiel ist die „Erfindung" der Praline. Sie soll als Zufallsprodukt des französischen Kochs Clémont Jaluzot in Diensten eines Deutschen entstanden sein. Der Überlieferung nach sind einige der überzuckerten Nüsse und Mandeln in flüssige Schokolade gefallen. Clémont Jaluzot machte aus der Not eine Tugend und verkaufte den „Unfall" als spezielle Kreation. Zu Ehren des französischen Vertreters Choiseul du Plessis-Praslin bekam das Produkt den Namen Praline.

Wie gehe ich mit Verlegenheiten um?

Wem das Wasser bis zum Hals steht, der sollte den Kopf hochhalten

Die Geschichte vom Durchzug der Israeliten durch das Rote Meer (Ex 14,21f.) kommentierte ein Professor wie folgt: „Das Wasser stand ihnen bis zum Halse." Vermutlich ist im Leben die beste Haltung die zwischen buckliger Demut und Hochnäsigkeit.

Welche Haltung nehme ich am liebsten ein?

„Licht der Welt sein": Leuchttürme errichten, die die Navigation auf dem Lebensweg erleichtern können

Jesus spricht zu seinen Jüngern: „Ihr seid das Licht der Welt. [...] So soll euer Licht vor den Menschen leuchten." (Mt 5,14+16) Es wäre gut, wenn auch Gottes Bodenpersonal heute den Christen den Weg wie Leuchttürme weisen könnte (s. „Viele Farben hat sein Licht" S. 91).

Wieweit erfülle ich diesen Anspruch?

Mit dem eigenen Schatten leben und ihn verwandeln

Ohne Schatten kein Licht. Der Schatten gibt den Dingen ihren Platz im Raum.

Unsere Schatten, Tiefen und Komplexe sind die Quellen unserer Begabung. Die Psychologen sind der Meinung, daß 80% des Schattens Gold sind, das gehoben werden will. Wir aber wollen uns des eigenen Schattens nicht bewußt werden, statt dessen projizieren wir ihn auf andere und bekämpfen ihn dort.

Wir wollen unseren Schatten loswerden, was uns aber nicht gelingt. Dabei ist die Schattenwelt gar nicht so schrecklich, sie gehört zu uns, alles hat auch seine dunkle Seite. Wie könnten wir vom Licht wissen, wenn es nicht das Dunkel gäbe? Will der Schöpfer eine Sonne schaffen, muß er auch die Dunkelheit aus sich hervorbringen.

Die Entstehung unseres Schattens geht oft bis in die frühe Kindheit zurück. Wir entdecken Botschaften der Eltern, die als Einschärfungen (psychologisch Skripts) unser Leben begleiten. Bei mir persönlich ist es der Hinweis meiner Mutter: „Was sollen die Leute denken?". Das ist mir nicht egal, aber wenn ich nur danach ginge, käme ich in der Entwicklung meiner Persönlichkeit nicht voran. Ich habe meinen „Schattenbruder" kennengelernt und entdeckt, daß das, was ich an ihm kritisiere, auch ganz tief in mir steckt, ich es aber nicht zulasse.

„Es war einmal ein Mann, den verstimmte der Anblick seines eigenen Schattens so sehr, der war so unglücklich über seine eigenen Schritte, dass er beschloss, sie hinter sich zu lassen. Er sagte sich: Ich laufe einfach davon. So stand er auf und lief davon. Aber jedes Mal, wenn er seinen Fuß aufsetzte, hatte er wieder einen Schritt getan und sein Schatten folgte ihm mühelos. Er sagte zu sich: Ich muss schneller laufen. Also lief er schneller – lief so lange, bis er tot zu Boden sank. Wäre er einfach in den Schatten eines Baumes getreten, so wäre er seinen eigenen Schatten losgeworden, und hätte er sich hingesetzt, so hätte es keine Schritte mehr gegeben. Aber darauf kam er nicht." (nach Dschuang Dse)

Clemens Brentano:

Das bucklig Männlein

Will ich in mein Gärtlein gehn, will mein Zwiebeln gießen,
steht ein bucklig Männlein da, fängt gleich an zu niesen.

Will ich in mein Küchel gehn, will mein Süpplein kochen,
steht ein bucklig Männlein da, hat mein Töpflein brochen.

Will ich in mein Stüblein gehn, will mein Müslein essen,
steht ein bucklig Männlein da, hat's schon halber gessen.

Will ich auf mein'n Boden gehn, will mein Hölzlein holen,
steht ein bucklig Männlein da, hat mir's halber g'stohlen.

Will ich in mein'n Keller gehn, will mein Weinlein zapfen,
steht ein bucklig Männlein da, tut mir'n Krug wegschnappen.

Setz ich mich ans Rädlein hin, will mein Fädlein drehen,
steht ein bucklig Männlein da, läßt das Rad nicht gehen.

Geh ich in mein Kämmerlein, will mein Bettlein machen,
steht ein bucklig Männlein da, fängt gleich an zu lachen.

Wenn ich an mein Bänklein knie, will ein bißlein beten,
steht ein bucklig Männlein da, fängt gleich an zu reden:

„Liebes Kindlein, ach, ich bitt, Bet für's bucklig Männlein mit!"

Bete ich fürs bucklig Männlein mit?

Der Unterschied zwischen Potestas und Auctoritas

Während Potestas (lat. potestas = Vollmacht, Amtsgewalt) eine Macht ist, die von einer höheren Instanz verliehen wird und durch entsprechende Kleidung und Insignien zum Ausdruck kommt, ist Auctoritas (lat. auctoritas = Ansehen, Geltung) eine Macht, die sich aus einer reifen Persönlichkeit mit ihrer Weisheit ergibt, deren Autorität sich ohne Zwang aufnötigt und doch nicht demütigt. Ein solcher Mensch hätte auch noch nackt eine Autorität, was sich in Gefängnissen, Konzentrations- und Gefangenenlagern erwiesen hat, wohingegen die Potestas ohne Lametta in sich zusammenfällt.

Ob Jesus gewollt hat, daß Christen Gott jahrhundertelang als Höchsten und Mächtigsten feierten, als die Spitze einer himmlischen Hierarchie, was sich dann in irdischen Verhältnissen in kirchlicher Obrigkeit widerspiegeln sollte? In den Kirchen machte sich seit Kaiser Konstantin, vielfach bis heute, ein Ämterkult breit, mit prächtigen Ornaten, prunkvollen Riten und einstudierten Gesten. Je größer das Kreuz auf der Brust, desto höher der kirchliche Rang.

Wo bin ich zuletzt einer wirklichen Autorität begegnet?

Haltung und Tat

Es kommt nicht nur darauf an, was ich gut kann, sondern auch darauf, warum ich es gut kann. Immer wenn eine Frau etwas gut gemacht hatte, minderte sie ihren Erfolg, indem sie sagte: „Das können doch alle!“ Sie mußte erkennen lernen, daß in ihr etwas angelegt ist, was sie entwickelt hatte. Wenn Begabungen nicht gefördert werden, können sie verkommen. Wohl dem Menschen, der es selbst nicht sieht, dem man sagt, was man ihm zutraut; denn viele Menschen tun sich sehr schwer, ihre eigenen Begabungen zu erkennen. Manche Begabungen liegen sogar im blinden Fleck.

Erkenne ich meine Begabungen?

Arbeiten ist das halbe Leben

Als ich frisch aus der Volksschule in die Maurerlehre kam, fragte man mich: „Junge, Du hast doch gut gelernt. Wie heißt es? Laß mich oder laß mir arbeiten?" Ich gab brav die richtige Antwort, wurde aber korrigiert: „Du mußt hier doch noch etwas lernen: Laß andere arbeiten!"

Arbeit ist nichts Übles, sondern etwas sehr Wichtiges für den Menschen. Sigmund Freud wurde einst gefragt, was ein normaler Mensch gut können müsse. Der Fragende erwartete vermutlich eine komplizierte, tiefgehende Antwort. Aber Sigmund Freud soll lediglich gesagt haben: „Lieben und Arbeiten – Gesundheit ist die Fähigkeit, lieben und arbeiten zu können".

Im Mittelalter vollzog sich eine Umwertung des sozialen Status der Arbeit von der Plackerei des antiken Sklaven zur ehrbaren Tätigkeit des freien Bürgers.

Bei den Römern hieß Muße otium und Arbeit negotium, also Nicht-Muße.

Der Mensch hat laut Bibel eine Ähnlichkeit mit Gott. Unter diesem Blickwinkel wird menschliche Arbeit zur Mitwirkung am göttlichen Schöpfungswerk.

Was macht mein Leben aus?

Fehler

Fehlerfreudig sein, aber jeden Fehler nur einmal machen

Sowohl der Weise als auch der Dummkopf machen Fehler, aber mit dem großen Unterschied: Der Weise macht den Fehler nur einmal, der Dummkopf jedoch immer wieder. Wenn wir Fehler, die wir gemacht haben, erkennen, können wir sie verbessern, und das ermöglicht inneres Wachstum.

Psychologen um Noëlle Nelson meinen: „Nach Niederlagen und Irrtümern tendiert der Einzelne dazu, sich vor negativen Gefühlen wie Selbstzweifel zu schützen."

Von obiger „Regel" gibt es eine Ausnahme: Der Fehler, der unsere Wurzelsünde ausmacht, begleitet uns mehr oder weniger unser ganzes Leben. Trost spendet uns da Johannes Tauler mit seinen Worten: „Das Pferd macht den Mist im Stalle, ..." (s. Dreck ist Materie am falschen Platz S. 99).

Irren ist nicht nur menschlich, sondern oft Ursprung neuer Ideen und Produkte. Gelebte Fehlerkultur ist die Grundlage von Innovation. Viele Dinge sind Fehlerprodukte.

Fehler sind Fehler; aber die Fähigkeit, aus Fehlern zu lernen, indem man sie entsprechend korrigiert, ist eine der größten Errungenschaften der psychischen Freiheit.

Man soll sich nicht ständig mit den eigenen Fehlern und Sünden der Vergangenheit beschäftigen, sondern sie erkennen und sich bemühen, sie zu verbessern, statt sie immer mit sich herumzutragen.

„Für'n schlechtes Gewissen habe ich kein Talent." (Michael Schumacher)

Ein Lebensgesetz offenbart die Aussage „Wer viel macht, macht viele Fehler; wer wenig macht, macht wenige Fehler; wer nichts macht, kann keine Fehler machen; wer keine Fehler macht, wird gelobt und befördert; wer befördert ist, braucht nichts mehr zu machen".

Bedenkenswert ist auch die Feststellung „Wer zu wirken beginnt, wird auch in Dinge verstrickt; wer verstrickt wird, kann schuldig werden; wer schuldig ist, wird gerichtet". Hätte er deshalb nicht wirken sollen?

Wer keine Fehler macht, lebt falsch. Wir werden schuldig und bleiben schuldig. Fehler sind dazu da, daraus zu lernen.

Im Exsultet, einem Gesang aus der Osternacht, ist von der „glücklichen Schuld" (Augustinus von Hippo) die Rede. Die Auferstehung Jesu läßt die Schuld in einem neuen Zusammenhang sehen.

Wie stehe ich zu meinen Fehlern?

Wer nur nach den Geboten lebt, verpaßt das Leben

Jesus war kein dogmatischer Prinzipienreiter, sondern geradezu ein Regelbrecher, der immer zuerst auf die Menschen schaute, bevor er ein moralisches Urteil sprach. Er achtete die Gesetze, aber er handelte aus Liebe. Augustinus von Hippo formuliert später: „Liebe und tue was Du willst!"

Abgewandelt könnte ein Jesuswort lauten: „Der Mensch ist nicht für die Gesetze da, sondern die Gesetze sind für den Menschen da." (vgl. Mk 2,27)

Gottes Gebote haben die Gestalt von einladenden Bitten.

Verpasse ich das Leben?

Ein Heiliger ist ein Sünder, der immer wieder neu anfängt

Die Gnade, immer wieder neu anfangen zu können, haben wir den Engeln voraus, weil wir in der Zeit leben, und zu dieser gehört Veränderung. Die Frage ist nur, ob wir uns ändern wollen oder lieber in unserer Fehlerhaftigkeit verharren und um Verständnis bitten mit der Feststellung: „Ich bin nun mal so."

„Du kannst Gott nur bis zu Dir selbst entgegengehen." (Bernhard von Clairvaux) Anders ausgedrückt: „Du kannst andere Menschen nur so weit zu Gott hin geleiten, wie Du selber gegangen bist." Somit ist Sünde nicht nur moralische Fehlleistung, sondern als wirkliche Chance des persönlichen geistlichen Entwicklungsprozesses anzusehen, die nicht an der Sündhaftigkeit stehenbleibt, sondern Reife bedeutet.

Eine Perle benötigt für ihre Entwicklung ein kleines Sandkorn im Innern, und das bedeutet: ohne Schmutz, ohne Sünde, kein Perlmutt im Veredelungsprozeß der Perle beziehungsweise des geistlichen Menschen. Lebensmist kann als Biomüll angesehen werden, als Grundlage für neues Leben und neue Erde, wenn er verarbeitet, verdaut ist. (s. Dreck ist Materie am falschen Platz S. 99) Wer und was hilft mir aber beim Durcharbeiten? In diesem Sinne ist die Schuld als „glückliche Schuld" (Augustinus von Hippo) anzusehen, es bedarf eines geistlichen Blicks auf Schuld.

Fange ich immer wieder neu an?

Immer einmal mehr aufstehen als hinfallen

Ein Kind lernt das Gehen durch Hinfallen und wieder Aufstehen. Die Begriffe „Hinfallen" und „Gefallensein" werden auch auf Verfehlungen angewendet. Selbst wenn wir hier und da erneut fallen, heißt es, nicht liegenbleiben, sondern wieder aufstehen, wenn nötig auch mit Hilfe. Wenn es um Fehler geht, sollten wir ihn nicht wieder begehen, sondern daraus lernen (s. „Fehlerfreudig sein, aber jeden Fehler nur einmal machen" S. 231).

*Wie lange dauert es, bis **ich** wieder aufstehe?*

Die Summe der Laster bleibt gleich, wenn ...

So ist es bei Menschen, die nicht wirklich an sich arbeiten, um an den Ursprung ihres Verhaltens zu kommen; denn kaum hat man einen Fehler überwunden, findet sich ein neuer. Wer das Rauchen aufgibt, ißt dafür zum Beispiel mehr Süßigkeiten. Er müßte aber erkennen, wofür das Rauchen eine Ersatzbefriedigung ist, um fähig zu sein aufzuhören. Der Auslöser für die jeweilige Ersatzbefriedigung liegt oft schon in der Kindheit begründet.

Die Summe der Laster kleiner zu machen, ist Schwerstarbeit, aber eine lohnende Aufgabe. Sie führt in eine größere Freiheit. Suchtabhängige Menschen verweigern sich oft dem eigentlichen, dem realen Leben. Sie halten es nicht aus, sondern weichen ihm aus, indem sie zum Beispiel Medikamente, Drogen oder Alkohol konsumieren, unkontrolliert essen, dem Kaufrausch erliegen, pathologisch spielen oder übermäßig arbeiten. Suchtkranke versuchen, ihren Hunger nach Liebe, Geborgenheit und Anerkennung mit dem Konsum eines Suchtmittels zu stillen. Dadurch kompensieren sie zwar für eine gewisse Zeit ihre innere Leere, doch ihr Unwohlsein und ihr seelischer Schmerz finden keine Heilung (s. Man kann von allem süchtig werden, selbst vom Beten S. 224).

Erkenne ich den Urgrund meiner Laster?

Der letzte Fehler

Es kommt nicht selten vor, daß ein Mensch großartige Erfolge erzielt hat, begeht er aber einen groben Fehler, zählt dieser mehr als alles andere vorher. Die Menschen sind in ihrem Urteil sehr wankelmütig. Wie wird Gott urteilen, wenn ich vor dem Sterben nicht mehr aus meiner Situation herauskommen konnte? Dann gibt es nur noch Vertrauen auf seine Barmherzigkeit.

Beruhigt es mich, darauf vertrauen zu können?

Barmherzig mit den anderen und mit mir selbst

Durch Barmherzigkeit gebären wir Gottes Gegenwart im Leben des anderen. Barmherzigkeit ist praktizierte Emphathie, aber sie kann dabei auch die Gerechtigkeit ignorieren. Die Haltung der Barmherzigkeit sollte in eine Ordnung der Gerechtigkeit münden. „Mit Barmherzigkeit ist die Gerechtigkeit gerechter und verwirklicht sich so tatsächlich selbst." (Papst Franziskus) Zur Gerechtigkeit als Maßstab gehört auch die Barmherzigkeit. Wir Menschen bringen beides selten zusammen, für Gott aber gilt beides.

Mitgefühl ist etwas anderes als Mitleid, es funktioniert auf Augenhöhe. Mitgefühl wird dann real, wenn wir uns unseres gemeinsamen Menschseins bewußt werden. Es bedeutet, das Leid der anderen wahrzunehmen, ohne in Mitleid zu vergehen. Mitfühlen aber nicht mitleiden. Mitgefühl gehört zur Grundausstattung des Menschen. Außerdem erfordert es eine nicht wertende Haltung und eine Begegnung auf gleicher Höhe.

Empathie ist etwas anderes als Mitgefühl. Sie bedeutet, daß man sich mit der Situation und den Gefühlen eines anderen verbindet und spürt, was der andere empfindet. Zu viel Empathie bedeutet, selbst traurig zu werden. Mitgefühl bedeutet teilnehmende Sorge, die hilft, das Leiden zu lindern.

Spiegelneuronen sind ein Aspekt der Empathie. Menschen reflektieren die Handlungen des Gegenübers. Bereiche im Gehirn sind nicht nur aktiv, wenn der Mensch Handlungen durchführt oder beobachtet, sondern auch schon, wenn er sie sich nur vorstellt.

Ein Widerstreit zwischen Selbstsucht und Mitgefühl macht die menschliche Natur aus, auch in der scheinbar so rationalen Welt der Wirtschaft.

Bin ich barmherzig?

Leben mit der vollkommenen Unvollkommenheit

Das vollendete Vollkommene ist unbegreifbar. Letztlich ist nur Gott vollendet, wir Menschen dürfen es auf unsere Weise sein und Mut zur Unvollkommenheit haben. Unvollkommenheit ist unser Erbteil.

Nach dem Sündenfall, wie er in der Bibel beschrieben wird, deutet sich eine Bewußtseinsänderung des gefallenen Menschen an. Er erkennt, daß er viel verwundbarer ist, als er angenommen hat. Darauf reagiert er mit Scham. Diese entspringt der Scheu vor der Entblößung der eigenen Unvollkommenheit angesichts der Vollkommenheit Gottes.

Als man den sogenannten Sündenfall in der Bibel unter moraltheologischen Aspekten interpretierte, sah man die Sünde in der Übermacht des geschlechtlichen Begehrens, gegen die die Menschen sich durch Verhüllung ihrer Blöße zu schützen suchten.

Wie traurig, daß das geschlechtliche Kontaktorgan der Frau „weibliche Scham" heißt, warum sollte sich die Frau dessen schämen? Menschen, die sich oft vor anderen schämen, sind unfrei, lieben sich nicht und neigen zur Verschmelzung mit idealisierten Bezugspersonen.

Wie akzeptiere ich meine vollkommene Unvollkommenheit?

Wenn die Arbeit vollkommen wäre, wäre sie nicht meine

Ein Doktorand, von Veranlagung Perfektionist, berichtete mir, er könne seine Doktorarbeit nicht abgeben, weil sie noch nicht vollkommen sei. Daraufhin sagte ich ihm: „Wenn sie vollkommen wäre, wäre es nicht Ihre!" Ich stutzte selbst einen Augenblick, als ich das von mir gab. Aber so ist es: Wir müssen das Vollkommene Gott überlassen.

Nach Friedensreich Hundertwasser ist die gerade Linie eine Gotteslästerung; denn in der Natur kommt sie nicht vor, ebensowenig wie der vollkommene Kreis.

(Foto: Wikimedia Commons)

Gelingt es mir, etwas
Nicht-Vollkommenes abzuliefern?

Der Perfekte macht sich selbst fertig

„Nobody is perfect – Niemand ist perfekt!" und doch möchten es manche sein. Aber ein Perfektionist wird selten fertig, weil er nie zufrieden mit dem Erreichten ist. Im Grunde will er wie Gott sein.

Denjenigen, der nach Perfektion strebt, erkennt man nicht daran, daß er sich viel Mühe gibt, die Dinge gut zu machen, sondern daran, daß er um jeden Preis die Anerkennung dafür braucht und sein Selbstwertgefühl davon abhängt, keine Mißerfolge zu verbuchen. Bleibt diese Anerkennung aus, nagt der Selbstzweifel.

Es gibt den totalen Perfektionisten, der alles, zum Beispiel bei einer Schreibarbeit, so beispiellos machen möchte, daß er aus lauter Sorge, nicht perfekt zu sein, gar nicht erst anfängt und die sprichwörtliche Angst vor dem leeren Blatt hat. Genauso aber steht der absolute Faulenzer da. Beide kommen nicht in Gang, sondern umgehen den Schreibtisch weiträumig und unverrichteter Dinge.

Das Streben nach Perfektion und Anerkennung hat auch seine guten Seiten. Es spornt an und führt zu besonderen Leistungen. So birgt der „gesunde Perfektionismus" viele Potenziale. Er ist gekennzeichnet durch anspruchsvolle Ziele, hohe Leistungsfähigkeit und Freude an Erfolg und Anerkennung.

„Perfektion ist nicht dann erreicht, wenn es nichts mehr hinzuzufügen gibt, sondern wenn man nichts mehr weglassen kann." (Antoine de Saint-Exupéry) Aber die Einsicht, daß weniger mehr sein kann, fällt dem Perfektionisten schwer.

Strebe ich nach Perfektionismus?

„Wir haben es nicht im Döschen"

Dazu paßt die Redewendung „Wenn du denkst, du hast'n, springt er aus'm Kasten". Etwas spiritueller ist die Redewendung „Wenn du Buddha triffst, dann töte ihn". Unser Lebensprozeß auf dieser Erde ist nie abgeschlossen. Ein berühmter Satz im Zen lautet: „Vor der Erleuchtung Holz hacken und Wasser holen. Nach der Erleuchtung Holz hacken und Wasser holen." Die Jünger müssen wieder vom Berg Tabor herunter, auf dem sie den verklärten Jesus erlebt haben (Mt 17,1-9, Mk 9, 2-10, Lk 9,28-36).

„Ich bin ins Grab auferstanden", formulierte eine junge Teilnehmerin im Abschlußgespräch nach einem Osterkurs.

Will ich es auch im Döschen haben?

Wozu Strafe?

Strafe gibt es für einen Fehler, den ein Mensch gemacht hat. Um die Strafe fruchtbar zu machen, muß es einen Horizont der Hoffnung geben. Er ist die Voraussetzung für soziale Wiedereingliederung. Es geht darum, daß die Spuren der Schuld zu Heilung und Versöhnung führen.

Strafen sollten keinen Aspekt von Rache haben, sondern eine inhaltliche Beziehung zum „Verbrechen" und Erneuerungsbereitschaft ermöglichen.

Wie gehe ich mit Strafe um?

Zeit heilt alle Wunden

Verallgemeinern läßt sich diese Aussage nicht. Die Wunden von erfahrenen Traumata brechen oft erst im Alter auf. Helfen kann aber, wenn ich nicht frage, „warum" ist mir das passiert, sondern „wozu", und „was" soll ich daraus lernen (s. „Nicht WARUM?, sondern WOZU?" S. 98). Dann können sich Wunden in Rubine verwandeln.

Wie steht es mit meinen Traumata?

Mach dich nicht so klein, so groß bist du gar nicht

Neben dem Hochstapeln gibt es auch das Tiefstapeln. Es gibt den Kampf nicht nur um den ersten, sondern auch um den letzten Platz. Warum nicht zu der Größe oder Kleinheit stehen, die man hat? Warum nicht an dem Platz, der mir zugedacht wurde und zu mir paßt?

Habe ich den Raum schon ausgefüllt, der mir zusteht? Schöpfe ich den Raum aus, der für mich gedacht ist? Ist mir nicht mehr zugedacht, als ich mir vom Leben nehme?

„Ich bin ich", sagte das Wesen in dem Kinderbuch „Das kleine ICH BIN ICH" von Mira Lobe und war zufrieden.

Beppo Straßenkehrer in dem Buch „MOMO" von Michael Ende verstand es, seine Arbeit einzuteilen, nachdem er seinen Platz gefunden hatte.

Habe ich meinen Platz gefunden?

Wenn Du nichts zu tun hast, dann bitte nicht bei mir

Langeweile ist eine Tochter der Vereinsamung. Wir suchen die Gründe für Langeweile außen, aber sie liegen in uns. Dabei gibt es eine schöpferische Langeweile; denn lange Phasen äußerer Untätigkeit umgeben die Inspiration (s. „Inspiration - Imagination - Intuition" S. 247). In der Fruchtbarkeit der Langeweile komponierte Johann Sebastian Bach dann am besten, wenn er so tat, als könne er nicht komponieren. Gelegentliches Langweilen, wenn die Gedanken freien Lauf haben, kann den Geist fördern. Ein Heilmittel gegen die Langeweile ist die Neugier.

Wie gehe ich mit Langeweile um?

Träume als Botschaften

Der Schlaf ist der kleine Bruder des Todes

Schlafen ist kein geringes Kunststück; denn man muß den ganzen Tag dafür wachen. Er ist als nährende Dunkelseite unserer Wachheit, als Vorstufe des Todes die andere Hälfte des Lebens. Die Anfänge des Lebens liegen im Schlaf verborgen, am Ende „entschlafen" wir. Nach der griechischen Mythologie sind „Υπνος Hypnos - Schlaf" und „θάνατος Thanatos - Tod" Brüder. Der Schlaf setzt uns eine Grenze, er läßt sich nicht dem Willen unterwerfen. Wir können ihn eine Zeitlang hinausschieben, aber nicht auf ihn verzichten. Kräfte, die tagsüber nach außen wirken, richten sich im Schlaf nach innen, um sich zu erneuern. Schlaf ist kein passiv sich ergebender Vorgang, sondern ein aktiv gesteuerter. Er ist keine vergeudete Lebenszeit. Nur im Schlaf vollzieht sich der Wiederaufbau, die Regeneration des Organismus. „Wer früh aufsteht, sein Brot verzehrt, wer lange schläft, den Gott ernährt!" (deutsches Sprichwort) Aber nicht nur die Länge des Schlafes, sondern auch die Tiefe spielt eine wesentliche Rolle.

Traumfänger

Vielleicht weiß ein Traum, wie es weitergeht, wenn ich es nicht weiß. Der Schlaf läßt zu, daß Gottes Welt mir am Morgen wieder ganz neu begegnet. Träume haben einen symbolischen Charakter, über den man nachsinnen sollte. Anschließend ist es sinnvoll sich zu fragen, was der Traum einem sagen beziehungsweise in seiner Bilderschrift darstellen wollte.

Ohne Symbole gibt es keine Traumsprache. Der Schrank als Traumbild steht einerseits für Ordnung und Gewissenhaftigkeit, andererseits symbolisiert er aber auch Einschränkungen.

Bin ich bezüglich des Schlafens eine Eule
oder eher eine Nachtigall?

Träume sind Gottes vergessene Sprache

Geträumt wird in allen Schlafphasen, komprimierter aber im REM-Schlaf. Nachts, wenn das zensierende Bewußtsein dahindämmert, überfallen Bilder von verborgenen Wünschen und unterdrückten Regungen den Menschen im Schlaf.

„Den Seinen gibt es der Herr im Schlaf" (vgl. Ps 127,2). Gott ist den Menschen im Schlaf besonders nahe. Was in unserem Unbewußten lebt, bringt der Traum durch innere Bilder hervor. Unbewußt-Sein ist kein Nicht-Sein. Wer schläft, kann sich fallen lassen und sich dem Unbewußten anvertrauen. Dort liegen unsere Fähigkeiten, Erfahrungen und unser Ziel; nur merken wir nichts davon. Wir dürfen uns im Schlaf entlassen; denn wir müssen nicht immer wach sein. Beim Erwachen mögen uns Eingebungen geschenkt sein, wie es weitergehen kann. Träume haben mit Wunscherfüllungen zu tun und mit dem inneren Erledigen von Tagesresten.

Nach Sigmund Freud ist unser Geist wie ein Eisberg. Die sichtbare Spitze ist unser Bewußtsein, der Anteil in der Tiefe Bild für unser Unbewußtes.

Das Bewußtsein allein macht den Menschen nicht aus, das Unbewußte ist weder böse noch dumm. Vielmehr lenken unbewußte Prozesse unsere Entscheidungen klug und effizient besonders dann, wenn so viele Informationen gleichzeitig verarbeitet werden müssen, daß es die Kapazitäten des Bewußtseins übersteigt.

Die Bibel gibt eindeutig Zeugnis davon, daß „Träume die Sprache Gottes" sind beziehungsweise Gott durch Träume zu den Menschen spricht. Wie wenig werden sie aber heute in der geistlichen Begleitung genutzt. Als Theologie und Psychologie auseinanderfielen, streckenweise sogar Feinde wurden, gerieten die Träume auf die psychologische Seite. Es besteht eine Chance, das Feld zurückzugewinnen und die Träume nutzbar zu machen.

Nach Sigmund Freud ist der gedeutete Traum der Königsweg zum Unbewußten. Aber inwieweit gehört das Unbewußte zu meiner Wirklichkeit oder ist diese etwas für diejenigen, die den Traum nicht aushalten und den Schlaf für Verschwendung halten? Sie meinen, im Schlaf nicht Herr ihrer selbst zu sein.

Die Königsdisziplin ist der gelenkte Traum, der Klartraum oder luzide Traum, in dem man sich bewußt ist, daß man träumt und überdies aktiv und zielgerichtet ins Traumgeschehen eingreifen kann. Solche Träume tragen zur Bewußtseinsentfaltung der Persönlichkeit bei.

Aus moderner Sicht erscheint das Unbewußte als ein Anhängsel des Verstandes, das ohne Emotionen und ziemlich mechanisch Aufgaben erfüllt, welche die Aufnahmefähigkeit des Bewußtseins übersteigen. Das bedeutet, daß das Unbewußte häufig extrem komplizierte Erwägungen anstellt, die weit über die geistigen Fähigkeiten des Bewußtseins hinausgehen können.

Halte ich Träume für Schäume,
oder vertraue ich und folge ihrer Weisung?

Der Mensch denkt, Gott lenkt

Wir erleben keine Zufälle, die nicht zu uns gehören. Bei Zufällen fallen zwei oder mehrere Ereignisse in einem bestimmten Augenblick zusammen. Sie kommen ohne unser Dazutun und ohne Planung zustande, sie lassen sich nicht konstruieren. Am Ende ist es immer das „Fälligste", was uns zufällt. Gott lenkt durch das, was wir Zufälle nennen. Es geht darum, die Fülle der Informationen abzuschalten und es dem Zufall zu überlassen, was ER mir in die Hände spielt. Wir dürsten nach Wissen, aber ertrinken in Informationen.

Vertreter der Aufklärung und des Realismus haben sich darauf verständigt, daß alles den Gesetzen von Ursache und Wirkung folgt. Viele Psychologen lehnen es ab, hinter Zufällen so etwas wie einen tieferen Sinn zu vermuten. Dabei kommt es darauf an, wie wir Erlebtes interpretieren. „Das wirklich Verblüffende an all dem ist nicht so sehr, daß es geschieht, sondern, daß wir es überhaupt bemerken." (David Spiegelhalter)

Die Häufung von Zufällen bei gesteigerter Aufmerksamkeit auf Zufälle scheint einen Einfluß der Wahrnehmung auf die Wirklichkeit zu beweisen, der nach Kausalgesetzen nicht einsichtig zu machen wäre. Jede Theorie über den Zufall dreht sich deswegen um den Nachweis akausaler Beziehungen. Es geht um ein Netz von Beziehungen neben und unabhängig von kausalen Zusammenhängen. Man könnte meinen, während wir den Zufall als Unterbrechung kausaler Reihen auffassen, sei es in Wahrheit umgekehrt. Die Welt des Zufalls ist die eigentliche, die der Kausalität die abweichende.

„Zufälle sind Überschneidungen von Ursachenketten und besitzen somit selbst keine eigentliche Ursache." (Aristoteles)

„Der Zufall ist ein Rätsel, welches das Schicksal dem Menschen aufgibt." (Friedrich Hebbel)

Ein fein gesponnener Plan verfängt nicht. Wenn alles schon vorgedacht ist, ist das Entscheidende nicht mitgedacht: das Unvorhersehbare. Das hermetisch angelegte Gedankengespinst zerreißt, weil es dem Zufall keine Lücke läßt. Wirklich vollendete Planung besteht darin, sich an das Unplanmäßige zu gewöhnen, an den Zufall.

Carl Gustav Jung hat den Begriff „Synchronizität" geprägt, diese besagt, daß Innen- und Außenwelt scheinbar in einen Dialog treten (s. „Der Weg ist das Ziel" S. 191). Nach seiner Erfahrung von Synchronizität gehen diese mit einem besonderen Erleben einher. Wir fühlen uns überwältigt von einer übernatürlichen, manchmal göttlichen Kraft, die Carl Gustav Jung „das Numinose" nennt. Vermutlich sind glückliche Zufälle, die uns begegnen, weniger von äußeren Wahrscheinlichkeiten abhängig, als von unserer Fähigkeit, solche Gelegenheiten überhaupt zu erkennen. Wir sollten lernen, mit offenen Augen systematisch nach solchen Rückenwindsituationen Ausschau zu halten. Je intensiver wir das tun, desto häufiger werden uns günstige Zufälle auch tatsächlich begegnen. Wir sollten eine Art Zufallstagebuch führen. Mit etwas Abstand fällt es uns leichter, einen tieferen Sinn hinter unseren Erlebnissen zu entdecken. Synchronizitäten, ein Effekt, der möglicherweise im Laufe der Evolution Vorteile brachte, erhöhen das Wir-Gefühl.

„Wenn Du, Gott, willst, muß ich wollen sollen. Du bist, ob ich will oder nicht will, also geschehe dein Wille." (August Everding)

„Der Mensch kann tun was er will, aber er kann nicht wollen, was er will." (Arthur Schoppenhauer)

„Die Willigen führt das Schicksal, die Unwilligen zerrt es." (Seneca)

„Mögen hätte ich schon wollen, aber dürfen habe ich mich nicht getraut." (Karl Valentin)

Der Sinn menschlichen Daseins besteht darin, der anonymen Weltordnung zuzustimmen. Deswegen sollten wir die eigenen Wünsche begraben und nicht die Ordnung ändern wollen. Nur die Netze auswerfen, aber nicht die Fische fangen, das tut Jesus selbst (vgl. Lk 5,4-6).

Ergänzung zum „Denkspruch": „Der Mensch denkt und Gott lenkt." „Der Mensch dachte und Gott lachte".

Gibt es in meinem Leben Raum für Zufälle?

Dolmetscher den Träumern sein

„Den Seinen gibt es der Herr im Schlaf!" (Ps 127,2), aber auch den Interpreten der Träume. Ich habe zu Träumen, die mir nachts gemailt werden, am frühen Morgen, wenn ich selbst noch halb in der Traumwelt lebe, die besten Einfälle. Es geht darum, dem Träumenden Anregungen zu geben, damit er nachspüren kann, wo die Traumbilder seine Wirklichkeit spiegeln, welche Botschaft sie für ihn haben. Traumdeutung ist aber eine individuelle Angelegenheit.

Ein Mann berichtete, er habe öfter einen ähnlichen Traum: Er fährt im Auto seiner Eltern, er am Steuer, die Eltern hinter ihm auf dem Rücksitz. Er fährt nach einer Straßenkarte der Eltern, landet ab immer in den Karpaten.

Wenn man das Auto für das griechische Wort „autos = selbst" nimmt, dann zeigt sich, daß er noch vom Eltern-Ich bestimmt ist. Er muß die Eltern vom Thron stoßen und diesen mit seinem Erwachsenen-Ich besetzen.

Hier gilt die Wahrheit: Ich kann meine Träume nicht fristlos entlassen, ich schulde ihnen noch mein Leben.

Bereichern meine Träume mein Leben?

Inspiration - Imagination - Intuition

Inspiration ist ein Einströmen des Gottesgeistes in einen menschlichen Geist, der dadurch erkennt, wie das Dasein vom Ganzen her geordnet ist, und Anweisung zu geben vermag für das von Gott gewollte Leben auf dieser Erde. Durch Eingehen des Geistes Gottes in uns werden wir selbst zu Trägern des Lebens und der Wahrheit, zu einem Wort, einem befreienden, entlastenden, heilenden Wort, zu einer Sprache, durch die andere das Gehör gewinnen für das, was der Geist Gottes ihnen sagen will.

Die Inspiration, die schöpferische Leistung, der Einfallsreichtum, das Heilende und letztlich die gewöhnliche Lebendigkeit kommen aus einem Bereich des Unverfügbaren, Chaotischen und Unberechenbaren.

Jeder Künstler weiß, was Inspiration ist, auch wenn er sie nicht definieren kann. Aber er spürt: ES schreibt, ES malt, ES komponiert.

Nach Charles Baudelaire ist Imagination die „Königin der Fähigkeiten". Die wahre Imagination ist nicht nur die Fähigkeit zur Einbildung von Unwirklichem. Alle großen wissenschaftlichen Entdeckungen kommen vielmehr aus dem Vermögen der Phantasie.

Woher aber stammt das innere Bild von Phantasie? Aus einem Land, in dem Milch und Honig aus Quellen und Brunnen fließen, einer sorgenfreien Welt voller Geborgenheit, dem Schlaraffenland in Phantasia.

Mit der aktiven Imagination können wir mit den unbekannten Inhalten unserer Seele direkt in Kontakt treten. Im Dialog zwischen dem Ich-Bewußtsein und dem Unbewußten erschließt sich die bunte Vielfalt unseres Inneren.

Man stelle sich vor, wie einem die eigenen Eltern am Lebensanfang liebevoll begegnet sind. Diese Imagination könnte wieder einen Zugang zu einer ursprünglichen Lebens- und Daseinsfreude finden lassen.

Es geht um Intuition, die nicht eine Sache des Verstandes ist, sondern um eine Tiefenintelligenz, die durch meditatives Hören und Schauen aktiviert wird.

Wir wissen etwas ohne zu wissen, warum wir es wissen. Es wird uns eingegeben. Man könnte es stilles Wissen nennen. Es geht um das Fingerspitzengefühl in einer bestimmten Situation. Es ist schwierig, dieses Wissen zu beschreiben. Es ist Intuition. Viele Ideen, die rasante Schübe auslösten, wurden als spontane Intuition geboren. Man nennt es auch Bauchgefühl.

Tief in uns verborgen wirkt eine Fähigkeit des intuitiven Wahrnehmens, von der Mystiker aller Religionen sprechen und die sich vom mentalen Wahrnehmen unterscheidet.

Hat jemand sehr viel Erfahrung auf einem Gebiet, kommt er oft schneller zu einer richtigen Entscheidung, als wenn er alle Möglichkeiten durchdacht hätte.

Vertraue ich dem,
was ich nicht nur durch Nachdenken erkenne?

Ende des irdischen Lebens

Alt werden, aber nicht alt sein

Altern ist ein Ausdruck des Lebens in Veränderung und kein Verhängnis. Die Lust, alt zu werden, steht in einem deutlichen Zusammenhang mit dem Gefühl, daß man schon jetzt ein glückliches Leben führt. Der Hunger nach langem Leben ist nichts anderes als Hunger nach Gegenwart. Das Dümmste ist, ewige Jugend anzustreben, anstatt eine Kultur des Alterns zu pflegen. Manche wollen gerne jung sein, weil sie glauben, in dieser Zeit sei der Tod am fernsten.

„Das Alter aber hat die Heiterkeit dessen, der eine lange getragene Fessel los ist und sich nun frei bewegt." (Arthur Schopenhauer)

Es ist eine Gnade, bewußt alt zu werden. Demenz und Erkrankung an Alzheimer aber können durch alle folgenden Überlegungen einen Strich machen.

Altwerden ist wie auf einen Berg, einen Ort von Gottesnähe und Gotteserfahrung, steigen. Berge zeigen die Grenze zwischen dem Diesseits und dem unerreichbaren Jenseits. Je höher man kommt, je mehr Kräfte verbraucht sind, desto weiter sieht man. Altern sollten wir nicht als Abbau von Fähigkeiten begreifen. Nicht durch körperliche Kraft vollbringt man große Dinge, sondern durch Fähigkeiten, die dank Erfahrung, verbunden mit Überlegung und Entscheidungskompetenz, im Alter nicht abnehmen müssen. In der Jugend erwirbt man möglichst viel an geistiger Kraft, und im Alter geht man mit diesem geistigen Kapital ökonomisch um, man legt das Unwichtige beiseite und behält Wichtiges und Bedeutsames im Gedächtnis. Durch stetes Lernen lassen sich die geistigen Kräfte bewahren, womit die Minderung der körperlichen Kraft mehr als kompensiert wird.

Es geht um „Aktives Altern". Dabei ist es nicht so wichtig, worin man aktiv ist, sondern daß man aktiv ist, und das ist für jeden anders.

Man muß lernen, das eigene Altwerden als Vorbereitung auf das Altsein zu akzeptieren und zu nutzen. Seelisch gesund altern trotz gewisser Defizite setzt voraus, daß neben die negativen Eindrücke das positive Erlebnis des Alters als Herausforderung und weitere Entwicklungsmöglichkeit tritt.

Die Fähigkeit, Leistungen nach außen hin zu erbringen, läßt nach. Der Anruf aber und das Vermögen, den Weg nach innen zu gehen und von innen her zu reifen, werden stärker. Das zu erkennen und wahrzunehmen, ist eine Chance des Alters. Lieb gewordene Gewohnheiten sind hilfreich beim gesamten Prozeß. Schließlich stirbt man dann alt und lebenssatt.

Arthur Rubinstein wollte fröhlich altern und lebte nach dem SOK-Modell: Selektieren - Optimieren - Kompensieren. Er suchte sich für sein Repertoire nur Stücke aus, die er wirklich beherrschte (Selektion), er mußte länger üben (Optimierung), und er spielte deutlich langsamer (Kompensation).

Es geht im Alter nicht um Glück, sondern darum zu verstehen, welche Gnade mir zuteil wurde über die Jahre. Habe ich in all den Jahren wirklich gelebt?

„Viele möchten leben, ohne zu altern, und sie altern in Wirklichkeit, ohne zu leben." (Alexander Mitscherlich)

Das Alter ist die Zeit, in der zum letzten Mal das Angebot da ist, den eigenen Schatten zu erkennen, das ins Unbewußte verdrängte Leben, das doch zu mir gehören will: der dunkle Bruder meines Lebens. Wir müssen unseren Schatten kennenlernen, uns ihm stellen, ihn annehmen und verwandeln. Wenn wir auf einen Lebensanspruch verzichten oder verzichtet haben um eines höheren Gutes willen, wird er nicht zum Schatten, sondern gleichsam als „Opferflamme" Licht. Wenn die Kerze nicht weint, kann die Flamme nicht brennen (s. Mit dem eigenen Schatten leben und ihn verwandeln S. 227).

Was entsteht, muß auch vergehen. Leben ist eine kleine Frist auf dieser Erde in der großen Unendlichkeit. Leben läßt sich weder aufschieben noch auf später vertrösten. „Und so lang Du dies nicht hast, dieses: Stirb und Werde! Bist Du nur ein trüber Gast auf der dunklen Erde." (Johann Wolfgang von Goethe) Wer sich diesem Gesetz fügt, erlebt aber auch, daß jenseits des Sterbens neues Leben auf ihn wartet, was die Christen Auferstehung nennen.

„Himmelfahrt" ist für das, was gemeint ist, ein kindliches Wort, ein ungeschicktes, und wir haben Mühe, es zu verstehen; denn folgende Vorstellung läßt sich heute nicht mehr vertreten: Von hier unten nach dort oben, wo die Wolken sind, stieg Christus hinauf. Himmel ist der Ort Gottes. Aber wo ist Gott? Er ist doch wohl überall, oben ebenso wie unten, in uns selbst und in allen Dingen. „Himmel" ist ein Ausdruck für die überlegene Gegenwart Gottes in der Welt, es ist im Grunde ein Wort für Gott selbst. Himmel ist alles das, was uns wunschlos glücklich macht, wo nichts zu wünschen übrigbleibt. Himmelfahrt ist die abschiedliche Seite der Auferstehungserfahrung.

Wenn Gott in einer Wolke dargestellt wird, verbirgt sich dahinter die Scheu, Gott im Bild festzuhalten, aber auch die

Erfahrung, daß er uns in unserem irdischen Dasein nur in verhüllter Gestalt begegnet (vgl. Ps 18,12 u. Apg 1,9).

Der alte Mensch weiß abschiedlich zu leben, er weiß, was die Stunde geschlagen hat und ob die Stunde geschlagen hat, er hat eine Einsicht, die viele Erfahrungen in sich trägt. Er kann die Ernte einfahren und da am besten loslassen, wo er am erfülltesten gelebt habt. Er hat das Leben ausgeschöpft. Wer loslassen kann, ist frei. Nicht das, was er nicht mehr kann, steht im Vordergrund, sondern die Fülle seiner Lebenserfahrung.

Im Sterben ist das Leben nahezu gänzlich Vergangenheit geworden; das Werden überwältigt gleichsam das Gewordene.

Das Geheimnisvolle und Transzendente erreicht und berührt Kinder und Heranwachsende noch leichter. Das Fragen nach dem Letzten ist in ihnen voller Hoffnung lebendig. Erwachsene sind eher satt, sollten aber offen sein in Gelassenheit für die Heimholung im Sterben. Nicht „Hauptsache gesund" ist das Wichtigste, sondern „Hauptsache Gelassenheit" mit allen Aspekten: von Loslassen bis Sich-Überlassen.

Möchten wir auf der Höhe des Lebens nochmal siebzehn sein? Die Zeit verbrennt etwas in uns: das Unbekümmerte und die Aufbruchsfreude; aber sie arbeitet auch etwas heraus: das Sicherwerden über sich selbst, den Reichtum an Erfahrungen, die Reife.

Eigenartig, daß es Menschen gibt, die in Kauf nehmen, eher früher zu sterben, als eine ungesunde Lebensweise zu ändern.

Habe ich die nötige Gelassenheit?

Menschsein zwischen Anfang und Ende

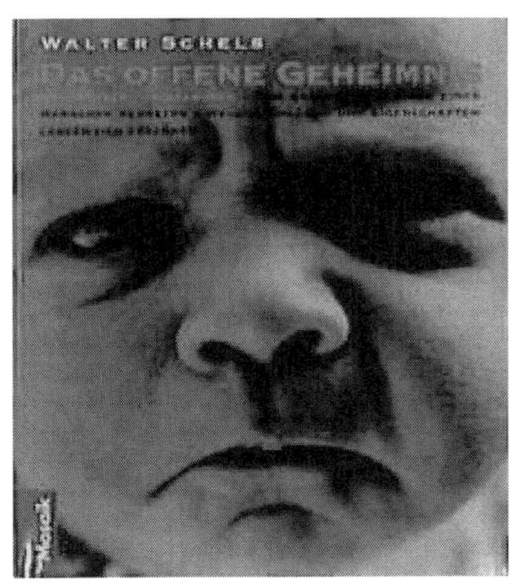

Aber was ist der Anfang, was ist das Ende? Allein Gott ist ohne Anfang und Ende. Alles, was nicht Gott ist, erfährt in seiner Existenz einen Anfang und ein Ende und ist doch aufgehoben in dem anfang- und endlosen Sein Gottes.

Avicenna philosophierte über den Anfang alles Existierenden und war der Meinung, kein Wesen trage die Existenz in sich selbst. Kein Mensch ist allein durch sich selbst entstanden, sondern verdankt seine Existenz seinen Eltern, die wiederum Eltern hatten, und so setzt sich die Kette immer weiter fort. Für alle Dinge auf der Welt gilt gleichermaßen, daß wir niemals zum Grund ihrer Existenz vordringen können. „Wenn wir nun diese Kette unendlich fortsetzen würden, dann existierte keines der in dieser langen Kette angenommenen Wesen in Wirklichkeit. Denn die Existenz jedes mit dem nächsten verflochtenen Gliedes der Kette ist von der Existenz des vorhergegangenen Gliedes abhängig.“ (Avicenna) Nur wenn wir ein Wesen finden, das durch sich selbst bestehen kann, erst „dann hat das Sein einen Anfang und schenkt im Laufe der Entwicklung jedem einzelnen Glied der Daseinskette sein Dasein". Für Avicenna ist das Allah. Bemerkenswert ist, daß Avicenna weder dogmatisch von Gott ausgeht noch den Koran zu Rate zieht, sondern durch logische Überlegungen über Möglichkeit und Notwendigkeit von Existenz eine neue Begründung für die Annahme einer Existenz Gottes liefert.

Wir Menschen geben uns einen Anfang und ein Ende, weil wir meinen, alles habe einen Anfang und ein Ende. Ich wage die kühne These, daß auch wir Menschen keinen Anfang und kein Ende haben, sondern teilhaben an dem unendlichen Sein dessen, den wir Christen Gott nennen. Unser irdisches Menschsein ist nur ein Ausschnitt von unserem Sein im ALL-EINEN. Spiritualität bedeutet, sich dessen bewußt zu werden und sich darauf zu beziehen.

Es gibt große Anfänge wie zum Beispiel eine Liebesgeschichte, die einer Fortsetzung niemals gewachsen ist. In diesem Falle verliert der Anfang nach und nach seinen Charme, weil er auch nur der Anfang vom Ende ist. Wenn die Kraft des Anfangs in einer Beziehung nicht mehr trägt, ist das Ende des Anfangs nicht selten der Anfang vom Ende.

Ein neuer Anfang lockt zur Veränderung des Augenblicklichen. Oft bleibt aber nur das Gefangensein in der Vergangenheit. Hoffnung auf eine bessere Vergangenheit sollten wir begraben.

Freiheit ist das Mysterium des Anfangenkönnens. Nichts konnte Gott zwingen, die Welt zu schaffen, aber: „Im Anfang schuf Gott ..."

Wir erfahren uns begrenzt, umschlossen von den beiden endgültigen Grenzen „Anfang" und „Ende" und stolpern über unser Begrenztsein. Aber das Leben hat keinen festen Anfangspunkt. Jeder Anfang ist willkürlich. Vor jeden Anfang ist noch eine endlose dunkle Vergangenheit geschaltet. Vor dem

Urknall muß unser Universum schon existiert haben. Diese Feststellung ist auf eine nicht zu beobachtende Ursache zurückzuführen. Hier wird das in der klassischen Physik gültige geradlinige Ursache-Wirkungsprinzip verletzt. Der Zusammenhang von Urknall und Schöpfungsakt liegt begrifflich weit auseinander. Die Grundlage für jede Entwicklung unserer Welt ist nicht etwas Materielles, sondern etwas Geistiges, das sich nur noch in mathematischen Strukturen darstellen läßt, wie es die Quantenphysik darlegt. Unsere Welt ist eine geistige, und wir können nur einen Schatten davon wahrnehmen. Die materialistische Weltsicht ist am Ende, es herrscht die strikte Trennung von Geist und Materie. Es gibt etwas, was über den Determinismus der klassischen Physik hinausgeht, und dieses Etwas ist keine Esoterik, sondern Wissenschaft. Es gilt, den Dualismus zwischen Geist und Materie zu überwinden. Die Quantenphysik ist die Wissenschaft der Möglichkeiten, zu denen auch der Zufall gehört.

Ich habe mir für die wesentlichen Dinge des Lebens zu eigen gemacht: „Ne umquam incipere desieris, ne umquam desinere coeperis - Fange niemals an aufzuhören und höre niemals auf anzufangen." (Cicero) „Alt sein ist ein herrlich Ding, wenn man nicht verlernt hat anzufangen." (Martin Buber) Ich war sehr betroffen, als mir klar wurde, daß ich in allem erst anfange. Dank für den Anfang und das Ende und die gewissen Minuten dazwischen, die stets soviel Schönheit und Glück, soviel Last und Versäumnis enthalten.

„Allem Anfang wohnt ein Zauber inne." (Hermann Hesse) Was kann rein sein außer ein von keinem irren Lauf der Dinge berührter Anfang? Leider werden wir im Laufe der Zeit schuldig und bleiben schuldig. Aber wir können immer wieder anfangen, ganz von vorne.

„Er fürchtete sich nicht zu sterben, und er weigerte sich nicht zu leben." (Martin von Tours) Seelische Reifung bedeutet dann, sich sowohl der Endlichkeit seines Lebens zu stellen als auch eine Antenne für das Unendliche zu entwickeln.

Wie gehe ich mit Anfang und Ende um?

Nimm Dir das Leben!

Wer das liest oder hört, denkt vermutlich zuerst an Suizid. Es kann aber auch anders verstanden werden, nämlich gemäß dem Wort Jesu: „Ich bin gekommen, damit sie das Leben haben und es in Fülle haben." (Joh 10,10)

Es scheint, als hätten wir mehr Angst vor dem Leben als vor dem Tod (s. Manche Menschen sterben mit 17 Jahren und werden mit 70 Jahren endlich beerdigt S. 264) „Jeder ist eine Blüte. Nur haben viele Angst, sich zu öffnen und welken dahin - unabwendbar - ohne je zu voller Pracht erblüht zu sein." (Kristiane Allert-Wybranietz) Das Schlimmste ist, sterben zu müssen, ohne wirklich gelebt zu haben. Früher gab es die Angst vor dem Scheintod, heute vor einem Scheinleben durch künstliches Am-Leben-gehalten-Werden. Was bei der Jugend heute rebelliert, ist das nicht gelebte Leben.

Der Mensch scheint so konstruiert, daß er das Leben nur erträgt, wenn er sich vom Leben ablenken läßt. Das kann durch Wissenschaft, Kunst und anderes geschehen, für das er dann ganz und gar lebt. Leben ist langsam geboren werden.

Manche Menschen meinen, Leben sei nur eine Art des Toten und eine sehr seltene Art dazu. Das Lebendige stirbt, das Tote wird nicht geschaffen. Leben ist gefährlich und ein Risiko, Tod ist Sicherheit. Der Mensch kann kein Leben machen, aber er kann es vernichten.

Habe ich mir das Leben schon genommen?

Das Lebensende ist nicht das Ende des Lebens

Mit jeder Geburt wird eine Welt neu geschaffen, mit jedem Menschen stirbt eine Weltgeschichte. Das Mysterium des Lebens tritt mit dem Tod schlagartig hervor. Mit Grabbeigaben wollten unsere Vorfahren den Verstorbenen für ein Leben nach dem Tod rüsten. Aber wohin entschwindet er? Tot ist der Mensch in bezug auf das Leben, das er gelebt hat. Der Tod selbst ist eine Art von Leben; denn er ist ein großer Verwandler. Wir können nicht wissen, in welchem Status der Tote lebt. Daß wir uns ein Leben nach dem Tod nicht vorstellen können, ist kein Beweis dafür, daß dieses Leben nicht existiert.

Irdisches Leben ist schön und manchmal auch himmlisch. Aber das größte Geschenk an den Menschen ist ohne Zweifel seine eigene Sterblichkeit. Wer möchte schon ewig auf dieser Erde leben? Dennoch behandelt der Mensch die eigene Sterblichkeit wie einen Todfeind, den es auszulöschen gilt. Die Todesgewißheit gibt dem Leben aber seinen Wert. Die Evolution bringt nichts hervor, was nicht in irgendeiner Weise von Vorteil ist, dazu gehört auch der Tod. Unsere Bestimmung ist die Vollendung, die hier und jetzt beginnt. Die letzte Wegstrecke ist eine glückliche Periode, weil sie uns dazu bringt, uns auf das Wesentliche zu konzentrieren. Wir sollen unseren Lebensentwurf mit der gewordenen Lebensgestalt in Einklang bringen. „Leben läßt sich nur rückwärts verstehen, muß aber vorwärts gelebt werden." (Søren Kierkegaard)

Wer wirklich gelebt hat, kann auch loslassen; wer noch gar nicht angefangen hat zu leben, fürchtet sich vor dem Sterben. „Greifen und festhalten konnte ich von Geburt; teilen und schenken mußte ich lernen; jetzt übe ich das Lassen." (Kyrilla Spiecker) Das Eigene zu sehr festzuhalten verhindert den Blick auf morgen.

Zu Lebzeiten sind Leib und Seele nicht voneinander zu trennen. Vom Kopf bis zum Fuß ist der menschliche Organismus durchseelt. Die Seele erweckt den Leib zum Leben. Wer einen Sterbenden erlebt hat, kann sich vorstellen, daß es eine Seele gibt. Es erübrigt sich zu fragen, wo der Leib aufhört und die Seele anfängt. Im Sterben sind beide voneinander losgelöst. Man kann den Leib exakt vermessen, aber man erfaßt absolut nicht, was sich hinter ihm verbirgt.

Für die einen ist die Seele unsterblich, für andere eine Funktion des Großhirns. Die Seele ist der Grund, warum ein Mensch lebt. In der Schöpfungsgeschichte bläst Gott dem Menschen seinen Atem ein. Im ersten Schrei des Neugeborenen wird die Seele wahrgenommen. Geboren werden bedeutet, eine Seele zu haben. Man kann uns das leibliche Leben nehmen, aber nicht die Seele. Ein indischer Meister formulierte: „Wir sind spirituelle Wesen, die die Erfahrung eines menschlichen Lebens machen, und nicht Menschen, die eine spirituelle Erfahrung machen." Die Seele ist der Ort in uns, wo die Liebe wohnt. Sie verweist schon immer über die Zeitlichkeit und Begrenztheit hinaus.

Raum und Zeit bilden die Bühne für das Schauspiel des Seins. Im Tod werden sie eins; denn die Gegenwart des Todes kennt weder räumliche noch zeitliche Grenzen. Der Tod ist der Knecht der Zeit und holt den Menschen aus der Zeit in die Ewigkeit, in die eigentliche Heimat zurück, in der alles Sterben ein Ende hat. Es gibt Rituale des Abschieds für den Sterbenden und für die Hinterbliebenen, die den Verlust des Lebens faßbarer und erträglicher machen. Der Tod trennt, zerstört aber nicht die innere Verbundenheit. Das Geheimnis des Todes besteht in der Verwandlung. Er verwandelt uns in einem Maß, für das unser gewöhnliches Vorstellungsvermögen nicht ausreicht. Da wir vor unserer Geburt im Gedanken Gottes schon seit Ewigkeit leben, ist das Sterben eine Art Rückkehr in eine enge Verbundenheit, die wir zu Beginn des irdischen Lebens verlassen haben.

Ich heiße es gut, daß ich da bin; ich nehme die Verantwortung dafür an und bin dankbar. Es ist nötig, der eigenen Existenz nachträglich die Zustimmung zu geben; die Eltern im nachhinein zur Zeugung zu legitimieren und zu erkennen, schon immer im Gedanken Gottes gelebt zu haben.

Ich kann nicht an eine jenseitige Welt glauben wie an einen fernen Trost. Sie ist für mich wie eine Energie in dieser Welt; wie ich sie erlebe, ist sie stets vorhanden. Die Ewigkeit umgibt mich schon jetzt, nur sind meine Augen gehalten. Die Transzendenz ist für mich der Horizont des Diesseitigen.

Der Tod ist nicht das Gegenteil von Leben, sondern ein Aspekt des Lebens. Wir sterben, weil wir leben. Alles Leben mündet in den Tod, der Tod aber mündet wiederum in das Leben. Leben und Tod fallen in einem „Höheren Dritten" zusammen. Leben heißt, dem Tod vorauseilen. Die Unausweichlichkeit des Todes hat als Kehrseite die Unausweichlichkeit des Lebens. Dem Tode bestimmt, dem Leben gewidmet. Man kann dem Tod in unterschiedlicher Weise begegnen, und zwar indem man ihn akzeptiert, leugnet oder bekämpft. „Wenn ich dieses Leben überlebe, ohne zu sterben, sollte mich das überraschen." (Mullah Nasruddin)

Heute steht häufig nicht mehr die Sterbebegleitung im Vordergrund, sondern der Versuch, das Leben zu retten und den Tod zu vermeiden. Die Haltung des Menschen zum Tod ist eine Frage danach, wie er sich generell versteht. Wir sind hier in der Hand des Todes bis wir im Sterben in eine Welt des Ewigen Lebens kommen. Dem Glaubenden hilft es sehr, daß er in Gott seit Ewigkeit lebt. Nur aus dem Tod kommt die Auferstehung.

Tod als Hüter der Schwelle: Der Tod führt mich an die Schwelle und hilft mir auch hinüber. „Einschlafen dürfen, wenn man das Leben nicht mehr selbst gestalten kann, ist der Weg zur Freiheit und Trost für alle." (Hermann Hesse) Ich möchte im Sterben der Natur ihren Lauf lassen und wünsche keine lebensverlängernden Maßnahmen wie Reanimation oder Infusionen. „Sie [die Sterbenden] können aufhören zu essen und zu trinken. Das machen sterbewillige Menschen seit 10.000 Jahren. Und sie können Nein sagen zu einer Behandlung." (Matthias Gockel)

Auch Ordenschristen und Priester tun sich in der Regel schwer mit dem Sterben. Aber häufig sterben sie trotz Angst und Leiden in Frieden, was offensichtlich von Gott geschenkt wird, wenn im Sterben letztlich die Aussöhnung mit dem ganzen Leben erfolgt.

In der Erdbestattung kommt die Würdigung des Leibes stärker zum Ausdruck als bei einer Urnenbestattung, wobei die Urne oftmals wie ein Sarg behandelt wird. Das gemeinschaftliche Ritual einer Bestattung ist die Voraussetzung für die Entstehung von Sakralität. Aus Toten werden Ahnen.

Mir ist es nicht egal, wie ich zu Asche, die eigentlich Sternenstaub ist, zerfalle. Ich möchte nicht, daß in den irdischen Lauf eingegriffen wird. Verwesen ist derjenige Vorgang, bei dem sich das ungeschaffene Wesen von seiner als Lebewesen geschaffenen Form löst und sich dem großen Sein anheimgibt. Das Geformte sinkt in das zurück, woraus es geschaffen wurde: Sternenstaub zu Sternenstaub.

„Das kluge Kind: ‚Kannst du einen Stern anrühren?' fragt man es. ‚Ja', sagt es, neigt sich und berührt die Erde." (Hugo von Hofmannsthal)

„Entsprechend den quantenphysikalischen Grundprinzipien der Potentialität dürfte es angemessener sein, jede Beschaffenheit einer Weiterexistenz nach dem Tod offenzulassen." (Frido und Christine Mann) Wenn der ganze Kosmos und das individuelle Leben im Sinne der Evolution Werden und Entwicklungsschritte sind, warum nicht auch das Sterben?

„Es gibt Menschen, die wir in der Erde begraben; aber andere, die wir besonders zärtlich lieben, sind in unser Herz gebettet. Die Erinnerung an sie mischt sich täglich in unser Tun und Trachten, wir denken an sie, wie wir atmen, sie haben in unserer Seele eine neue Gestalt angenommen, nach dem zarten Gesetz der Seelenwanderung das im Reich der Liebe herrscht." (Honoré de Balzac)

Was bedeutet das für meine Trauer um einen Verstorbenen?

Grenze als Prozeß der Durchlässigkeit und der Vermittlung

Als Menschen sind wir begrenzte Wesen. Das eigene Leben und seine Grenze sind gleichursprünglich. Wir brauchen aber unseren eigenen Spielraum. Wir nennen etwas grenzwertig und manche Menschen verhalten sich wie Grenzgänger. Bei dem einen sind die Grenzen enger gesteckt, bei dem anderen weiter. Gut ist es, wenn wir uns unsere eigenen Grenzen nicht von anderen diktieren lassen (müssen), sondern sie selbst erkennen und ziehen.

Wir sind auf eine Grenze als Abschluß fixiert. Die Grenze am Lebensende macht deutlich, was sie am Lebensanfang schon war: Indem sie trennt und unterscheidet, öffnet sie den Weg ins Leben, letztlich ins Ewige Leben.

Da alles mit allem zusammenhängt, hegen wir den Wunsch uns abzugrenzen, wünschen aber zugleich eine Nähe zu dem, was wir nicht sind, fühlen uns also ausgespannt zwischen diesen beiden Polen. Ich persönlich stelle mir vor, im Sterben eins zu werden mit allem, was ich nicht bin. Es gibt objektiv keine Grenzen, und die vorhandenen Grenzen, die unsere Sinne uns vortäuschen, sind überschreitbar.

Nicht nur der einzelne Mensch ist begrenzt. Begrenzt sind auch Menschengruppen. Zunächst gab es kleine Stämme, dann entstanden Städte, Regionen und Länder. Die Einheiten wurden immer größer bis hin zu den Vereinigten Staaten. Heute stehen wir mitten in der Globalisierung, aber die Menschheit ist noch nicht reif dafür. Mehr und mehr blüht der Nationalismus wieder auf, und es erfolgt erneut Abgrenzung. Man erfaßt die Wirklichkeit der Globalisierung aber nur, wenn man sie von der Peripherie her betrachtet (s. „Leben als Prozeß" S. 262).

Habe ich meine Grenzen schon kennengelernt?

Leben als Prozeß

Fixiert auf Anfang und Ende übersehen wir leicht das Prozeßhafte des Lebens. Wann ist der Mensch ein Mensch? Wenn Samen und Eizelle sich verbinden? Auch das ist ein Prozeß (s. Wie Mütter so sind und bleiben S. 151). So ist es auch beim Sterben, das kein Überschreiten einer Ziellinie, einer Grenze ist, sondern prozeßhaft verläuft.

Die Natur ist ein großer Organismus, dessen Ganzes mit allen seinen Teilformen in lebendiger Beziehung steht. Es ist ein Strom des Werdens.

Auch nach der Empfängnis im Leib der Mutter, ist das Leben des Kindes ein Prozeß. Selbst das Ichbewußtsein entwickelt sich nur allmählich. Dieser Entwicklungsprozeß setzt aber lange vor der Geburt ein. Eine Zäsur kann hier nirgends gemacht werden.

Wir sind fixiert auf eine Grenze als Abschluß. Interessant ist hier die Diskussion um die sogenannte „Grüne Grenze". Als

Grüne Grenze wird der Verlauf international anerkannter Landesgrenzen zwischen den zugelassenen Grenzübergangsstellen bezeichnet. Alexander Gerst sagte vor seiner zweiten Weltraumfahrt im April 2018: „Von dort oben sieht man keine Grenzen".

Auch bei den Sakramenten gibt es nur Prozesse: Bei welchem Tropfen Wasser ist ein Mensch getauft? In welchem Augenblick der Handauflegung des Bischofs ist der Diakon Priester? Bei welchem Wort der Wandlung ist das Brot Leib Christi? Die eucharistische Verwandlung bezieht sich nicht auf das, was erscheint, sondern auf das, was nie erscheinen kann.

Erfahre ich das Prozeßhafte des Lebens?

Ab-DANK-ung

Der Mensch soll nicht dafür sorgen, daß er in den Himmel kommt, sondern daß der Himmel in ihm existiert; es könnte nämlich auch die Hölle sein, die wir uns selbst bereiten. Für den gelebten Himmel gilt es Dank zu sagen.

„Halt an, wo läufst du hin, der Himmel ist in dir: Suchst du Gott anderswo, du fehlst ihn für und für." (Angelus Silesius)

Wie möchte ich abdanken?

Was sind die besten Jahre?

Es sollten diejenigen sein, in denen man gerade lebt. Älter werden heißt erkennen, daß jede Zeit unseres Lebens die beste ist. Was in jungen Jahren richtig war, muß es im Alter nicht auch noch sein. Das Zupacken in der Jugend ohne Erfahrung mit Versuch und Irrtum gehört zu den jungen Jahren. Die Erfahrung des Alters läßt bedächtiger sein.

Ein alter Arzt gestand mir: „Als junger Assistenzarzt habe ich eine magersüchtige Frau geheilt, die bereits verfaulte Zähne hatte. Heute im Alter weiß ich, was alles passieren könnte und würde es nicht mehr wagen."

Wenn wir älter werden, schrumpft unser Zeithorizont, uns wird bewußt, daß uns auf dieser Welt nur noch eine begrenzte Zeitspanne zur Verfügung steht, die sich stetig verringert.

Was sind oder waren meine besten Jahre?

Manche Menschen sterben mit 17 Jahren und werden mit 70 Jahren beerdigt

(s. S. 166 u. S. 256)

Dazwischen befindet sich ungelebtes Leben. Im Sterben wird bewußt, wie viel ungelebt geblieben ist. Wie kommen wir schon vorher zur Öffnung und Entfaltung des ungelebten Lebens? Der Grundkonflikt liegt zwischen Anpassung und individueller Entfaltung.

Wie kommt das Lebendige in uns in Bewegung?

Im Sterben fallen die Schleier

Ist die Geburt möglicherweise eine Beerdigung des irdischen Leibes ins Grab und unser Sterben eine Geburt ins Ewige Leben im verklärten Leib?

Es existiert die Vorstellung, das Grab sei so etwas wie das Tor zum jenseitigen Leben und Heimgang sei eine Rückkehr in den Schoß von Mutter Erde. Das Weizenkorn fällt in die Erde, stirbt und bringt reiche Frucht.

Im Sterben gehe ich nicht durch ein Tor in einen anderen Raum. Eher fallen da, wo ich bin, die Schleier. Der Schleier der Zeit zerreißt, der Wille zum JETZT erfüllt sich vollkommen (s. „Zeit ist eine Inkarnation der Transzendenz - eine Pause von der Ewigkeit" S. 44 u. „Das Geheimnis des Tores ist das Hindurchschreiten" S. 190). Ich nehme dann voll wahr, wo ich schon immer seit Ewigkeit gewesen bin, in Gott. Vorher waren meine Augen gehalten. Jenseits der Dinge zeigt das große Ganze sein Gesicht nur verhüllt.

Im „Adorate te devote" (vgl. Gotteslob Nr. 497) von Thomas von Aquin heißt es in der 7. Strophe „Lass die Schleier fallen einst in deinem Licht, dass ich selig schaue, Herr, dein Angesicht."

Ich muß achtgeben, daß mich der Tod lebendig findet und das Leben nicht tot. Der Tod ist die uns zugewandte Seite der Auferstehung.

„Es ist sehr gut denkbar, dass die Herrlichkeit des Lebens um jeden und immer in ihrer ganzen Fülle bereitliegt, aber verhängt, in der Tiefe, unsichtbar, sehr weit. Aber sie liegt dort, nicht feindselig, nicht widerwillig, nicht taub. Ruft man sie mit dem richtigen Wort, beim richtigen Namen, dann kommt sie." (Franz Kafka)

„Ich persönlich glaube eher, daß wir in die Gegenwart des Lichtes kommen und damit konfrontiert werden. Wer in das Licht will, der kann es, und wer sich nicht wohl fühlt im Licht, der dreht sich um und geht weg in die Dunkelheit, durch die eigene Wahl und Disposition. Auf gewisse Weise richtet sich jeder selbst. Ich kann mir vorstellen, daß es eher mit unserem eigenen geistigen Zustand zu tun hat, als mit einem detaillierten Verhör darüber, was wir getan oder nicht getan haben." (Rupert Sheldrake)

Ladislaus Boros entwickelte im Rahmen der christlichen Eschatologie die sogenannte „Endentscheidungs-Hypothese", nach der im Augenblick des Todes des einzelnen alle Einzelakte in eine letztlich gültige Entscheidung für oder gegen Gott zusammengefaßt werden. Er schrieb dazu: „Im Tod eröffnet sich die Möglichkeit zum ersten vollpersonalen Akt des Menschen; somit ist er der seinsmäßig bevorzugte Ort des Bewußtwerdens, der Freiheit, der Gottbegegnung und der Entscheidung über das ewige Schicksal."

Paulus will klarstellen, was es mit der Auferstehung Jesu auf sich hat (vgl. 1 Kor 15). Sie ist nicht gleichzusetzen mit einer Rückkehr ins irdische Leben; denn dann stünde am Ende der Tod. Sie meint auch nicht die Auflösung in ein Meer der Unendlichkeit. Auferstehung ist die des „Leibes" oder des „Fleisches", wie es früher im Glaubensbekenntnis gebetet wurde. Wir sollten unser irdisches Ende nicht im Sinn eines naiven Biologismus betrachten, sondern im Sinn biblischer Anthropologie, daß ein Mensch eine Einheit aus Leib, Geist und Seele bildet. Nach Sokrates ist der Geist durchseelt und Seele und Leben sind durchgeistigt.

Wie stelle ich mir mein Sterben vor?

Wie umgehen mit dem Sterben geliebter Menschen?

„Den eignen Tod, den stirbt man nur; doch mit dem Tod der andern muss man leben." (Mascha Kaléko)

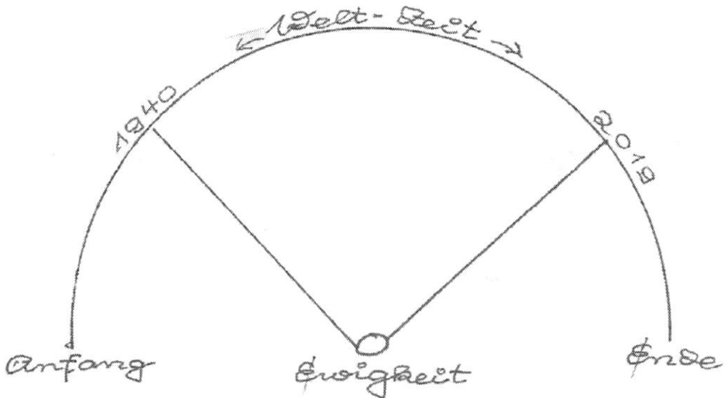

Das Gebet 2019 für einen 1940 Verstorbenen hilft diesem in seiner Todesstunde; denn beide Zeitpunkte haben dieselbe Entfernung zum Mittelpunkt der Ewigkeit. Im Kreisbogen gibt es das Vorzeitige und das Nachzeitige. In der Ewigkeit ist alles gleichzeitig.

Wenn wir den Verstorbenen loslassen, kann er uns womöglich im Traum erscheinen und uns trösten.

Trauer ist der Preis, den wir dafür zahlen, Liebe zu empfinden. Der Tod stürzt alle Menschen in emotionalen Aufruhr, unabhängig davon, wo sie leben und woran sie glauben. Doch das Verständnis vom Tod prägt die Art und Weise, wie Menschen damit umgehen. Der Glaube an Gott und ein Leben nach dem Tod ist vielen Trauernden ein Trost. Trauer hilft, an einem Verlust nicht zugrunde zu gehen.

Ein Aspekt der unbekannten Wahrheit des Todes könnte sein, daß es ihn wohl nicht gäbe, wenn er sich im Prozeß der Evolution nicht schon seit langem als sinnvoll erwiesen hätte. Alles einzelne muß vergehen, damit das Leben als Ganzes weitergehen kann. Was stirbt, stirbt in Gott, das ALL-EINE, zurück.

Wie gehe ich mit Trauer um?

Die EWIGE RUHE der Heiligen ist sehr bewegt

Die sterblichen Überreste der Menschen, die von der Kirche selig- oder heiliggesprochen werden, werden nach ihrer Beerdigung nicht in Ruhe gelassen. Es finden „Translationen" (Umbettungen) und „Rekognoszierungen" (Identifizierungen) statt. Teile der Gebeine werden auch als Reliquien verwendet.

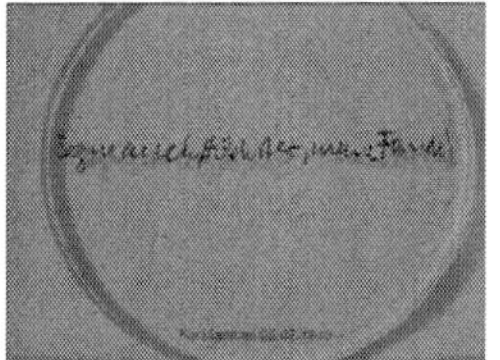

Altarreliquie in der Pfarrkirche Liebfrauen in Duisburg-Hochheide

Vom Seligen Karl Leisner wäre der letzte Satz in seinem Tagebuch „Segne auch, Höchster meine Feinde" eine bessere „Reliquie", als wenn sein Sarg, der nach dem 12. August 1945 in der Krypta des Xantener Domes bereits sein drittes Grab gefunden hat, erneut geöffnet würde, um daraus immer wieder angefragte Reliquien zu entnehmen.

Die Verstorbenen sollten in Ruhe gelassen werden. Es ist sehr berechtigt, daß zum Beispiel Indianer sich um den Frieden ihrer Toten sorgen und deren Gebeine aus den Museen zurückverlangen.

Wie ergeht es mir, wenn ich Totengebeine „ausgestellt" sehe?

Größe und Fülle des Lebens

Rainer Maria Rilke:

AUSREICHEND

Schwer ist zu Gott der Abstieg; aber schau: du mühst dich ab mit deinen leeren Krügen, und plötzlich ist doch: Kindsein, Mädchen, Frau ausreichend, um Ihm endlos zu genügen. Er ist das Wasser: bild du nur rein·die Schale aus zwei hingewillten Händen, und kniest du überdies – Er wird verschwenden und deiner größten Fassung über sein."

Man kann sich vorstellen, daß die Aufgabe des Lebens darin besteht, ein Gefäß zu werden. Bin ich eine Regentonne oder nur ein Fingerhut im irdischen Leben geworden, die nun im Ewigen Leben „voll der Gnade" (Lk 1,28) sind?

Es gibt so etwas wie eine Grenze und ein Maß, woran sich die Erfüllung mißt, um sagen zu können: „Es ist genug." Unsere Vorstellungen vom Glück sind stets mitgeprägt vom Bild der Hand, des Herzens oder einer anderen Art Gefäß, in die es entsprechend deren Fassungsvermögen aufgenommen wird. So kann es Erfüllung nur in den irdischen Grenzen geben. Die Not der Mystiker besteht manchmal darin, daß Gott mit seiner unendlichen Gnade das menschliche Fassungsvermögen übersteigt und den Menschen in seiner leibhaften Verfassung zu zerstören droht.

Jesus gibt den Seinen den Kelch und sagt: „Das bin ich. Trinkt daraus!" (vgl. Mt 26,27). Diese Aufforderung Jesu läßt sich auch wie folgt formulieren: „Ihr seid der Kelch, laßt aus euch trinken. Gebt die Kraft weiter, die von mir, dem Weinstock, in die Reben ausgeht, so daß ich durch euch weiterfließe zu den Menschen."

Mein roter Emailkelch, den ich 53 Jahre behütet habe wie meinen Augapfel, ist mir bei einem Einbruch in die Sakristei der Johannikirche in Billerbeck gestohlen worden. Rot ist die Farbe der Liebe, die Gott ist und die wir leben sollen. Der Kelch ist eine Schale, in die Gott seine Liebe strahlen läßt und aus dem wir austeilen sollen. Kein liturgischer Gegenstand ist für mich sprechender als mein Kelch. Mit nichts identifiziere ich mich als Priester mehr als mit dem Kelch.

Ich hatte mir gewünscht, im Sterben den Kelch vor mir zu haben und auf ihn zu schauen. Er ist mir noch wichtiger als das Kreuz, das mir zu viel mit der Opfertheologie und dem „Entsündigtwerdenmüssen" in Verbindung gebracht wird. Ich verstehe den Kelch als Aufforderung, im Leben ein Gefäß zu werden, das Gott bei meinem Heimgang mit seiner Gnade füllt, so daß auch ich dann voll der Gnade bin. Nun werde ich im Sterben das Foto des Kelches vor Augen haben.

Mein Schmerz (Fegfeuer) im Sterben wird darin bestehen, Reue und Leid zu empfinden, daß ich kein größeres Gefäß geworden bin.

Gebet der Töpfer in Taizé:

Herr, mach mich zu einer Schale

Herr, mach mich zu einer Schale, offen zum Nehmen, offen zum Geben, offen zum Beschenktwerden, offen zum Bestohlenwerden.

Herr, mach mich zu einer Schale für Dich, aus der Du etwas nehmen kannst, in die Du etwas hineinlegen kannst.
Wirst Du bei mir etwas finden, was Du nehmen könntest?
Bin ich wertvoll genug, sodaß Du in mich etwas hineinlegen wirst?
Herr, mach mich zu einer Schale für meine Mitmenschen, offen für die Liebe, für das Schöne, das sie verschenken wollen; offen für ihre Sorgen und Nöte, offen für ihre traurigen Augen und ängstlichen Blicke, die von mir etwas fordern.
Herr, mach mich zu einer Schale.

„Der Stolz des Bechers ist sein Getränk, seine Demut das Dienen. Was bedeuten da seine Mängel?" (Dag Hammarskjöld)

Personenverzeichnis

C

D

E

F

G

H

I

J

K

L

M

N

O

P

T

V

W